国家社会科学基金一般项目"老龄健康公平问题研究"（项目批准号：18BZX123）成果

老龄健康公平问题研究

刘喜珍 著

中国社会科学出版社

图书在版编目（CIP）数据

老龄健康公平问题研究／刘喜珍著．—北京：中国社会科学出版社，
2023. 12

ISBN 978 - 7 - 5227 - 2940 - 4

Ⅰ.①老…　Ⅱ.①刘…　Ⅲ.①老年社会学—医学社会学—研究
Ⅳ.①C913.6②R - 05

中国国家版本馆 CIP 数据核字（2023）第 247679 号

出 版 人	赵剑英
策划编辑	朱华彬
责任编辑	王　斌
责任校对	谢　静
责任印制	张雪娇

出　　版	中国社会科学出版社
社　　址	北京鼓楼西大街甲 158 号
邮　　编	100720
网　　址	http://www.csspw.cn
发 行 部	010 - 84083685
门 市 部	010 - 84029450
经　　销	新华书店及其他书店

印　　刷	北京君升印刷有限公司
装　　订	廊坊市广阳区广增装订厂
版　　次	2023 年 12 月第 1 版
印　　次	2023 年 12 月第 1 次印刷

开　　本	710 × 1000　1/16
印　　张	14
插　　页	2
字　　数	221 千字
定　　价	88.00 元

目　录

引　言

　　老龄社会是人口结构变迁的产物，它与一个国家的生产力水平、生产关系性质以及社会形态更替有着密切关联。老龄社会最早出现于德国、英国等发达资本主义国家，当时这些国家已经完成现代化而进入后现代社会发展阶段，属于典型的"先富后老"。我国于 2000 年进入老龄社会，随着 2020 年我国彻底消除绝对贫困和全面建成小康社会，"边富边老"成为新时代中国老龄社会的发展模式，这是中国式现代化进程中老龄社会治理的现实基础。"先富后老"和"边富边老"的区分反映出社会经济发展与人口结构变迁之间的互动关系，以及生产力水平不同国家人口年龄结构变化对社会发展的深远影响。

　　老龄社会问题包含的内容极为丰富，涉及社会经济、政治、文化等诸多方面，因此，老龄社会问题研究是一个开放的课题，可以从不同学科视角、采用不同的研究方法进行。其中，马克思主义社会发展理论是极为重要的研究视角，历史唯物主义是根本研究方法。党的十八大报告首次提出积极应对人口老龄化；党的十九大报告再次强调积极应对人口老龄化；"十四五"规划明确提出"实施积极应对人口老龄化国家战略"；党的二十大报告把"实施积极应对人口老龄化国家战略"作为增进民生福祉、提高人民生活品质的一个重要方略。将积极应对人口老龄化纳入国家治理现代化顶层制度设计，反映了中国老龄社会治理的重要性和紧迫性。新时代老龄社会治理是中国式现代化的重要组成部分，促进老龄健康公平是老龄社会治理不可或缺的环节，是共同富裕在健康领域的现实反映。在健康风险全球化和银发浪潮交织的背景下，老龄健康公平问题不仅是中西方共同面临的重大民生问题，也是人类社会可持续发展需要解决的重要问题。健康公平是社会正义的一个衡量指标，是当代社会治理的重要价值视域。人口结构老龄化背景下现代国家的健康治理是马克思主义社会发展理论的重要组成部分，是唯物史观在新时代的理论延展和实践拓新。

第七次全国人口普查数据显示，截至 2020 年 11 月 1 日零时，我国 60 岁及以上人口为 26402 万人，占 18.70%；其中，65 岁及以上人口为 19064 万人，占 13.50%。相比 2010 年，60 岁及以上人口比重增加了 5.44 个百分点。在今后较长一段时间里，我国人口老龄化程度将进一步加剧，按照联合国人口结构划分标准，当一个国家或地区 60 岁及以上人口占比达到其总人口数 20% 时，即进入中度老龄化社会，目前，我国正在向中度老龄化社会过渡。人口结构老龄化持续加剧不仅带来了人口长期均衡发展的压力，而且对社会经济运行、文化建设等产生了多方面的影响。中国特色社会主义进入新时代，人民生活质量和健康水平显著提高，目前我国人口预期寿命达到 78.2 岁。由于发展的不平衡不充分，我国健康资源总量还不能充分满足人民日益增长的美好生活需要；城乡之间、区域之间、阶层之间老龄健康不公平现象在不同程度上存在。从全球范围来看，由于生产力水平的巨大差异，发达国家、发展中国家以及落后国家之间老龄健康不公平现象更加突出。

老龄健康公平问题不仅关涉老龄群体，而且与每个人密切相关。在不同国家和不同的社会历史阶段，健康公平的衡量指标不尽相同，因而，健康公平具有相对性。健康机会平等和老龄群体内部健康结果的相对一致性，是老龄健康公平的两个基本方面。探讨老龄健康公平问题，就是针对当前老龄健康不公平现象及原因，提出健康制度公正建构相关对策，以及推进全球健康治理联动的有效实践路径，目的在于改善老龄民生、促进社会公正，并推进全球健康正义。

"老龄健康公平问题研究"以马克思主义社会发展理论为基础，结合马克思主义伦理学、文化哲学等进行多学科交叉研究，全书共七章。"第一章　人口结构变迁：时空理论视野下的老龄社会"，立足唯物史观，以马克思主义时空理论为视角，阐明老龄社会的性质和人口结构老龄化的健康时空型制；挖掘马克思健康权利思想及其当代价值，为新时代老龄健康公平制度建构提供历史唯物主义的方法论指引。"第二章　资源论：老龄健康歧视及其道德纠偏"，通过对老龄健康歧视现象进行评析和道德纠偏，提出以"老龄资源论"取代"老龄包袱论"、以"老龄发展论"取代"老龄脱离论"，这是老龄健康公平制度建构的理论基础和价值观念前提。"第三章　危机论：老龄健康不公平现象及其制度矫正"，剖析当前我国老龄健康不公平现象及成因，提出化危为机的相关对策。"第四章　公正论：老龄健康风险及其伦理规制"，分析老龄健康风险的来源与特征，提出老龄健康风险伦理规制的基本原则。"第五章　优先论：老龄健康权利及其制度保障"，阐明新时代老龄健康权利的平等性、优先性、发展性，及其对于实现老龄健康公平的意义。"资源论""危机论""公正论""优先论"四大理论构成基于国家治理现代化的老龄健康公平制度建构的主干内容。第六章"发展论"和第七章"协同论"是关于银发浪潮背景下全球健康治理的两个方面。在历史的时空坐标系里，个体健康生活、人民健康水平的提升以及社会可持续发展本质上是一致的。原始生活共同体、自然经济共同体、商品经济共同体、产品经济共同体的历史演进，反映了人类从求生存到谋生活，再到追寻健康生活和创造美好生活的实践历程。随着银发浪潮从发达国家向发展中国家铺展开来，人类社会可持续发展问题相应地转化为健康老龄化和积极老龄化问题，老龄社会健康治理为推进全球健康治理提供了一个特殊的时空交汇点。在健康风险全球化时代，推动构建人类命运共同体和人类卫生健康共同体，促进全球健康治理联动，是各国人民健康生活的必然选择。当前，由于各国生产力水平存在较大差距，全球老龄健康不公平现象客观存在。深度全球化和银发浪潮相叠交织使全球健康治理变得更为复杂；同时也为各国尤其是老龄型国家求同存异、共谋发展，促进人民健康生活，并进一步推动构建人类命运共同体，提供了新的机遇。

　　理论是时代的声音，实践是思想在行动。不同时代、不同历史阶段的社会主要矛盾不同，社会治理方略各异。促进老龄健康公平，是新时代老龄社会治理的重要任务。坚持以人民为中心的发展思想是老龄社会健康治理的价值导向，反映了辩证唯物主义和历史唯物主义在新时代的实践意义。党中央高度重视老龄民生和老龄社会健康治理，中共中央国务院先后发布《国家积极应对人口老龄化中长期规划》《中共中央国务院关于加强新时代老龄工作的意见》《"十四五"国家老龄事业发展和养老服务体系规划》《关于推进基本养老服务体系建设的意见》等一系列专门文件，以及《中共中央关于坚持和完善中国特色社会主义制度　推进国家治理体系和治理能力现代化若干重大问题的决定》《中华人民共和国国民经济和社会发展第十四个五年规划和 2035 年远景目标纲要》等重要文件，对新时代老龄社会治理进行了全面部署，为实施积极应对人口老龄化国家战略、推进老龄健康公平提供了根本方略和具体路径。

习近平总书记强调，我国已进入老龄化社会，老年人越来越长寿；要抓好老龄事业、老龄产业，有条件的地方要加强养老服务设施建设，让老百姓体会到党始终在人民身边。促进老龄健康公平是推动高质量发展的一个突破口，它与全面建设社会主义现代化国家的战略部署具有一致性，将有力推进国家治理体系和治理能力现代化，彰显马克思主义社会发展理论的人民性、实践性。在健康风险全球化和银发浪潮交织的背景下，不断完善全球健康治理联动机制，逐步推进实现全球老龄健康公平，不仅是老龄型国家社会治理的一个基本目标，也是全球健康治理的价值旨归。

第 一 章

人口结构变迁:时空理论
视野下的老龄社会

　　历史的长河川流不息,社会运动的时空之轮滚滚向前。老龄社会是基于自然时空和社会时空辩证统一的人口年龄结构运动形式,是社会基本矛盾运动过程中人口结构变迁的结果,反映了生产力发展水平不同的国家基于人口结构老龄化的社会运动规律。马克思主义时空理论是唯物史观的重要组成部分,唯物史观主张自然时空和社会时空在具体的社会历史发展进程中的辩证统一。社会时空之维是考察人口运动尤其是人口年龄结构变化不可缺少的理论维度,也是马克思主义社会发展理论的一个基本向度。

第一节　基于时空统一论的人口结构变迁

　　时间、空间、物质、运动四者的辩证统一是马克思主义时空理论的基本主张,也是考察人口运动的一个理论基点。人口因素是影响社会运动发展的因素之一,它是人口数量、人口质量、人口结构变化等要素的总称。社会运动作为物质运动的一种基本形式,包含人口运动。人口运动具体体现为人口数量的增减、人口质量的提升或下降以及人口年龄结构由年轻型向老年型变化的过程等。人口运动离不开具体的时空,这种时空是自然时空和社会时空的高度统一。社会时空是马克思主义社会发展理论的重要范畴,社会时空之维是考察人口年龄结构变化不可缺少的理论维度,也是新时代马克思主义社会发展理论的一个基本向度。

一 时空统一论视野下的老龄社会

马克思主义时空观是自然时空观和社会时空观的辩证统一，而社会时空维度更能体现马克思主义时空理论的实质，并彰显社会历史发展与时空运动的一致性。时空不仅是一个关于自然界运动的自然辩证法范畴，而且是一个关于人的发展和社会发展及二者统一性的唯物史观范畴。马克思主义哲学认为，时空具有自然属性和社会属性双重性质。时间的自然属性体现为物质运动的持续性和间隔性，其社会属性体现为主体实践和社会形态更替的历史性。自然意义上的空间指物质运动的广延性和伸张性，社会意义上的空间则指在社会矛盾运动和主体实践的过程中所形成的经济结构、政治结构、文化结构及其相互关系的总和。可见，马克思主义时空观强调自然辩证法和社会辩证法的有机统一，以及辩证唯物主义和历史唯物主义在人类实践基础上的统一性。它阐释了时间的自然流逝和社会运动以及社会历史形态更替交互作用的客观过程，反映了基于社会基本矛盾运动的社会发展状况和以人口运动作为基本形式的主体发展过程。

老龄社会作为人口结构老龄化的社会形式，是在人类生息繁衍和社会运动发展的历史长河中逐步形成的。它不仅指一个国家或地区人口结构老化的动态过程，而且指因人口结构老龄化对社会经济、政治、文化等各个方面影响而形成的社会发展特殊形态，是"动"与"静"相结合的社会有机体运动形式。一般来说，老龄化社会（aging society）侧重人口结构由成年型向老龄型转化的动态过程，老龄社会（aged society）强调基于人口结构老龄化的结果。按照联合国的标准，当一个国家60岁及以上人口达到该国人口总数10%，或65岁及以上人口达到其人口总数7%时，就进入老龄社会。以德国、英国、美国等为代表的西方发达资本主义国家是在大约20世纪50年代进入老龄社会，当时这些国家都已完成现代化而进入后工业时代，社会生产力比较发达，属于典型的"先富后老"。我国于2000年左右进入老龄社会，属于"未富先老"。随着2020年我国全面建成小康社会和彻底摆脱绝对贫困，"未富先老"转变为"边富边老"。不论是"先富后老""未富先老"，还是"边富边老"，都是在特定的自然时空和社会时空中形成的以人口年龄结构变化及由此发生的社会制度建构为具体内容的社会发展模式。"老"是指不同国家进入老龄阶段的动态过程及时间差异性;"富"反映的是人口结构变化下社会空间的不同属性,主要是指一个国家或地区的经济发展水平及其差异性。"先富后老""未富先老""边富边老"的区分,体现了发展程度不同的国家人口运动尤其是人口年龄结构变化对社会经济发展的影响力;体现了在具体的社会时空运动过程中,不同国家之间发展的不平衡性,以及人口年龄结构变化与社会运动及社会经济发展之间的内在联系。

老龄社会是人口运动发展到一定历史阶段的产物,它与生产力水平、生产关系性质以及社会形态更替有着密切关联。它的产生既需要自然时空的酝酿,也需要社会时空的催生。唯物史观认为,人民群众既是社会历史的"剧中人",也是"剧作者"。就人口年龄结构变化的动态时空而言,作为社会主体的人始终是社会运动和人口结构变迁的主体,其主体性体现为能动的实践性。历史唯物主义强调人民群众的主体性,必然内在地包含人口运动的客观性和社会总人口作为整体主体的能动性,由此,人口运动成为马克思主义社会发展理论不可或缺的内容。马克思所指的社会时空,就是以自然时空为基础、以人口运动为重要形式之一的客观物质条件的总和。对人口因素的考察就是为了揭示人口运动与社会发展相互作用的动力机制,阐释马克思主义关于人口变迁、时空运动以及社会发展之间的辩证关系,彰显人口运动尤其是人口结构变迁的社会历史意义。总之,人口结构变迁的社会时空之维,旨在揭示社会时空运动过程中人口结构变迁的规律及其对社会发展的影响,这是马克思主义社会发展理论的重要组成部分。

老龄社会是人口变迁的历史产物,是自然时空与社会时空交互作用过程中人口年龄结构变化的结果,就此而论,老龄社会的发展问题是马克思主义社会发展理论在人口结构老龄化背景下的延伸和拓展。马克思主义社会时空理论反映了辩证唯物主义和历史唯物主义的统一性,是解读老龄社会的一把时空钥匙。

如果说"五分法"和"三分法"是历史唯物主义划分社会形态的两种基本方法,那么,基于"先富后老"和"边富边老"的"二分法"则可以看作划分社会形态发展阶段的第三种方法。"五分法"以生产关系的性质为依据,将社会依次划分为原始社会、奴隶社会、封建社会、资本主义社会和共产主义社会，反映了历史时空视域下社会形态的演进序列。"三分法"是以人的发展状况为依据，把社会划分为以"人的依赖关系"为基础的社会①、"以物的依赖性为基础的人的独立性"社会②、建立在个人全面发展和自由个性充分彰显③基础上的自由人联合体④三种形态，体现的是人的主体性发展进程。"二分法"则是以人口年龄结构变化与社会发展的内在关联为标准，将社会区分为"先富后老"和"边富边老"两种模式，反映了发达国家和以中国为代表的发展中国家老龄化的基本特征。基于此，"二分法"是对马克思主义社会发展理论和社会结构划分标准的补充，它与"五分法""三分法"一起构成历史唯物主义关于社会形态发展阶段的三个划分标准。

恩格斯指出："世界不是既成事物的集合体，而是过程的集合体。"⑤人口变迁作为社会运动的具体形式，是动态的过程性集合体。生产力和生产关系的矛盾运动是"二分法"提出的根本依据，生产力的发展是"社会进步的最高标准"⑥。不论是发达的资本主义国家，还是发展中国家以及落后国家，社会形态更替及其具体历史阶段的发展都是社会基本矛盾运动的结果。"先富后老""未富先老""边富边老"的不同模式反映了发展程度不同国家生产力水平的差异性及其进入富裕国家的时序不同；同时，体现了人口结构老龄化与经济发展水平的不一致性，这种差异性和不一致性反映出社会形态更替的一般规律性及其具体发展阶段的特殊性。习近平总书记指出："发展不平衡是当今世界最大的不平衡。"⑦ 一方面，"先富后老"和"边富边老"的区分反映了老龄型发达国家和发展中国家之间发展的不平衡性；另一方面，人口结构老龄化为发展程度不同的国家共谋发展提供了历史机遇。生产力和生产关系、经济基础和上层建筑的矛盾运动是人类社会发展的根本动力，它决定了社会形态更替和

---

① 参见《马克思恩格斯全集》第 30 卷，人民出版社 1995 年版，第 107 页。

② 参见《马克思恩格斯全集》第 30 卷，人民出版社 1995 年版，第 107 页。

③ 参见《马克思恩格斯全集》第 30 卷，人民出版社 1995 年版，第 107—108 页。

④ 参见《马克思恩格斯选集》第 1 卷，人民出版社 2012 年版，第 422 页。

⑤ 参见《马克思恩格斯文集》第 4 卷，人民出版社 2009 年版，第 298 页。

⑥ 《列宁全集》第 16 卷，人民出版社 2017 年版，第 209 页。

⑦ 习近平：《齐心开创共建"一带一路"美好未来——在第二届"一带一路"国际合作高峰论坛开幕式上的主旨演讲》，人民出版社 2019 年版，第 6 页。

人类历史发展的基本趋势。然而，社会发展道路的复杂性、多样性以及国情的不同决定了社会形态的演进及社会结构的变迁具有差异性。"先富后老""边富边老"作为当今世界人口结构老龄化的两种典型模式，体现了人类社会发展的一般规律性与特殊性的辩证统一，也是社会基本矛盾运动的普遍性和特殊性相结合的现实反映。有效应对与人口结构老龄化相关的社会伦理问题，是马克思主义社会发展理论的时代创新，也是马克思主义社会时空理论在老龄社会背景下的现实回应。

二 人口变迁的历史考察

人口因素是社会存在的基本内容之一，它对社会发展虽不具有决定性的意义，却在一定程度上制约并影响社会运动和社会发展。人是一切社会活动的主体，也是所有社会关系的承担者。没有人，就没有人类社会；没有人的发展，就不会有社会的进步。人口因素并非一个静态的客观存在，而是一个动态的运动性集合体。人口数量的增减、人口质量的提高、人口结构的变化等表明人口因素具有动态性和发展性，由此推动或延缓社会生产和文明进步。当然，人口因素及其社会作用受到相应时代社会生产发展状况和社会制度的制约，不能脱离具体的社会时空而独立存在。相反，人口因素正是在特定的社会时空中，即在具体的社会形态及其生产方式下，通过人口数量的适度增长、人口质量的提升和人口结构的合理变化而对社会发展产生良性作用；反之，就会起到阻碍作用。

社会有机体的发展是不以人的意志为转移的自然历史过程。马克思把经济的社会形态的发展理解为一种自然史的过程，不管个人在主观上怎样超脱各种关系，他在社会意义上总是这些关系的产物。社会生产既包括物质资料的生产和精神生产，也包括人类自身的生产即种的繁衍。不论哪一个社会形态，人口都构成社会有机体发展的"血肉"，以人类繁衍为基础的人口运动是社会有机体发展的前提。马克思指出，社会不是坚实的结晶体，而是一个能够变化并且经常处于变化过程中的有机体；现代唯物主义把历史看作人类的发展过程，而它的任务就在于发现这个过程的运动规律。生产力和生产关系、经济基础和上层建筑的矛盾构成人类社会的基本矛盾，社会基本矛盾运动离不开人类的活动。包括人口繁衍、人口发展以及人口年龄结构变化在内的人口因素既是社会基本矛盾运动的重要条件，在一定意义上也是社会基本矛盾运动的结果。所以，人口变迁是社会运动发展的时年投影及其主体性表征，反映了社会有机体运动的客观规律性与人类实践的主观能动性的高度统一。

人口变迁主要包括人口数量的增减和人口结构的变化，它是社会变迁的一个重要因子，与社会变迁具有同步性。在进入近现代社会之前，我国的人口数量变化大体经历了以下三个阶段。夏朝至西汉末年为第一阶段，历经 2000 多年，人口缓升至 6000 万人。东汉到明末为第二阶段，在这 1600 多年间，人口在 6000 万人至 7000 万人之间波动。明末至清后期为第三阶段，历时约 200 年，人口总量线呈现出向上倾斜的增长之势。至 1847 年，我国人口达到 43000 万人，光绪年间人口减少至 4 亿。清朝人口的快速增长与清政府实行奖励垦殖、轻徭薄赋的政策存在密切的关系，清代人口奠定了我国现有人口规模的基础。① 人口变迁与社会发展及其具体形态演进交织在一起，成为贯穿中国社会发展的一条历史主线。处于不同时代的实践主体，代代相继，成为这一社会历史主线的绘制者。从总体上看，进入近现代社会之前，我国人口数量的变化呈现出平缓增长→区间波动→向上倾斜式增长的趋势，这在一定程度上反映出我国不同历史阶段社会生产发展状况对人口数量变化的影响。

从上可见，在传统的农耕经济时代，我国人口数量的变化经历了一个漫长而复杂的历史过程。人口的兴衰与社会发展状况及朝代兴亡具有一定的同步性；人口数量变化整体上呈现出阶梯式上升的趋势，反映出农耕经济社会的生产力水平缓慢提高的趋势。高出生率、高死亡率和低人口自然增长率决定了人口增长处于低水平均衡状态，这种状态在一定程度上是由相对稳定的封建社会结构决定的；同时，人口增长的低水平均衡状态与自给自足的自然经济生产方式是基本适应的，对于维系封建社会的超稳定结构起到了一定的作用。

人口结构作为人口因素的组成部分，具体包括人口性别结构、人口婚姻结构、人口家庭结构、人口文化结构、人口职业结构、人口空间结构以及人口年龄结构等。人口年龄结构指在一定时点、一定地区各年龄

---

① 参见佟新《人口社会学》（第四版），北京大学出版社 2017 年版，第 286—287 页。

组人口占总人口的百分比。人口年龄结构是最基本的人口结构之一，是社会结构的重要组成部分，对人口过程、社会结构以及社会发展具有十分重要的影响。人口年龄结构是随着出生率、死亡率和迁移率的变化而不断变化的动态过程，它以社会经济发展为基础，在一定程度上反映出特定历史时期社会生产力发展水平及经济结构的变化，并对社会制度建构和社会政策的制定等产生不可忽视的影响。

人口年龄结构分为年轻型、成年型和老龄型三种类型。18世纪以前，人类的人口结构属于原始型的年轻型人口，与十分低下的生产力水平相适应，人口寿命一般不超过40岁。18世纪以后，工业革命带来了社会生产力的飞跃和巨大的财富积累，加上"二战"后世界人口死亡率的大幅下降，不论发达国家还是发展中国家都出现了人口高速增长的现象，在较长一段时间里，世界范围内人口年龄结构属于增长型的年轻型人口。人口结构老龄化是自20世纪50年代以来世界人口变化发展极为重要的特征，是社会时空运动过程中人口变迁的必然结果，是人类社会生产力发展到一定历史阶段的产物，工业革命在一定意义上成为助推人口结构老龄化的直接动力。

第七次全国人口普查数据显示：截至2020年11月1日零时，我国总人口为1443497378人，其中60岁及以上人口为26402万人，占18.70%，比2010年第六次全国人口普查时增长5.44个百分点；65岁及以上人口为19064万人，占13.50%，比2010年增长4.63个百分点。从第六次和第七次全国人口普查情况来看，我国人口结构老龄化呈现出逐年加快的趋势。改革开放40多年以来，我国经济社会快速发展，人民健康水平显著提高，以及生育率持续保持较低水平，是我国人口结构老龄化及其进程加快的主要原因。

第二节 个体生命进阶和社会年龄结构演进的有机统一

时间是人的生存和发展的基本形式之一，是主体实践的纵向性符号表达。马克思从人的生产实践出发，主张"时间实际上是人的积极存在，它不仅是人的生命的尺度，而且是人的发展的空间"①。所谓"人的积极存在"，就是以实践的能动性为特征的主体存在；是在具体的社会发展阶段，基于客观规律性与主体选择性相统一的生命运动形式。时间是马克思社会发展理论的重要范畴，时间不仅承载着人的自然属性，而且是人的社会本质的反映。作为个体的人，首先是以时间运动为生命状态的客观存在，其本身就是一艘时间之舟，日复一日地驶向生命的彼岸。时间不是外在于人的独立的物质形态，而是与人融为一体的主体性存在。时间运动不仅体现为个体时年的递进，而且表现为人类社会年龄结构的演进及社会形态的更替。基于时年递进的生命发展历程彰显了时间运动与主体实践的统一性，反映了辩证唯物主义时空观和历史唯物主义主体论的贯通性。

一　时年：递进的生命历程

个体生命的流逝不仅具有自然意义，而且具有社会意义。时年作为递进的生命历程，是个体生命进阶的外在标志，也是社会发展的一种生命文化符号。所谓时年，是指以个体生物学年龄为序的生命进阶历程。婴儿期、儿童期、少年期、青年期、中年期、老年期就是以生命历程为基础的时年分段。"时年"以生物学年龄为基础，是个体生命进程中的生理年龄、心理年龄以及社会年龄的综合表达。"如果我们要增加涉及社会变迁和过程的时间方面的知识，那么，我们就必须扩展时间范畴，从而把社会时间涵盖进来。"② 对时年的伦理研究是为了揭示个体生命演进的道德机理，阐释个体道德发展与社会变迁的内在关联，促进主体的道德社会化和人类文明的进步。老龄健康公平问题是时年伦理问题在老龄社会的特定反映，它表征的是人类追求健康长寿并努力实现健康公平的价值诉求。

人口年龄结构作为社会时年的具体形式，包含以下三个层面的内容：宏观层面，主要涉及人口年龄总体分布状况和社会年龄结构；中观层面，

---

① 《马克思恩格斯全集》第 47 卷，人民出版社 1979 年版，第 532 页。

② Pitirim A. Sorokin and Robert K. Merton, "Social Time: A Methodological and Functional Analysis", *The American Journal of Sociology*, VolumeXLII, No. 5, 1937, p. 629.

主要考察每一时点出生的人口在社会变迁中的状态及其对社会变迁的影响;微观层面,侧重关注个体随年龄增长的生命历程。由于时年递进与同期群流动是相互涵容的,个体年龄变化与社会同期群命运具有相对的同轨性,同一年代出生的社会群体年龄在一定程度上影响并反映社会人口变迁,因此,这三个层面的人口年龄结构实际上具有一致性。就个体时年递进而言,每个人都具有各自不同的生命历程。个体从出生、成长直至死亡,其生活状况、身份角色、社会地位等无不受到特定的社会历史条件的制约,因此,个体生命历程具有鲜明的历史性和时代性。从社会发展来看,同期群流动不仅与个体的生理发育、心理发展直接关联,而且对人口变迁如人口结构老龄化等产生不可忽视的影响;同时,同期群流动在一定意义上反映社会变迁的历史轨迹,并通过不同年龄阶层的同期群效应叠加而对社会发展产生影响。

时年是递进的生命发展历程,具有生物学、心理学、社会学多重含义。生物学年龄是关于个体生命运动的生理年龄分期。心理学年龄是关于个体身心发展程度的年龄分段。社会学年龄又称社会年龄,指个体承担某种社会角色的年龄。生物学年龄具有基础意义,标识的是个体生理发展的阶段性。心理学年龄和社会学年龄是个体社会化的时年标签,反映个体随年龄变化的主体性、实践性、发展性。这里的"主体性"是指个体作为社会主体的能动性。"实践性"指个体主体和人类主体对客观世界的合目的性、合规律性的改造。"发展性"指主体在改造外部客观世界和主观世界的进程中,逐渐成为社会人,并促进自然、人、社会和谐发展的过程。

个体发展具有时年性,社会发展也具有时年性。个体是组成社会的细胞,但个体的时年性并不直接构成社会整体的时年性。作为社会整体的时年性主要体现为两个方面。一是人口年龄结构的动态变化。由年轻型人口过渡到成年型人口,再转变到老龄型人口,是社会时年变化的一般过程,也是人口年龄结构变迁的动态规律。显然,个体时年的递进必然融入社会年龄结构变迁的整体过程,而社会年龄结构的变化又对个体时年发展尤其是个体心理年龄发展及其社会年龄的进阶产生重要影响。二是社会的年龄分层体系。每个社会都有不同的年龄分层体系,即以年龄为依据对人们的社会角色、社会地位及其他社会身份所进行的相应规定和期望。年龄分层内含着社会时空及其伦理型制，年龄分层体系是社会空间型制的重要维度，也是时间社会化形塑的年轮"纬线"。

在传统社会，年龄是社会身份的象征之一，"成冠"之礼因而具有独特的意义，因为它标志一个人拥有成年人的社会身份及相应的权利和义务。孔子云："吾十有五而志于学，三十而立，四十而不惑，五十而知天命，六十而耳顺，七十而从心所欲，不逾矩。"（《论语·为政》）这表明个体的时年发展是角色期待和责任担当的统一。《礼记·礼运》云："何谓人义？父慈，子孝，兄良，弟悌，夫义，妇听，长惠，幼顺，君仁，臣忠。"这十个方面既有依循个体成长的时年伦理要求，也有针对不同角色的道德规范，它们共同构成宗法伦理的核心内容，对于巩固宗法社会的超稳定结构起到了重要的作用。基于个体时年的道德发展和以血缘关系为纽带的宗法制度建构及社会形态的更替构成我国宗法社会发展的一条时空主线。由于个体的社会角色及其责、权、利在一定程度上受到其所处年龄层的社会地位及其影响力的左右，而社会经济发展状况是年龄分层体系生成并形成不同年龄身份角色的决定性因素，因此，不论是考察个体的时年发展，还是研究社会形态的演变及其人口结构变迁，都必须从具体的社会经济发展状况出发，这也是老龄健康公平问题研究的基点。

年龄分层理论认为，年龄具有特定的社会意义，年龄分层体系与社会分层具有内在的关联性。如果说社会分层是按照一定的标准把人分成不同的社会层级，那么，年龄分层则是根据年龄的差异性，将人分为身份各异的等级序列。年龄分层对于老年人而言具有十分重要的意义。老年人的社会地位和社会价值在不同的经济社会形态中有着显著差异，这种差异性与社会的年龄分层体系密切相关。在传统的农耕经济时代，老年人是权威的象征，他们的生产经验、劳动技能被视为宝贵的社会财富，他们也是社会风习和文化礼仪的活的载体和传播者，因而那时产生了老者为尊的价值观念，"老龄霸权"也由此形成。《礼记·王制》载："凡养老，有虞氏以燕礼，夏后氏以飨礼，殷人以食礼，周人修而兼用之。五十养于乡，六十养于国，七十养于学，达于诸侯。"以隆重的宴饮礼仪来款待老年人是古代历朝通例，各朝还有对老年人减免租役、赐物等不同的惠老举措。可见，老者为尊的年龄分层体系和孝道关怀伦理为农耕经济时代的社会伦理文化铺垫了厚重的道德底色，并成为贯穿中华文明的道德文化之源。

工业革命摧毁了传统农耕经济的基础，科技成为第一生产力，老年人积累的生产经验和劳动技能不再被视为珍宝，"老龄霸权"成为历史。当然，老者为尊的伦理文化和年龄分层体系并未完全消失，而是随着时代的变迁而获得新的内涵和价值转换。老龄健康公平的制度伦理建构，社会的健康老龄化以及养老、孝老、敬老政策体系和社会环境的构建，就是人口结构老龄化背景下老龄关怀伦理的重要内容，反映了老者为尊的价值观念对现代社会发展和国家治理的深远影响，这也在一定意义上印证了马克思主义时空理论的开放性和发展性。

二　场域：主客体统一的实践样态

马克思指出："人的本质不是单个人所固有的抽象物，在其现实性上，它是一切社会关系的总和。"① 由人与人之间的交往形成的社会关系和以之为基础的社会建构模式构成具体的、历史的社会时空。"全部人类历史的第一个前提无疑是有生命的个人的存在。因此，第一个需要确认的事实就是这些个人的肉体组织以及由此产生的个人对其他自然的关系。……任何历史记载都应当从这些自然基础以及它们在历史进程中由于人们的活动而发生的变更出发。"② "有生命的个人的存在"就是基于实践的个体的存在；"个人对其他自然的关系"包括人与自然之间改造与被改造的关系、人与人的交往关系等，所有这些关系都因人的实践而产生。人的对象性实践既是在一定的自然时空中发生的，又是使该时空社会化或为我化的主体性机制。时空并非先于人或外在于人的物化背景，而是形成于人与人之间社会关系中的客观存在。在一定意义上，时空是社会发展的符号化表达，是主体实践的动态场域。人的实践不能离开具体的时间或空间而独立存在，实践的直接现实性、社会历史性诠释了主体运动与与社会时空之间不可分割的联系。"劳动时间本身只是作为主体

---

① 《马克思恩格斯文集》第 1 卷，人民出版社 2009 年版，第 505 页。
② 《马克思恩格斯文集》第 1 卷，人民出版社 2009 年版，第 519 页。

存在着，只是以活动的形式存在着。"① 唯物史观坚持以实践来理解时间和空间，并把时空看作与人的劳动实践一体化的客观过程和主体性存在，反映出马克思主义时空理论的实践性品格。如果说时年的递进以纵向轴诠释了个体的生命历程，那么，社会场域的生成及其历史建构则以横向坐标彰显了主体发展的实践样态。时年递进与场域拓展的交叉并进构成主体发展的社会时空和基本模态，社会就是以时空为两轴、以人的实践活动为象限的动态性坐标系。人类的实践是时空运动和社会发展的主体性动力机制，时空的无限性为社会运动发展和人类的终极解放提供了广阔的前景。

"社会是人同自然界的完成了的本质的统一，是自然界的真正复活，是人的实现了的自然主义和自然界的实现了的人道主义。"② 只要有人存在，自然史和人类史就彼此相互贯通和相互制约。实践是人与自然统一的桥梁，是自然界发展和人类演进相互依存的中介。人与自然的本质统一、自然史和人类史的相互制约实际上是时空运动与人类活动的一体化过程。实践作为主体发展的社会形式，在一定意义上表征着特定历史时期时空的社会化形塑和社会化的时空型制。以实践为基础的主体活动场域及其制度建构模式构成主体发展的社会时空，它是现实性与历史性的统一，是合规律性与合目的性的合一。"场域"就是时空的社会化形塑和社会化的时空型制的有机融合，是基于主客体相统一的实践样态，它体现了人同自然界的物质统一性，以及自然史和人类史相互制约、相互依存的辩证关系。

老龄社会背景下主体实践的场域究竟是什么？它是保障主体实现晚年人生幸福，并推进健康老龄化和积极老龄化的动态性时空集合体；是以老龄民生幸福和社会可持续发展为价值旨归的主体实践、生产方式及其制度建构模式的总和。在社会学中，"场域"所指大多并非物理时空，而是动态的多维社会时空。人类的生产生活实践是创生社会时空的唯一途径，离开了主体实践，时空仅仅是物理背景而已，正如马克思所言："自然界的人的本质只有对社会的人来说才是存在的；因为只有在社会

---

① 《马克思恩格斯全集》第 30 卷，人民出版社 1995 年版，第 121 页。
② 《马克思恩格斯文集》第 1 卷，人民出版社 2009 年版，第 187 页。

中，自然界对人来说才是人与人联系的纽带，才是他为别人的存在和别人为他的存在，只有在社会中，自然界才是人自己的合乎人性的存在的基础，才是人的现实的生活要素。"① 人的社会本质及其主体实践是时空社会化和社会时空型制的重要动因。恩格斯认为，劳动发展史是理解全部社会历史的钥匙，劳动创造了人本身。劳动是人类所特有的生活方式和存在形式，是反映主体能动性的生产实践。人既是劳动的主体，又是劳动的对象，是基于实践的主客统一体。时空的社会化形塑和社会的时空型制及其融合，必然使自然物理时空成为主客互生的实践场域。由此，基于人口结构老龄化的社会场域可以分为两个层面：老龄化时空的社会形塑和老龄社会的时空型制。老龄化时空的社会形塑强调人口结构由成年型向老龄型转变的过程性，以及在此过程中老龄群体的形象塑造。不论是个体的老龄化，还是社会的老龄化，都不仅是人的自然化的成长过程，更是社会性的人口运动过程。这一进程反映出工业革命后部分发达国家社会生产力快速发展而出现的人口结构变迁的趋势，是特定历史时空中的人口变迁过程样态；其主要内容包括老龄化过程及其社会性，以及在人口结构变迁中老年人的社会形象塑造和尊老伦理文化建设。老龄社会的时空型制是指老龄型社会的制度建构，重点是与老龄民生幸福密切相关的社会制度公正建构。两者都离不开人的主体性实践，实践是老龄化时空的社会形塑和老龄社会的时空型制的基本路径，也是二者有机统一的桥梁。

"全部社会生活在本质上是实践的"②，实践性是马克思主义的重要特征，离开实践，时间和空间不过是互为背景的单一性、静止性的存在。实践是人类能动地改造对象世界的社会性的物质活动，具有直接现实性、自觉能动性、社会历史性。人口结构老龄化背景下的主体实践是以老龄社会为平台，以老龄权利保障及其制度公正建构为核心内容，以老龄民生幸福为价值旨归的社会道德实践。老年主体性、代际互动性、社会发展性是基于人口结构老龄化的主体实践的基本特征。老年主体性强调老年人不只是社会关怀的受众即被动的关怀对象，而且是能动的社会实践

---

① 《马克思恩格斯文集》第 1 卷，人民出版社 2009 年版，第 187 页。
② 《马克思恩格斯文集》第 1 卷，人民出版社 2009 年版，第 501 页。

主体和道德主体。代际互动性指老龄一代和年青一代互为主体、相互依存，并以代际平等、代际互惠、代际补偿为基本理念，共同促进代际发展。社会发展性是指基于健康老龄化和积极老龄化的社会运动及其可持续发展，具体包含以下三个方面的内容。一是从老龄群体的实际需求出发，进行相应的社会制度建构，以充分表达并有效实现老年人的利益需求。二是通过主体实践，促进老龄一代和年青一代和谐共处、共同发展。三是最大限度地利用并挖掘现有自然资源和物质财富，促进社会资源的跨国流转，不断推进老龄民生幸福和老龄健康公平。老龄社会的健康时空型制是马克思主义社会发展理论在人口结构老龄化背景下的时代延伸，体现了马克思主义的科学性、人民性、实践性、发展性，反映了新时代中国特色社会主义不断满足人民美好生活需要和实现人民幸福的价值追求。

三　老龄社会：生产力发展与时空运动的一体化形式

恩格斯在《反杜林论》中指出："一切存在的基本形式是空间和时间，时间以外的存在像空间以外的存在一样，是非常荒诞的事情。"① 时间表征的是个体生命的流逝和社会形态的演进；空间是一种具有结构性、功能性和开放性的客观存在。时间的一维性使个体不得不面对生命的终结，而人类的繁衍将生命代代相续，时间的一维性由此转变成生命延续和人类发展的无限可能。空间既是主体生活的客观环境，又是主体实践创生的各种社会关系、社会结构以及生产方式的总和。在此意义上，时空是一种兼具主体性和客体性的动态集合体，社会是以时间和空间作为两条坐标轴、以人的主体性实践为运动象限的坐系系。时间上的永恒性、空间上的无限性，"没有一个方向是有终点的，不论是向前或向后，向上或向下，向左或向右"②。不论是个体的人，还是人类社会，都不能脱离具体的时空而存在；相反，个体生命的演进、社会形态的更替以及社会运动发展都是与时空运动融为一体的，它们是时空运动的具体形式，时间的永恒性和空间的无限性为人类自身的繁衍和社会发展提供了无限可

---

① 《马克思恩格斯文集》第 9 卷，人民出版社 2009 年版，第 56 页。
② 《马克思恩格斯文集》第 9 卷，人民出版社 2009 年版，第 53 页。

能。时空与个体生命活动以及社会运动发展的一体化是马克思主义社会发展理论的基本主张,反映了辩证唯物主义和历史唯物主义的高度统一。

唯物史观将社会形态划分为两大类,一类是经济社会形态,另一类是技术社会形态。前者分为原始社会、奴隶社会、封建社会、资本主义社会、社会主义社会和共产主义社会。后者分为石器时代、铁器时代、铜器时代、蒸汽机时代、电子时代、信息时代。经济社会形态主要是根据生产关系的性质对社会形态进行的区分,技术社会形态划分的主要根据是生产力发展水平。作为社会主体的人始终是社会发展的能动的革命的因素,人类的实践是推动社会历史发展的一条主线。马克思的"三分法"以人的发展状况为依据对社会形态进行区分,表明了主体实践的能动性及其与社会运动相互依存、相互作用的关系。社会有机体就是依赖于具体时空运动的主体实践的产物,是主体发展与时空运动相结合的一体化形式。正如马克思、恩格斯所言,人们"周围的感性世界决不是某种开天辟地以来就直接存在的、始终如一的东西,而是工业和社会状况的产物,是历史的产物,是世世代代活动的结果,其中每一代都立足于前一代所奠定的基础上,继续发展前一代的工业和交往,并随着需要的改变而改变他们的社会制度"①。马克思、恩格斯主张用历史的眼光和发展的思维来分析客观世界和社会变迁,尽管他们生活的那个时代决定了他们不可能从人口年龄结构变化来分析社会发展的阶段性。然而,历史唯物主义关于人口因素对社会变迁的影响、人民群众的历史主体性以及生产力对社会发展的决定性作用等主张表明,基于人口结构变化的社会发展、历史形态演进以及时年递进是马克思主义社会发展理论不可缺少的内容。马克思、恩格斯在《德意志意识形态》中指出:"历史不外是各个世代的依次交替。每一代都利用以前各代遗留下来的材料、资金和生产力;由于这个缘故,每一代一方面在完全改变了的环境下继续从事所继承的活动,另一方面又通过完全改变了的活动来变更旧的环境。"② 这段话表明了人类的代际活动与社会环境变更的内在联系,反映了人口因

① 《马克思恩格斯文集》第 1 卷,人民出版社 2009 年版,第 528 页。
② 《马克思恩格斯文集》第 1 卷,人民出版社 2009 年版,第 540 页。

素对社会发展的重要影响。

人是组成社会有机体的首要的能动的因素，但这并不意味着人可以自由选择某一种社会形式及其具体历史阶段。马克思曾说："人们能否自由选择某一社会形式呢？决不能。在人们的生产力发展的一定状况下，就会有一定的交换［commerce］和消费形式。在生产、交换和消费发展的一定阶段上，就会有相应的制度形式、相应的家庭、等级或阶级组织，一句话，就会有相应的市民社会。"① 社会基本矛盾运动是社会发展的根本动力，生产力是社会发展和人口变迁的决定性因素。"先富后老"和"边富边老"的区分，反映了发展程度不同的老龄型国家生产力水平的差异性，及其进入老龄社会的时间差异性。唯物史观关于生产力决定生产关系、经济基础决定上层建筑等观点，是解读老龄社会的根本指南。老龄社会作为人类社会发展的一个特殊历史阶段，既可以发生在发达的资本主义国家，也可以出现在发展中国家。探讨发展程度不同的国家应对人口老龄化的不同策略，特别是对人口结构老龄化背景下中西方健康时空型制加以比鉴，对于促进健康老龄化和积极老龄化，并推动构建人类卫生健康共同体和人类命运共同体，具有极为重要的现实意义。

人口老龄化与老龄社会既有联系又有区别。人口老龄化是指一个国家或地区在一定时期内人口年龄结构由成年型向老龄型演变的动态过程。当60岁及以上人口达到其人口总数10%，或65岁及以上人口达到总人口7%时，它就进入老龄社会。人口老龄化还指老年型人口结构进一步加剧、老龄人口占比持续增长的过程。社会是一个不断发展的有机体，老龄社会也是如此。老龄社会是社会形态演进的一个特殊阶段，是社会基本矛盾运动发展到一定历史阶段的产物。它是随着社会生产力的不断提高，人口自然增长率提高、人口死亡率下降、人口预期寿命延长，以及老龄人口达到一定规模时出现的人口结构变迁的结果，是社会生产力发展、人口变迁以及时空运动共同作用的产物。人口结构老龄化在全球逐渐铺展开来是当前世界人口运动的一个重要特征，它反映了人口变迁与社会经济发展的同步性。如果说生育率和人口自然增长率的提高具有阶段性、非持续性，那么，随着社会生产力水平不断提高，人们

---

① 《马克思恩格斯文集》第10卷，人民出版社2009年版，第42—43页。

的生活质量逐步提升，世界范围内的老龄人口特别是高龄人口的整体死亡率降低、人类预期寿命继续延长，则是一种可持续的人口发展趋势。

人口结构老龄化一方面是指社会人口结构进入老龄型，以及老龄化程度逐步加剧的动态过程；另一方面是指老龄群体拥有更多自由时间的生命存在及发展状态。这里的"自由时间"，是指由于劳动的制度性终止而在退休阶段可以自由支配的闲暇时间。退休阶段属于劳动后阶段，是闲暇最多的时期。闲暇一旦得到有效利用，就成为真正意义上的自由时间。对老年人来说，退休后的自由时间是一笔宝贵的财富；对老龄社会而言，它是具有开发潜能的"银色资源"。因此，基于闲暇的自由时间及其合理开发是老龄社会有机体的健康时空型制的重要内容，是银发浪潮背景下中西方相融互鉴、共同发展的有效途径，也是后疫情时代各国携手构建人类卫生健康共同体的一种实践方式。

自由时间的存在是理想社会的一个重要标志，是去除社会必要劳动时间之后的那部分时间，是每一个人和整个社会可以自由支配的时间。马克思指出："整个人类的发展，就其超出人的自然存在所直接需要的发展来说，无非是对这种自由时间的运用，并且整个人类发展的前提就是把这种自由时间作为必要的基础。"① 在资本主义制度下，工人不可能获得"自由时间"，因为他们的时间已经成为物化的劳动时间，是资本增殖的条件。只有在共产主义社会，劳动不再是谋生的手段，而成为生活的第一需要，劳动时间和自由时间的界限及其对立才能消除。不论是"先富后老"的发达资本主义国家，还是"边富边老"的中国，退休阶段是闲暇最多的阶段。闲暇并不等于自由时间，只有将闲暇有效利用并产生实际的社会效益，它才成为真正意义上的自由时间。闲暇转化为自由时间是老龄主体自我发展的内在要求，也是健康老龄化和积极老龄化的必然选择。不论是老龄个体，还是老龄群体，健康老龄化是积极老龄化的前提条件。实现老龄健康公平是老龄社会发展的重要价值目标，老龄阶段闲暇的客观存在及其有效开发与利用为这一目标的实现提供了现实基础。

---

① 《马克思恩格斯全集》第 32 卷，人民出版社 1998 年版，第 215 页。

第三节 人口结构老龄化的健康时空型制

社会是流动的时空，发展是人类永恒的追寻。老龄社会是自然时空和社会时空有机统一的社会样态，是人类历史长河中基于人口结构变迁的社会发展阶段。进入新时代，人民的美好生活需要不断增长，长寿且健康是很多人的追求，这就为马克思主义时空理论在新时代的拓展提供了现实基础。挖掘马克思的健康权利思想，并加以现代转换，对于保障人民健康权利，促进老龄健康公平，具有重要意义。在深度全球化时代，推动构建人类卫生健康共同体不仅是各国人民共创共享健康生活的现实需要，也是老龄社会背景下中西方共同发展的必然选择。

一 马克思主义时空理论的拓新

马克思指出："时间是人类发展的空间。一个人如果没有自己处置的自由时间，一生中除睡眠饮食等纯生理上必需的间断以外，都是替资本家服务，那么，他就还不如一头载重的牲畜。"① 在资本主义私有制度下，工人的境遇就是如此。资本家从工人的剩余劳动中获得两种东西：一种是生活的物质条件，另一种就是自由时间。"不劳动的社会部分的自由时间是以剩余劳动或过度劳动为基础的，是以劳动的那部分人的剩余劳动时间为基础的；一方的自由发展是以工人必须把他们的全部时间，从而他们发展的空间完全用于生产一定的使用价值为基础的；一方的人的能力的发展是以另一方的发展受到限制为基础的。迄今为止的一切文明和社会发展都是以这种对抗为基础的。"② "同一方的自由时间相应的是另一方的被奴役的时间。"③ 马克思深刻揭露了资本家剥削工人的剩余劳动，从而对其自由时间和发展空间进行全面挤压和侵占的残酷性。他认为，时间实际上是人的积极存在方式，它不仅是人的生命的尺度，而且是人

---

① 《马克思恩格斯全集》第 21 卷，人民出版社 2003 年版，第 204 页。
② 《马克思恩格斯全集》第 32 卷，人民出版社 1998 年版，第 214 页。
③ 《马克思恩格斯全集》第 32 卷，人民出版社 1998 年版，第 215 页。

的发展的空间。① 然而, 资本追逐价值增殖的本性使工人几乎丧失了属于自己的时间和发展的空间, 生命健康受到极大的摧残。时间、空间、资本运动、社会运动以及人的发展是融为一体的, 社会时空的合理建构和人的自由全面发展是马克思主义时空理论的基本主张。恩格斯指出: "一切存在的基本形式是空间和时间, 时间以外的存在像空间以外的存在一样, 是非常荒谬的事情。"② 时间和空间是马克思主义时空理论的两个重要范畴, 也是唯物史观视域下社会共同体历史演进的两条轴线。基于主体实践的社会时空建构以人的健康生活及自由全面发展为目标, 是人的社会性本质的反映, 马克思主义时空理论为实现人的自由而全面的发展, 并推动构建人类命运共同体, 提供了重要的社会历史维度。

历史唯物主义认为, 人的主体性实践是自在世界转化为为我的世界、自然时空转化为社会时空的唯一途径。实践是人的存在及发展的根本方式, 也是时空的社会化形塑和社会的时空型制相统一的主体动力机制。人的需要是基于社会基本矛盾运动而产生的, 实践是人类实现自身需要的根本途径。

社会有机体是不断运动发展的, 社会基本矛盾运动是推动社会发展的根本动力。对于不同国家及其不同的发展阶段来说, 社会主要矛盾是决定社会制度建构和社会发展的主要因素。中国特色社会主义进入新时代, 我国社会主要矛盾已经转化为人民日益增长的美好生活需要和不平衡不充分的发展之间的矛盾。人民美好生活需要日益广泛, 健康生活和健康发展成为人民美好生活需要的重要内容。从求生存到求长寿, 再到健康长寿, 直至"仁寿"合一, 反映出随着我国社会生产力水平不断提高, 人民的健康价值观念发生了很大的变化, 人民关于健康生活的价值境界逐步升华。

党的十八大报告首次提出"积极应对人口老龄化"③; 党的十九大报告再次强调"积极应对人口老龄化", "推进医养结合, 加快老龄事业和

---

① 《马克思恩格斯全集》第 47 卷, 人民出版社 1979 年版, 第 532 页。
② 《马克思恩格斯文集》第 9 卷, 人民出版社 2009 年版, 第 56 页。
③ 胡锦涛:《坚定不移沿着中国特色社会主义道路前进　为全面建成小康社会而奋斗》,《人民日报》2012 年 11 月 18 日第 3 版。

产业发展"①；党的二十大报告明确指出："实施积极应对人口老龄化国家战略，发展养老事业和养老产业，优化孤寡老人服务，推动实现全体老年人享有基本养老服务。"② 实施积极应对人口老龄化国家战略不仅是"推进健康中国建设"的重要环节，也是"增进民生福祉，提高人民生活品质"的一项重要内容。实施积极应对人口老龄化国家战略，就是根据新时代我国社会主要矛盾，以主体实践为基础的社会化健康时空型制，是马克思主义时空理论在当代中国的拓展，彰显了马克思主义时空理论的实践性、人民性、发展性；体现了中国特色社会主义不断满足人民日益增长的美好生活需要的宗旨，为推动构建人类卫生健康共同体提供了中国方案。

二 人口老龄化视域下马克思健康权利思想的价值转换

马克思虽然没有健康专论，却在考察资本主义生产的过程中体现出对工人生命安全和身体健康的高度关切，对劳动者健康权利的坚定捍卫，对健康正义的不懈追求。马克思揭露资本主义生产方式对工人身体健康的摧残，批判资本积累的血腥本质，体现了他的民生健康观。马克思认为，健康权是工人的一项基本权利，通过剖析"两种时间"和"两种生产"及其内在关系，揭示资本主义私有制是造成工人不良健康状况的根源，集中反映了马克思关于健康权利的劳动价值观。号召无产阶级以暴力革命推翻资本主义制度，由此争得正常的劳动权利和健康权利，并最终实现人类解放，这就是马克思的健康实践观。

习近平总书记指出："尽管我们所处的时代同马克思所处的时代相比发生了深刻而巨大的变化，但从世界社会主义500年的大视野来看，我们依然处在马克思主义所阐明的历史时代。"③ 马克思生活在自由资本主义向垄断资本主义过渡的时期，与当今的社会主义新时代有着本质区别，但马克思健康权利思想对于新时代保障人民健康权利、促进人民健康生

---

① 习近平：《决胜全面建成小康社会　夺取新时代中国特色社会主义伟大胜利——在中国共产党第十九次全国代表大会上的报告》，人民出版社2017年版，第48页。

② 习近平：《高举中国特色社会主义伟大旗帜　为全面建设社会主义现代化国家而团结奋斗——在中国共产党第二十次全国代表大会上的报告》，人民出版社2022年版，第46—49页。

③ 《习近平谈治国理政》第2卷，外文出版社2017年版，第66页。

活和美好生活,仍然具有一定的启示意义,主要体现在以下三个方面:从"两种时间"的转变来彰显劳动者的健康权利主体性;通过健康权利的制度保障来满足人民日益增长的美好生活需要;以全球健康治理进一步推动构建人类命运共同体。

(一)"两种时间"的转变与劳动者的健康权利主体性

在资本主义私有制度下,工人的劳动时间分为必要劳动时间和剩余劳动时间。工人虽是劳动者,却丧失了劳动者的主体性,他们的劳动是为资本家生产和再生产剩余价值的过程,是劳动者出卖自己的劳动力而从属于资本权力的过程。劳动的异化是资本主义生产方式的重要特征,劳动者和劳动资料的所有权相分离,劳动者失去了主体性、失去了健康;财富的创造者不能拥有财富,却陷入绝对贫困,造成这一切的根源就是资本主义的生产资料私有制。

社会主义制度的建立使劳动者成为国家的主人,劳动者既是社会财富的创造者,也是享受者。健康权是我国公民的一项基本权利,劳动者成为现实的健康权利主体。《中华人民共和国基本医疗卫生与健康促进法》是我国第一部医疗卫生法,明确了我国医疗卫生与健康事业坚持以人民为中心、为人民健康服务的宗旨,确立了医疗卫生事业的公益性原则和健康优先发展的战略地位。"健康"并不是医疗卫生领域的专属概念,而是融入所有政策的一种发展观,是关于生命良性运动和社会可持续发展相统一的健康理念及实践,反映了从"以治病为中心"到"以人民健康为中心"的健康观念及其实践路径的转变,是新时代中国特色社会主义不断满足人民日益增长的美好生活需要的必然选择。

《中华人民共和国民法典》第一百一十条第一款规定:"自然人享有生命权、身体权、健康权、姓名权、肖像权、名誉权、荣誉权、隐私权、婚姻自主权等权利。"第九百九十条规定:"人格权是民事主体享有的生命权、身体权、健康权、姓名权、名称权、肖像权、名誉权、荣誉权、隐私权等权利。"这是我国法律首次从民事权利和人格权的角度规定自然人的健康权,表明健康权不仅是一项基本的人权,更是一项法定的权利。保障劳动者的健康权是社会主义国家的基本职能,是新时代劳动者主体性的重要体现。

《中华人民共和国劳动法》第二条规定:劳动者享有休息休假的权

利。该法第四章专设"工作时间和休假制度",其中第三十六条规定:"国家实行劳动者每日工作时间不超过八小时、平均每周工作时间不超过四十四小时的工时制度。"由此,劳动者的时间分为工作时间和休息时间两个部分。资本主义私有制下必要劳动时间与剩余劳动时间的划分同社会主义制度下工作时间与休息时间的区分具有本质性差异,前者的目的在于满足资本家追逐剩余价值的需要,后者的目的是保障劳动者的合法劳动权益和正常的休息权利。工时制是我国的基本劳动制度,也是维护劳动者健康权的重要制度,体现了劳动者的健康权利主体性,是马克思健康权利思想在当代中国的创新发展。

《中华人民共和国宪法》第四十二条规定:"中华人民共和国劳动者有休息的权利。国家发展劳动者休息和休养的设施,规定职工的工作时间和休假制度。"宪法是国家的根本大法,是维护我国公民健康权利的根本遵循。我国法律不仅保护劳动者在劳动阶段的健康权利,而且保护其退休阶段的健康权利。宪法第四十三条规定:"国家依照法律规定实行企业事业组织的职工和国家机关工作人员的退休制度。退休人员的生活受到国家和社会的保障。"退休是劳动的制度性终止,退休阶段是公民的休息时间最多的阶段,为公民健康生活提供了充裕的自由时间。退休制度充分体现了权利与义务相对应、贡献和享受相统一的社会主义劳动价值观和按劳分配原则,也是马克思健康权利思想在当代中国的现实体现。宪法第四十五条规定:我国公民在年老、疾病或者丧失劳动能力的情况下,有从国家和社会获得物质帮助的权利。国家发展为公民享受这些权利所需要的社会保险、社会救济和医疗卫生事业。老年人是社会的弱势人群,保障弱势群体的健康权利既是人道主义的要求,也是社会主义制度优越性的具体体现。

（二）美好生活需要与人民的健康发展

发展的观点是唯物辩证法的基本观点,健康生活和健康发展是人的内在需要,也是社会进步的主体性动力机制。所谓健康发展,指作为社会主体的人在生理、心理以及社会适应性等方面处于良性状态,并在此基础上促进社会进步的过程。不断满足人民美好生活需要,促进人民健康生活和健康发展,是唯物史观关于人民群众是历史的创造者的现实体现,是坚持以人民为中心的发展思想的基本要求,也是马克思健康权利思想对于健康中国建设的现实意义。

健康发展是人类进入后现代社会以来,随着生产力的不断提高而产生的关于人本身存在意义的价值追问及主体实践的有机统一。在前资本主义时代,生存是人类最基本的需要。工业革命带来了"三废",健康生活成为人类的普遍吁求。进入后现代社会以来,科技的迅速发展、物质财富的膨胀使相当一部分人出现了精神的焦虑和理性的迷失,健康生活和健康发展成为当代人的重要价值追求。

人民健康是民族昌盛和国家富强的重要标志。随着中国特色社会主义进入新时代,人民对美好生活的向往日益强烈,健康生活和健康发展成为人民美好生活需要的重要内容。《"健康中国"2030 年规划纲要》提出"健康优先"的原则,要求把健康融入所有政策。党的十九大报告提出"实施健康中国战略",这是提高保障和改善民生水平、加强和创新社会治理的重要内容。近五年来,我国不断完善国民健康政策,在为人民群众提供全方位全周期健康服务上取得了很大进展。党的二十大报告提出"推进健康中国建设","把保障人民健康放在优先发展的战略位置,完善人民健康促进政策"。同时,把"实施积极应对人口老龄化国家战略"作为推进健康中国建设的一项重要内容。[1] 这一系列顶层制度设计和十年来我国卫生健康领域取得的巨大成就充分体现了中国共产党心系人民健康的民生情怀,彰显了坚持以人民为中心的发展思想,以及增进民生福祉、不断提高人民生活品质的新时代中国特色社会主义制度优势。

习近平总书记强调,确保人民群众生命安全和身体健康,是我们党治国理政的一项重大任务。[2] 不论是个体的健康生活和健康发展,还是人口整体健康素养的提升,都需要强有力的健康制度保障。中华人民共和国成立 70 多年以来,我国已建立具有中国特色的基本医疗卫生服务制度、医疗保障制度和医疗卫生服务体系,人民健康和医疗卫生水平大幅提高[3],人

---

① 参见习近平《高举中国特色社会主义伟大旗帜 为全面建设社会主义现代化国家而团结奋斗—— 在中国共产党第二十次全国代表大会上的报告》,人民出版社 2022 年版,第 46—49 页。

② 参见《习近平主持召开中央全面深化改革委员会第十二次会议强调 完善重大疫情防控体制机制 健全国家公共卫生应急管理体系》,《人民日报》2020 年 2 月 15 日第 1 版。

③ 参见习近平《决胜全面建成小康社会 夺取新时代中国特色社会主义伟大胜利——在中国共产党第十九次全国代表大会上的报告》,人民出版社 2017 年版,第 5 页。

均预期寿命从 1949 年的 35 岁提高到 2021 年的 78.2 岁。然而，当前我国发展不平衡不充分的问题还比较突出，在卫生健康领域主要存在以下问题：健康资源总量不足，难以充分满足人民日益增长的健康生活需求；健康资源分配存在城乡之间、区域之间不同程度的公平失衡现象，亟待纠偏；健康风险防控机制和精神卫生健康引导机制尚不健全。因此，进一步完善医疗保障制度和医疗卫生服务体系，健全各级健康风险防控机制，积极引导公民的精神健康生活等，是保障人民健康权利、提高人民生活品质和促进社会可持续发展的关键。

（三）全球健康治理与人类命运共同体的实践路径

在全球化向纵深拓展的今天，人类越来越成为你中有我、我中有你的命运共同体。随着全球治理体系和国际秩序变革加速推进，各国相互联系日益加深。与此同时，人类面临诸多共同的问题，如恐怖主义、重大传染性疾病等，都需要全球联动才能有效应对和解决。在深度全球化时代，"没有哪个国家能够独自应对人类面临的各种挑战，也没有哪个国家能够退回到自我封闭的孤岛"①。党的二十大报告指出："促进世界和平与发展，推动构建人类命运共同体。"② 这是我国始终坚持的外交政策宗旨，也是中国积极参与全球治理体系改革和建设的方向。中国将继续践行共商共建共享的全球治理观，坚持真正的多边主义，推动全球治理朝着更加公正合理的方向发展。

共建共享是建设健康中国的基本路径，全民健康是根本目的，这也为全球健康治理贡献了中国智慧和中国方案。"使全世界人民获得可能的最高水平的健康"，是《世界卫生组织宪章》提出的健康发展宗旨。当前，各国生产力水平不同，发达国家和发展中国家以及落后国家之间在医疗卫生制度的完善程度、人均享有的医疗卫生资源数量、人均预期寿命等方面都存在较大的差距。要改善落后国家人民健康状况，促进发展中国家人民健康水平持续提高，就要打破国与国之间的界限，进一步推

① 习近平：《决胜全面建成小康社会 夺取新时代中国特色社会主义伟大胜利——在中国共产党第十九次全国代表大会上的报告》，人民出版社 2017 年版，第 58 页。

② 习近平：《高举中国特色社会主义伟大旗帜 为全面建设社会主义现代化国家而团结奋斗——在中国共产党第二十次全国代表大会上的报告》，人民出版社 2022 年版，第 60 页。

动全球健康治理联动,其具体对策主要包括以下三个方面。

一是在世界卫生组织和各国政府卫生健康机构的协调下,促进医疗卫生资源的全球公平配置,并尽可能地实现优质医疗卫生资源的全球共享;其中,落后国家应成为医疗卫生资源跨国配置的重点倾斜区域。[①]

二是建立全球联动的重大疫情防控机制。现代社会是一个风险社会,健康风险是当今人类面临的最大风险之一。从"非典"(SARS)到埃博拉病毒(EBOV)、中东呼吸综合征(MERS),再到新型冠状病毒(2019 - nCoV),其危害性都超出了一个国家的范围,甚至波及全球。面对突发性公共卫生事件特别是全球范围的重大疫情,构建全球健康治理联动机制极为重要。

三是以全球健康治理来推动构建人类命运共同体。马克思根据人的发展状况,把社会分为以"人的依赖关系"为基础的社会[②]、"以物的依赖性为基础的人的独立性"社会[③]、建立在个人自由全面发展基础上的"联合体"[④] 三种形态。所谓联合体,就是以物质财富极大丰富为基础、以人的自由全面发展为重要条件的共产主义社会。共产主义社会是人类社会的理想形态,并非个别国家或地区能够单独实现,而是人类作为共同主体,携手推动世界历史运动并达到发展之巅的终极目标。健康资源的跨国流转与共享、医疗卫生服务机制的全球联动,以及基于人口结构老龄化的全球老龄健康公平的逐步实现,都是全球健康治理不可或缺的环节,对于推动构建人类命运共同体将起到重要的作用,这正是马克思健康权利思想及共同体思想在当代世界运动和社会历史发展进程中的延展和拓新。

三 老龄社会健康时空型制及价值旨归

人口结构老龄化背景下的社会健康时空型制是以老龄健康权利保障为核心内容,以健康老龄化为宏观战略,以健康正义为价值旨归的制度

---

① 参见刘喜珍《老龄健康公平研究》,《伦理学研究》2018 年第 3 期。
② 参见《马克思恩格斯全集》第 30 卷,人民出版社 1995 年版,第 107 页。
③ 参见《马克思恩格斯全集》第 30 卷,人民出版社 1995 年版,第 107 页。
④ 参见《马克思恩格斯选集》第 1 卷,人民出版社 2012 年版,第 422 页。

建构模式及主体实践的总和,具体包含老龄型国家社会健康治理和全球健康治理两个方面的内容。

(一) 中国老龄社会健康治理及价值目标

随着 2020 年我国彻底消除绝对贫困和全面建成小康社会,人民健康水平进一步提高,老龄人口的健康需求呈现出多样化、多层次的特点。以健康中国建设为总体方略,从当前我国老龄人口的健康状况及其健康需求出发,进行相应的制度伦理建构,是中国老龄社会治理的重要任务。在实施积极应对人口老龄化战略的整体进程中,不断促进老龄健康公平,由此促进社会健康正义,是新时代中国老龄社会健康治理的价值目标。

我国现已建立以城镇职工医疗保险和城乡居民医疗保险为主要载体,多层次、全覆盖,筹资水平适度的社会医疗保障体系。存在的主要问题是:医疗卫生保健资源总量难以充分满足人民群众的健康生活需要;健康资源分配呈现出城乡之间、区域之间不同程度的公平失衡现象;老年护理保险制度尚未全面建立。因此,在大力发展社会生产力的基础上,扩大医疗卫生保健资源的有效供给并促进其公平分配,同时进一步提高医疗保障水平,有步骤地建立和完善老年护理保险制度,是实施健康中国战略、推进社会健康公平的一个突破口。

(二) 人类卫生健康共同体的建构及价值旨归

在当今深度全球化时代,构建人类卫生健康共同体是各国人民共创共享健康生活的现实需要。健康是一种十分重要的人力资本,人民健康是民族昌盛和国家富强的重要标志。由于各国经济发展水平、政治制度以及社会风习等存在种种差异性,其社会发展目标各不相同,而健康生活却是各国人民的共同诉求,这是构建人类卫生健康共同体的重要价值基础。联合国《变革我们的世界:2030 年可持续发展议程》提出:让所有人平等和有尊严地在一个健康的环境中充分发挥自己的潜能;创造一个没有贫困、饥饿、疾病、匮乏并适于万物生存的世界;实现全民健康保险,让人们获得优质的医疗服务而不遗漏任何人,促进身心健康和长寿。"确保健康的生活方式,促进各年龄段人群的福祉"是该《发展议程》提出的 17 个可持续发展目标之一。在减少全球性的疾病威胁和努力消除健康贫困的基础上,不断推进全球健康公平,是人类社会可持续发展的内在要求,也是构建人类卫生健康共同体的重要价值目标。

　　构建人类卫生健康共同体是老龄社会背景下中西方共同发展的需要。同是老龄型国家,中西方在传统文化和现代社会制度建构等方面都存在很大的差异性。以德国、英国等为代表的西方发达资本主义国家从成年型人口结构转变为老龄型人口结构用了80年甚至更长时间,我国仅用了40年。基于人口结构老龄化的中西制度建构显然各不相同,而实现健康老龄化和积极老龄化,由此推进老龄健康公平,却是中西方制度伦理建构的一个共同价值目标。习近平主席在亚洲文明对话大会开幕式上的主旨演讲中指出:"我们应该用创新增添文明发展动力、激活文明进步的源头活水,不断创造出跨越时空、富有永恒魅力的文明成果。"① "促进世界和平与发展,推动构建人类命运共同体"② 是新时代中国特色社会主义思想的重要内容,人类命运共同体的构想及其实践是普惠于世界的中国智慧、中国方案。马克思主义时空理论作为开放的、实践的、发展的科学体系,为推动构建人类命运共同体提供了重要的社会时空维度,健康老龄化和老龄社会的健康时空型制就是马克思主义时空理论在人口结构老龄化背景下的时代拓展和实践创新,是中西两制求同存异、互利共赢的一条跨越时空的实践通道。

　　构建人类卫生健康共同体是维护世界和平与发展的需要。当前,国际形势复杂多变,人类面临的全球性挑战特别是全球公共卫生危机比以往更加严峻,这就决定了全球健康治理的紧迫性和必要性。在当前深度全球化时代,"各国相互联系、相互依存的程度空前加深,人类生活在同一个地球村里,生活在历史和现实交汇的同一个时空里,越来越成为你中有我、我中有你的命运共同体"③。人类的发展史在一定意义上是一部从生存到生活、从健康生活再到美好生活的实践史,也是一部从相互隔绝到相互依存,再到共商共建共享的交往史。对健康生活和美好生活的追求已经把人类的命运紧紧地联系在一起,创建以人类的健康生活为底线要求,以世界和平与发展为重要目标的人类卫生健康共同体,"推动建

---

　　① 《习近平出席亚洲文明对话大会开幕式并发表主旨演讲》,《人民日报》(海外版)2019年5月16日第2版。

　　② 习近平:《高举中国特色社会主义伟大旗帜　为全面建设社会主义现代化国家而团结奋斗——在中国共产党第二十次全国代表大会上的报告》,人民出版社2022年版,第60页。

　　③ 《习近平谈治国理政》第1卷,外文出版社2014年版,第272页。

设相互尊重、公平正义、合作共赢的新型国际关系"①，是马克思主义社会时空理论之于当代世界发展的现实意义所在，也是不断完善全球健康治理体系的客观要求。

构建人类卫生健康共同体是促进全球老龄健康公平的现实需要。逐步推进全球健康正义。随着银发浪潮从发达国家向发展中国家铺展开来，全球老龄健康不公平现象日益凸显，主要体现为发展程度不同的国家医疗卫生资源占有量及其分配方式的差异性、老龄人口死亡率的差异性、人均预期寿命的差异性以及健康价值观念的差异性。"先富后老"和"边富边老"作为两种不同的老龄社会发展模式，以人口结构老龄化及其有效应对为共同基点，为中西伦理文化的交流互鉴提供了契机，也为推动构建人类卫生健康共同体搭建了一个平台。在进一步促进医疗卫生资源的全球公平配置及其跨国流转和全球共享的基础上，逐步缩小发展程度不同国家老龄人口死亡率的差异性和人口预期寿命的差距，促进健康老龄化和积极老龄化，是当前全球健康治理的重要内容，也是老龄型国家通过健康治理联动来促进老龄健康公平并推进全球健康正义的有效途径。

①　《中共中央关于坚持和完善中国特色社会主义制度　推进国家治理体系和治理能力现代化若干重大问题的决定》，人民出版社 2019 年版，第 39 页。

第 二 章

资源论：老龄健康歧视及其道德纠偏

老龄阶段是人生的最后阶段，还有发展的可能性吗？对这个问题的不同回答，实际上反映出不同的老龄价值观。老龄歧视是对老年人社会价值的否定态度和对老龄健康的消极看法，并由此否定老龄发展的可能性。消除老龄歧视现象，以"老龄资源论"取代"老龄包袱论"，以"发展论"取代"脱离论"，是积极应对人口老龄化的客观要求，也是促进老龄健康公平的价值观前提。

第一节　老龄霸权与老龄歧视

老龄霸权与老龄歧视是两种截然不同的老龄价值观，其产生具有不同的社会经济基础、制度因素以及伦理文化根源。老龄霸权以自给自足的农耕经济为基础，以宗法等级制为制度依托，以血缘伦理为道德根基，是农耕经济时代的主导价值观和社会伦理现象。传统农耕经济向商业经济的转变、法权对父权的替代、血缘伦理向经济伦理的变迁，是摧毁老龄霸权并导致老龄歧视现象产生的重要原因。

一　基于父权制的老龄霸权

老龄霸权产生的主要原因有以下三个方面。

首先，传统农耕经济对生产经验的高度依赖，使老年人成为农耕经济生产的权威。传统农耕经济的发展，一靠风调雨顺，二靠人们的实践经验。老年人积累了丰富的生产经验和劳动技能，这是一种实践性生产力，对农耕经济的发展起到了极为重要的作用。在传统农耕经济时代，老年人不仅是先进生产力的代表，也是传统风习和社会文明的智库，其权威地位是无可置疑的。

其次，宗法等级制是老龄霸权形成和发展的制度基石。宗法等级制的核心内容是"亲亲""尊尊"。"亲亲"反映的是宗族成员之间的血缘亲密性、同宗关系的互动性及稳定性；"尊尊"体现的是宗族成员之间等级辈分的区分以及身份、地位的差异性。"大宗率小宗"体现了宗法社会定于"天下之大宗"的严密等级结构和由上至下层层控制的统治秩序。宗法等级制以"亲亲""尊尊"的形式编织金字塔式的等级结构，维系宗法等级统治秩序；同时也维护了老年人尤其是男性年长者在家族中的至尊地位，这就为老龄霸权的产生奠定了宗法血缘基础，并为其提供了政治伦理支持。

最后，尊老孝亲的道德文化为老龄霸权的产生及发展铺垫了血缘伦理基石。孝道是宗法等级制的人伦根基，也是老龄霸权产生的伦理文化根源，而尊老孝亲伦理文化是由传统农耕社会自给自足的生产方式决定的。家族中的最年长者往往成为族长，他掌握着家族的财产权、祭祀权、对外交往权等一切权力，反映了宗法社会年长为尊的人伦价值观。年龄是一种社会符号，它标志不同的辈分，代表了相应的社会身份与社会地位。孝道就是以传统农耕经济为基础、以血缘关系为纽带，依托宗法等级制而产生的一种血亲伦理文化。基于父权的宗法等级制为老龄霸权的产生提供了强有力的制度支撑，而基于孝道的宗法伦理则成为老龄霸权产生及发展的血缘伦理文化之根。

老龄霸权是我国传统宗法社会占主导地位的价值观和伦理文化现象，是贯穿宗法社会始终的一条社会伦理主线。中华人民共和国成立以后，我国建立了生产资料的社会主义公有制，并发展工商业经济，老龄霸权退出历史舞台。然而，尊老孝亲的伦理文化传统并没有丢失，而是随着时代的发展而不断获得新的内容。

二　基于工业革命的老龄歧视

传统农耕经济向现代工业经济的转变使老龄霸权成为历史，剧烈的社会变迁导致老年人社会地位的跌落，老龄歧视现象由此产生。恩格斯指出:"一切以往的道德论归根到底都是当时的社会经济状况的产物。"①
老龄歧视是一种以工商业经济为基础、以年龄分层为社会标签的价值观
和伦理文化现象,是伴随着工业革命的到来和资本主义经济的发展而产
生的。工业革命是一场以机器生产取代手工劳动、以工厂制度取代手工
作坊的技术革命。老年人积累的生产经验主要适用于传统的农耕经济,
手把手或口耳相传地对年青一代进行传、帮、带,并延续农耕文明,因
而,老年一代积累的生产经验和劳动技能在农耕经济时代起到了十分重
要的引领作用。工业革命主要依靠科学技术的应用,具有较强的创新性。
工业革命需要科学技术的不断更新,需要快速掌握科学技术并能熟练操
作机器的工人,需要年富力强的劳动力,因为这些是实现资本增殖的必
要条件。由此,以机器大生产为标志的工业革命使老年人的权威地位受
到极大的冲击,他们作为农耕经济时代先进生产力的代表和知识权威一
去不复返,这是产生老龄歧视现象的社会经济根源。

从社会主流价值变迁来看,工业革命是劳动价值论的历史创新,科
技价值论对老年价值论的颠覆是一种历史的选择,而这种选择正是马克
思主义政治经济学关于科技创造价值的时代反映。不可否认,传统农耕
经济社会中占主导地位的老年价值观和老龄霸权,是以经验型知识作为
价值内核,而这与科技价值论存在很大的差异性。传统农耕经济与现代
工业经济的经济基础不同,社会生产力发展水平的巨大反差、生产关系
的性质不同,以及文化传承方式的变革,分别催生了老年价值论、科技
价值论,并造成了二者之间的差异性。

马克思指出:"每一历史时代主要的经济生产方式和交换方式以及必
然由此产生的社会结构,是该时代政治的和精神的历史所赖以确立的基
础,并且只有从这一基础出发,这一历史才能得到说明。"② 资本主义商
品经济对封建自然经济的解构彻底摧毁了老龄霸权赖以存在的经济基础,
农耕社会自给自足的生产方式下老者为尊的价值观念被资本主义工业大
生产下的科技至上论所取代,以年龄为价值标签、以实际生产经验衡量
生产能力的时代成为历史,老龄歧视不可避免地产生了。

---

① 《马克思恩格斯文集》第 9 卷,人民出版社 2009 年版,第 99 页。
② 《马克思恩格斯文集》第 2 卷,人民出版社 2009 年版,第 14 页。

第二节　年龄分层与健康歧视

年龄是个体生命进程的具体表现形式，也是社会人口结构变迁的外在标志之一，它具有生物学、社会学、心理学以及伦理学等多方面的意涵。从婴幼儿到少年、青年、中年直至老年，构成一个人的生命历程。个体生命有始有终，人类代代相续构成社会发展的历史长河。从年轻型人口到成年型人口再到老龄型人口，是社会发展的阶梯式演进过程，是社会人口年龄结构变迁的结果。年龄分层（age stratification）是指社会根据年龄把人口分成若干层次，并规定各年龄层所对应的角色及其权利、义务。年龄分层不仅与个体生命发展紧密相关，而且与社会人口结构变迁存在密切的关联。年龄分层既是相对个体生命进程而言的一种生理年龄划分及社会角色塑形，也是针对社会人口结构变迁的一种社会年龄分阶及相应的制度伦理建设过程。前者具体表现为个体不同年龄阶段依次递进，并由此产生的一系列角色转换及权、责、利的相应规定与实践。后者表现为社会人口结构老龄化所带来的一系列社会影响及应对方略，其中健康老龄化和积极老龄化是关键。

一　年龄分层的社会伦理意涵

广义的年龄分层包括基于个体生命发展进阶的年龄分层，也包括基于社会人口年龄结构变迁的年龄分层。社会学认为，年龄是决定人的行为的重要变量，它对个体扮演社会角色的能力起到一定的限制作用，是个体进行特定的角色选择、角色转换和角色实践的必要条件。如：父母角色只有身为人父或人母时才能获得，这是生理年龄和法定婚龄对父母这一特定角色共同限制的结果。我国《宪法》规定，年满 18 周岁的公民才有选举权。依法缴纳社会养老保险金且达到法定年龄者，才能享受退休金、养老金。选举权、退休权、养老权等都是与法定年龄相对应的公民权利，反映了主体的权、责、利与年龄分层的内在关联。基于人口年龄结构变迁的年龄分层，就是按照某一特定年龄群体占总人口的比例来确定该国或某一地区处于哪种年龄结构类型，这是一种宏观视域的人口结构分区。年轻型人口、成年型人口、老龄型人口是三种基本的人口年龄结构类型。基于个体生命进阶的年龄分层是社会年龄分层的基础,而社会年龄分层则是个体年龄分层发展到一定阶段的综合结果。

年龄分层给角色权属以明确的年龄界限,并形成了相应的角色道德要求。个体生命发展是不同年龄段阶梯式递进的过程,主要分为婴幼儿、少年、青年、中年、老年五个不同的阶段,每个阶段都有相应的角色要求。婴幼儿阶段是长身体的关键阶段,身体发育和健康成长是这一时段的角色要求。少年好玩,学习基本生活技能,初步树立世界观、人生观、价值观,是其基本道德要求。青年"是标志时代的最灵敏的晴雨表,时代的责任赋予青年,时代的光荣属于青年"①。练好本领,树立正确的世界观、人生观、价值观,实现由自然人向社会人的全面转型,是青年人的角色道德要求。中年期是事业发展的高峰期,也是家庭建设的稳定期,服务社会和忠于家庭是中年人的道德责任。老年人是社会发展的"智库",传、帮、带是老年人的道德品格。

社会有机体的发展是由年轻型社会逐渐步入成年型社会,最后进入老龄型社会的过程,老龄型社会并非社会发展的终了阶段,而是人口年龄结构老龄化的特殊运动阶段。老龄社会制度伦理建构主要包括以下几个方面的内容。一是树立正确的老龄价值观,以"老龄资源论"对老龄健康歧视现象进行道德纠偏是其基本要求,也是积极应对人口老龄化的价值观念前提。二是以制度公正建构对老龄健康风险进行有效的社会伦理规制;并以老龄权利优先为切入点,切实保障老年人各项基本权益特别是健康权利的实现。三是对老龄化程度不同的国家医疗保障制度进行比鉴,取长补短,推进全球老龄健康公平和人类卫生健康共同体的建构。四是对我国老龄健康体系进行优化,促进健康中国战略的实施,并以我国独特的厚生伦理和丰富的养生资源为推动构建人类命运共同体贡献具有中国特色的伦理文化智慧。

二　年龄歧视与老龄健康歧视

年龄歧视是与年龄相关的一种社会歧视,有部分学者甚至将年龄歧视等同于老龄歧视。如:Minichiello 等人认为,年龄歧视是以一种过于简

---

① 《习近平关于青少年和共青团工作论述摘编》,中央文献出版社 2017 年版,第 4 页。

化的方法来定义和理解老年人，将他们与普通人区分开来，并导致一系列老年社会关系遭受歧视。[①] 所谓老龄歧视，主要是指社会对老年人的一种负面塑形及不利于老年群体的差别对待，具体表现为对老年人社会地位的贬低、对其社会价值的否定，与老年人情感的疏离，对老年人行为的排斥，以及对老年人的不公正制度安排。因此，老龄歧视包含观念歧视、情感歧视、行为歧视以及制度歧视。[②] 它与种族歧视、性别歧视一起被列为当前三大主要的社会歧视。

老龄歧视实际上是一种年龄歧视，它的形成一方面与社会大众对老年人的消极印象存在客观的联系；另一方面，老年人对自身的消极刻板印象也会在一定程度上影响他们的行为和对自我的社会心理期待，而这又反过来影响年青一代对老龄一代的看法，加深对老年人的负面印象。所以，要消除老龄歧视现象，老年人首先要消除自我歧视，提高自信力。相比年轻人，老年人属于生理弱势群体，因而在大众眼里形成了老年人衰弱、易病甚至多疑、无用的负面印象。莎士比亚的戏剧《皆大欢喜》这样描述老年人："失去牙齿，失去视觉，失去味觉，失去了所有的东西。"不论东方文化，还是西方文化，拼搏进取、奋发向上是人们所热爱并追求的伦理精神，对充满活力的青春、健康的身体和敢于奋斗的精神尤为赞赏；而对与年龄老化相关的衰退、疾病、残疾、依赖、孤独、缺乏活力等，大多数人表示忧虑。[③] 老龄健康歧视在一定程度上是由老龄群体的生理弱势性所引发的一种关于老年人生命进程的负面社会印象，它通过大众传媒、公众态度、日常语言、学术观点以及社会政策等体现出来。这种负面的社会塑形导致对老龄群体的不公正的制度安排，如社会健康制度对老龄群体的偏见，并加深老龄自我歧视。老龄健康歧视是老龄歧视在健康领域的反映，主要体现在以下三个方面。

首先，家庭内部的老龄健康歧视。自 1978 年实行计划生育政策以来，

---

① 参见［美］吉布森、［美］辛格尔顿编著《老龄休闲：理论与实践》（上），丁志宏等译，湖南教育出版社 2016 年版，第 63 页。

② 参见吴帆《冲突与融合：中国老年歧视的现状、根源与公共政策构建》，南开大学出版社 2015 年版，第 5 页。

③ 参见［美］吉布森、［美］辛格尔顿编著《老龄休闲：理论与实践》（上），丁志宏等译，湖南教育出版社 2016 年版，第 63—64 页。

我国家庭结构的小型化与核心化使家庭代际关系重心下移，以老为尊逐渐转变为幼者为上，爱幼有余、尊老不足成为一种不可忽视的年龄歧视现象。与此同时，很多老年人在隔代抚育中再次担起重任，成为"退而不休"的"家庭保姆"。他们享受着儿孙绕膝的天伦之乐，也为照看第三代付出大量心血。体力的耗损、精神的紧张以及代际关系重心下移的整体社会氛围使相当一部分老年人不堪重负、身心俱疲，健康每况愈下。养老孝老敬老是中华民族的传统美德，是社会主义家风建设的重要内容。然而，代际关系重心下移加剧了年龄歧视，并引发对老年人的健康歧视。家庭内部代际关系的失衡所引发的年龄歧视特别是老龄健康歧视，具有一定的隐蔽性，很多时候年青一代视为理所应当，而老年一代则是心甘情愿。

其次，医疗卫生资源分配的代际不均衡性，即对老龄群体和对幼儿群体的健康制度安排存在不对称性。不论在富裕国家，还是在发展中国家及落后国家，预期寿命的提高被视为实现社会公正的一个重要标尺。人均预期寿命的差异反映了不同国家的经济发展水平、医疗保障制度建设水平以及卫生保健服务水平的差异性。Howse，K. 认为，人们对预期寿命差距的关注，更多的不是它所体现的健康不公平，而是其与社会及经济资源分配不公平之间的关系（Howse，K.，2012）。[1] Engelman 等人指出，出生时预期寿命的提高与活到老年的寿命不平等呈正相关性（Engelman, et al.，2010）。[2] 在医疗卫生资源有限的情况下，如何做到既增加预期寿命，又减少寿命的不平等？显然，减少成人前的死亡是增加预期寿命的优先选择，而减少寿命不平等在很多时候是最大限度地延长老年余寿。那么，减少成人之前的死亡与增加老年余寿是否矛盾？政策的制定者如何协调二者之间的关系？在鱼与熊掌不可兼得的情况下，人们宁愿把有限的医疗卫生资源更多地用于减少成人前的死亡，而不愿意花更多的钱来延长老年余寿。虽然这并不意味着在避免或减少老龄人口死

---

[1]　参见 Howse，K.，Editorial，"Health Inequalities and Social Justice"，*Journal of Population Ageing*，No. 5，2012，pp. 1 – 5。

[2]　参见 Howse，K.，Editorial，"Health Inequalities and Social Justice"，*Journal of Population Ageing*，No. 5，2012，pp. 1 – 5。

亡时，医疗服务应该或者可以"放松努力"①，而减少成人前死亡的优先选择性恰恰反映出老龄健康歧视现象的客观存在。当前，医疗卫生资源分配的代际不均衡性是国际社会面临的共同难题。《老龄人口杂志》（*Journal of Population Ageing*）曾刊发一篇编者按，指出："如果我们认为增加寿命不平等的确是一件坏事，不考虑它与其他形式的社会不平等的关联，那么，应该采取在减少寿命不平等的同时增加预期寿命的花钱方式。其政策含义是，在避免老龄人口死亡时，医疗服务应该'放松努力'。这种观点在最近几篇刊发于《英国医疗杂志》的论文中被阐述（Godlee，2010；Heath，2010）。根据这一观点，减少成人前的死亡应是优先政策。此观点与稀缺资源的使用效率有关，是不是可以由于其减少寿命不平等的趋势而获得更多支持？"② "提高稀缺资源的使用效率"似乎成为优先选择减少成人前死亡的最大理由，这是导致医疗卫生资源分配呈现代际不公平性的主要原因之一。如何在健康资源有限的情况下，最大限度地实现医疗卫生资源的代际公平分配，已引起国际社会的普遍关注。

最后，存在关于健康老龄化的认识误区。对于老龄健康，一部分人持消极态度，认为老龄健康只是不生病、少生病，不拖累自己和家人，而没有从健康余寿的增加、精神健康的涵养以及"仁寿"境界的实现来全面认识老龄健康。另外，大众传媒中老年社会形象建构具有一定的负面性，强化了公众对老龄群体的不健康塑形。改革开放以来，我国社会经济发展取得巨大成就，人民的物质生活条件得到明显改善，人民对健康生活的追求也发生了改变，精神健康成为生命发展的一种新境界。就养老而言，物质养老和精神养老相结合是当前养老发展的重要趋势。老龄健康也不仅仅是老而少病、病而不残、残而不废，还包括老有所医、老有所乐，并实现"仁寿"的生命伦理价值目标。对老龄健康歧视现象进行道德纠偏，树立正确的老龄价值观和老龄发展观，是实现老龄健康

① Howse, K., Editorial, "Health Inequalities and Social Justice", *Journal of Population Ageing*, No. 5, 2012, pp. 1 – 5.

② Howse, K., Editorial, "Health Inequalities and Social Justice", *Journal of Population Ageing*, No. 5, 2012, pp. 1 – 5.

公平的价值观前提。

三　年龄分层与老年形象建构

年龄分层与群体社会形象往往存在一定的对应性,年龄不仅是划分社会群体的一个重要尺度,还赋予群体相应的角色特征。老年形象指社会通过一定的途径和方式对老年群体的实际生活状况、利益需求等进行传播后,在公众中形成的关于老年人的生命特征、社会属性及其权、责、利分配等多方面性状的整体印象。某一群体社会形象的生成一方面是自己的原因,另一方面则是大众传媒进行传播的结果。传播是人与人之间以符号形式来传递信息、表达思想,并实现信息共享的一种双向活动。特定群体社会形象的生成是一个长期的过程,是大众传媒对相似事件进行多次传播的结果。

大众传媒是现代社会群体形象建构的重要媒介,主要形式包括影视、广播、报纸、杂志、广告等传统形式,还有微信、微博、QQ、抖音、视频号以及 Facebook、推特等新媒体形式。大众传媒在老年形象传播和形象塑造中起到关键作用。有学者认为,人们在小学时通过媒体所建立的老年负面印象,将保持到成年期。而当他们年老时,往往不是辩证审视社会关于老年的负面印象,而是自我解释、自我接纳并内化之。可见,大众传媒对老年形象建构十分重要,它既可以扼杀老年人,也可以在一定程度上激发生命的"第二春"。

2000 年、2010 年、2020 年我国第五、六、七次全国人口普查数据显示:我国老龄人口总数及其占比逐年增加,这是当前我国人口结构老龄化的重要特征。20 世纪中后期以来,银发浪潮从发达国家逐渐向发展中国家延展,这是世界人口变迁的一个基本趋势。老龄人口数量增加以及人口结构老龄化加剧,对我国社会经济、政治、文化等各方面的发展正在产生并将持续产生重要影响。如何对老年人进行形象塑造,不仅是大众传媒需要直面的现实问题,也是社会公众以及各级政府职能部门关注的焦点。

概括而言,老年形象建构主要包括以下两个方面。一是老年群体自身的形象创建,指老年人通过社会实践,构建并稳定地持有与老年人自身及社会期待相适应的价值观念、思维模式、行为习惯、人际交往关系

以及社会生活样态等。① 二是大众传媒对老年群体的形象建构，具体包含
大众传媒对老年人的形象传播和社会公众对老年群体的形象整合。它是
以老年价值观为基础，通过多种媒介对老年人的生存现状、实际需求及
终极归宿等进行社会传播，公众通过消化、吸收传媒关于老年人的相关
信息后，在头脑中形成老年群体综合印象的过程。广义的老年形象建构
是上述两个方面的有机统一；狭义的老年形象建构侧重于大众传媒的老
年形象建构。总之，老年形象是老年主体实践、大众传媒传播以及社会
公众回应共同作用的结果。无论是大众传媒，还是社会公众，关于老年
形象的建构在一定程度上都受到年龄分层的影响，主要体现在以下三个
方面。

首先，大众主流传媒对老年群体的关注远远低于对其他群体的关注。
宾夕法尼亚大学安纳伯格传播学院教授乔治·格博纳（George Gerbner,
et al., 1980）等人对美国电视台黄金时段电视剧中老年人物进行了定量
化的内容分析，发现25岁至45岁人物角色占角色总数之比超过一半；65
岁及以上角色占比仅为2.3%，而当时美国65岁及以上人口占全国总人
口数的11%。从周末日间电视节目中角色年龄分布来看，青少年角色
（尤其是主要角色）的人数比现实生活中多。在儿童节目时段，65岁以上
人物角色甚至比黄金时段更少；只有1.4%的周末日间角色年龄在65岁
或以上。65岁以上的女性占女性实际人口的12%，却只占儿童电视世界
女性角色的4%；老年男性只占男性角色总数的2%。此外，年龄作为一
种资源，对种族和性别具有双重影响。② 戴顿大学教授罗宾逊等人（Rob-
inson, et al., 2002）的综合性研究表明：绝大多数美国研究者认为，老
年人物形象在电视节目中出现的比例不足5%；少部分学者认为，在白天
的系列节目或肥皂剧中老年角色所占比例略有增加，达到8%或9%；事
实上，只有彼得森（Peterson）报告发现了更多的老年角色，她报告说，
在她的30个黄金时段网络节目样本中，13%的角色年龄在65岁或以上；

---

① 参见陈勃《老年人与传媒——互动关系的现状分析及前景预测》，江西人民出版社2008
年版，第104页。

② 参见 Gerbner, G., Gross, L., Signorielli, N., Morgan, M., "Aging With Television: Im-
ages on Television Drama and Conceptions of Social Reality", *Journal of Communication*, Winter 1980,
pp. 37 – 47。

当老年角色出现在电视上时，他们往往是男性，老年女性仅占老年角色的 30% 左右，而她们通常不扮演严肃的角色或受人尊敬的角色，其社会经济地位往往低于男性。[①] 近年来，美国电影对老年人的关注度逐渐提高。《遗愿清单》讲述了一穷一富、性格不同的两个老人的故事。他们因重病住院，列出不同的遗愿清单。两个生命垂危的老人在生命倒计时中"狂欢"，想方设法帮助对方完成遗愿，各自重新找到失去的夫妻恩爱、父女亲情。他们死后，骨灰分别被装进曾经让其大笑到流泪的咖啡罐里，最后被埋葬在山峰之顶。生命终将老去，这是无法抗拒的自然规律。"向死而生"的精神不仅鼓舞着老年人，对年青一代也是一种启迪。该影片反映了深度老龄化的部分发达资本主义国家所面临的一系列老龄问题及解决路径，堪称老年形象建构的代表作，是大众传媒对银发浪潮的一种积极回应。

我国有学者曾对黄金时段电视剧中不同年龄人物出现的情况进行分析，认为老年人几成电视剧中"不可见的一代"；他们即使出现在电视剧里，老年主角的比例也仅是其他年龄角色的一半。收视率和票房分别是电视市场和电影市场的指挥棒，追求高收视率和刷高票房是影视市场的最高目标。如果说纪录片是票房"毒药"，那么，老年人更是票房毒药。[②]这个尖刻而令人心酸的比喻在一定程度上反映出公众对老龄人群的漠视，以及大众传媒对老年人社会价值的负面评价。老年题材的作品受众小，难以带来预期的经济效益，是导致传媒空间"看不见老年人"的主要原因。最近几年，电视剧领域相继推出《老有所依》《孝子》《老闺蜜》等优秀作品，反映出社会大众对人口老龄化的关切。积极应对人口老龄化作为现代国家治理的重要内容，事关普通百姓的切身利益和民生幸福，这是老龄化主题走进大众影视圈的内生动力。2021 年春节热映的电影《你好，李焕英》创下了我国近年来的票房新高。跨越时空的亲情、回报母爱的真切，是这部电影的感人之处。电影中的母亲并非年老体弱，而

---

①　参见 James D. Robinson, Tom Skill, Jeanine W. Turner, "Media Usage Patterns and Potrayals of Seniors", Jon F. Nussbaum, Justine Coupland, eds. *Handbook of Communication and Aging Research* (*Second Edition*), Lawrence Erlbaum Associates, Inc., 2008, pp. 423 – 446。

②　参见方彬彬《看见老年人：纪录片与老人形象建构》，《中国电视记录》2013 年第 10 期。

是青春洋溢；现实生活中的母亲看起来辛苦憔悴，在中年时不幸遭遇车祸而亡。整部电影没有"老年"的痕迹，却使人感觉时光匆匆、岁月易老。正是在时空的穿越中，观众体会到"树欲静而风不止，子欲养而亲不待"，感人至深。这从一个侧面反映出一部好的作品，即使不留年龄之痕，也能让人在时光流逝的切身体验中感受那一份珍贵的亲情，并不断强化情感回报和代际伦理互动。

其次，大众传媒对老年人的形象塑造呈现出不同程度的负面化倾向。把老年人与不健康画等号是大众传媒的一种常见偏见，如：电视中大量医疗广告、保健品广告以老年人为代言者，医院通道中"老年人"与"残疾人"并列标识，这就在无形中给老年群体贴上了"脆弱多病""不健康"的负面标签。跌倒的老人要不要扶，一度成为社会热议的焦点。大众传媒中跌倒的老人几乎成了清一色的"碰瓷者"，甚至是蛮横不讲理的"勒索者"。健康每况愈下、孤独寂寞、日益丧失希望，甚至无理取闹等大众传媒对老年人的负面塑形，强化了公众对于老年群体的负面印象。而如何进一步完善社会制度来减少这些令人心寒的社会事件，切实促进社会对老年人的关怀，却是大众传媒的发力弱点，亟待健全和加强。

最后，大众传媒中老年形象的"被客体化"在一定程度上削弱了老年人的社会主体性。由于老年群体的生理弱势性，他们理所当然成为社会关怀的重要受众。"老年人＝社会关怀的对象"，这是很多人的思维定式。大众传媒也常常把老年人列为被动的关怀客体，如：医疗服务和社会救济的重点对象；需要温暖和关爱的精神脆弱群体；临终关怀的受众。其实，老年人不仅是社会关怀的客体，也是社会关怀的重要主体；主客体的一致性包含在家庭亲情互动和社会代际伦理关怀之中。老年一代和年青一代不论在家庭，还是在社区乃至社会中，都具有互主体性。老年群体一方面接受来自社会的各种制度关怀和来自家庭的非制度性关爱；另一方面，他们也是"给予关怀"的社会主体。当下流行的"互助式养老"就是老年人互为关怀主体和关怀对象的现代养老服务模式。2020年首播的电视剧《老闺蜜》讲述了五个性格迥异的老年女性因缘相识而结成"老闺蜜"，抱团养老、互助取暖的故事。该剧反映了新时代老年女性直面生活中的种种困难和琐事，追求闲情逸致和美好生活的态度。一些身体健康的老人帮助照顾孙辈，甚至以退休金"倒贴"儿女；一部分老年人退而不休，创造生命的第二春；还有一部分老年人在老年大学继续学习，或在社区做各种志愿公益服务。他们以传、帮、带的形式为家庭、社区和社会奉献余热，成为家庭关怀和社会关怀的实践者，这就是老年主体性的具体体现。

大众传媒的群像建构不仅是反映现实的一面镜子，还是敲打现实的一把锤子。传媒对老年人或积极或中性或消极的社会塑形会在潜移默化中影响公众对老年人的认知、态度以及对待他们的行为方式等，甚至对政府相关部门制定有关老龄人口的政策等产生不可估量的影响。由此可见，信息传媒时代的老年形象建构具有巨大的社会辐射效应，它正在成为老年角色定位的文化价值风向标，也是影响老年发展的重要因子。大众传媒要担负起老年形象建构的重任，应把握好以下几点。

一是要明确新媒体时代大众传媒的价值导向。传播正能量，引导社会公众树立正确的老龄价值观和积极的老龄发展观，是大众传媒的重要价值导向。有学者对《人民日报》《中国老年报》《新京报》三家纸媒涉老新闻报道进行分析后发现，当前媒体涉老新闻报道中积极老龄化战略提及不多，老龄弱势人群出现的频率有限。[1] 这在一定程度上反映出年龄歧视的客观存在，也表明积极老龄化要从制度层面和政策层面落到实处的紧迫性。老龄歧视是一种历史文化现象，现代社会中的老龄歧视渗透在"老而无用"的价值观念、"老而病残"的思维定式、"老而无助"的行为模式中，而传媒对老龄歧视现象往往起到推波助澜的作用。随着信息时代的不断发展，有关老年人的制度、规章、政策等主要是通过多样化的传媒得到宣传，并逐渐为公众所理解和接受。形式多样、传播速度快、覆盖面广、互动性强、辐射效应大，是现代传媒的主要特点，这就决定了大众传媒对于宣传、普及和落实老年相关制度与政策，以及弘扬孝老爱亲的美德，具有非常重要的作用。我国进入老龄社会二十多年以来，从"未富先老"到"边富边老"的过渡，从健康老龄化到积极老龄化的转变，以及社会养老保障制度的不断完善等，成为大众传媒的主要内容之一。这一方面强化了社会公众对人口老龄化问题的重视；另一方

---

① 参见江宇、梁颖贤《媒体如何推进积极老龄化——基于涉老新闻报道的内容分析》，《传媒》2022 年第 20 期。

面，也在一定程度上造成了"老年人是包袱"的负面印象。个体生命进程的微观视角与社会人口结构变迁的宏观视角相结合、老龄道德关怀与老龄社会发展相融合、老年主体性与老年客体性相统一，是大众传媒进行老年形象建构的基本价值导向。

二是进一步提高大众传媒对老龄群体的关注度。人口结构老龄化不只与老年人相关，而且与每一个人息息相关。老龄问题不仅是与老年人相关的问题，还是全社会的问题。大众传媒对老龄人群的关注度不高，主要原因之一在于受众的片面化倾向。不论在影视、报刊、广播等传统媒体中，还是在微信、微博、QQ、抖音以及各类影音视听 App 等新媒体中，相关老年人栏目的受众若囿缚于老龄人群，则势必大大缩小传媒的受众范围，降低大众传媒对老龄群体的关注度，削弱传媒的社会效应。所以，媒介的宣传应该站在积极应对人口老龄化的战略高度，进一步扩大社会受众面，积极引导各级政府职能部门和全社会都来关心老龄群体，由此，推动进一步完善社会养老保障制度、医疗保险制度等措施落地，不断改善老龄民生、增进老龄群体幸福。

我国已进入老龄社会二十多年，积极应对人口老龄化成为国家战略。健全老年人关爱服务体系、构建养老孝老敬老政策体系和社会环境，发展养老事业和养老产业，是政府的基本职能，也是全社会的共同责任。大众传媒的老年形象建构是人口结构老龄化背景下社会文化建设的重要课题，反映出社会道德文明发展的水平。近年来，我国电视剧中老年人物出现的频率比以往有所提高。例如：《我们俩》描写了一个在四合院孤独生活的老太太与一位来京求学租房的女孩之间的故事。两人从争吵不断到相互依靠，最后俨然成为祖孙。当女孩找到新住所要搬离时，老太太感觉精神要垮掉了，该剧从一个侧面反映出城市独居老人的寂寞及渴望陪伴与关爱的现状。《老人的故事》以"美好时光"养老院里老年人的故事为背景，反映了现代社会都市老年人各不相同的生活状况。在《情满四合院》《正阳门下小女人》等一批优秀电视剧中，年轻人和逐渐走向老年的父母同为主角，在复杂的代际冲突中反映出浓浓的代际伦理情怀。《老有所依》描写第一代独生子女赡养老人的故事，政府出面保住养老院反映了社会养老必须纳入国家治理层面。

三是不断开发适合老龄群体的新媒体节目形式。缺乏经济支持、受众范围小、经济效益低、强势媒体的冲击，以及新媒体在老龄群体中的普及率较低等，是大众传媒面临的现实困境。人口结构老龄化既给大众传媒带来了挑战，也带来了创新发展的机遇。为此，媒体人应深入老龄人群，了解老年人的生活状况。影视、报刊、广播等传统媒体中老年相关栏目既要保留原有特色，又要推陈出新。如：从老年人的家政需求、服饰需求、旅游需求、教育文化需求以及医养需求等实际情况出发，根据老年人的收视时间、频率及其活动偏好等，有针对性地创办适合老年人特点的影视节目、广播节目、报刊栏目以及旅游文化活动等。在开发老年家政市场、旅游市场、服饰市场、文化教育市场以及医养医康市场的同时，建立老龄新媒体平台，增加大众传媒与老龄受众的互动性。目前，越来越多的老年人尤其是部分低龄老人正在使用或学习使用智能手机、iPad、微博、微信、抖音、视频号等新媒体形式；而另有相当一部分老年人特别是高龄老人对新媒体感到陌生，使用较少。所以，依托社区和家庭，对老龄群体进行新媒体使用培训和操作指导，推出老年人相关栏目的公众号、微博、微信、抖音以及 App 等新媒体形式，拓展互动交流的媒体平台，使老龄群体跟上新媒体时代的发展步伐，这既是大众传媒的社会责任，也是每个家庭和全社会的共同责任。

2020 年 11 月 15 日，国务院办公厅印发《关于切实解决老年人运用智能技术困难的实施方案》，明确提出了四个基本原则：坚持传统服务与智能创新相结合，坚持普遍适用与分类推进相结合，坚持线上服务与线下渠道相结合，坚持解决突出问题与形成长效机制相结合。增进包括老年人在内的全体人民福祉，让老年人在信息化发展中有更多获得感、幸福感、安全感，是本方案的指导思想，其具体目标是有效解决当今信息社会老年人面临的"数字鸿沟"，让老年人能用、会用、敢用、想用智能技术，包括"健康码"的使用、刷卡刷脸通行、社交通信、无现金消费、各类线上服务等。新媒体不仅是宣传老龄政策的重要渠道，也是对老年人进行智能技术普及的一个实践平台。

四是逐步改变大众传媒对老龄群体的负面塑形。信息时代的到来为大众传媒的普及提供了有利的条件，多样化的传媒介质是公众日常生活、人际交往和工作的基本工具，也是政府职能部门进行政策宣传的重要方式。大众传媒不仅渗透在社会公众的工作、生活等各方面，而且介入国家政策的制定及其贯彻的过程中，因而，大众传媒的社会群像建构具有广泛的传播力和社会影响力。从唯物史观的社会结构理论来看，政治法律思想、道德、宗教、艺术以及哲学构成社会意识形态的具体形式和内容，大众传媒是社会意识形态的物质载体，是一个国家主流意识的承载空间、传播中介乃至"喉舌"，肩负重大的社会责任。随着我国法律制度不断健全和完善，大众传媒日益走向规范化、法治化。然而，微博、微信、QQ、抖音、视频号等新媒体在传播内容、传播空间、传播对象等方面具有较大的自由度，加上相关法律法规尚不健全，这就增加了新媒体传播的负面风险。所以，自由与责任的高度结合是新媒体行业的核心职业道德要求。向社会公众展示多种多样且个性化、平凡而令人满意的衰老过程①，是大众传媒的社会责任。从"老龄包袱论"向"老龄资源论"和"老龄发展论"的转变，是大众传媒关于老龄形象建构的立论之基，也是基于积极老龄化的大众传媒的基本价值导向。

第三节　老龄发展的三个方面

"发展"一词具有不同的学科含义。哲学意义上的发展，是指事物由小到大、由简单到复杂、由低级到高级、由旧质到新质的变化过程。② 心理学上的发展，是指个体在出生、成长、成熟以至衰老的过程中，其心理、生理随年龄增长而变化的轨迹。伦理学意义上的发展，是指个体通过道德实践，不断完善道德品质的过程。

就个体生命进程而言，老龄期既是个体生命运动的最后一个阶段，也是人生发展的一个新阶段。澳大利亚天主教大学健康科学学院的 McDonald T. 教授认为："成功的社会变革必须包括把老年人视为一个重要的人口群体，他们被边缘化或被贬值将影响所有的社会成员。"③ "为了把长寿作为一种成功的体验，老年人必须被视为有价值的，他们勇敢地比上一

---

① 参见［英］拜瑟韦《年龄歧视》，王永梅等译，湖南教育出版社2016年版，"原序"第10页。

② 参见《辞海》（第六版缩印本），上海辞书出版社2010年版，第453页。

③ McDonald T. , "Elemental Considerations of 'Long Life' as Success or Failure", *Journal of Religion*, *Spirituality & Aging*, Vol. 24, No. 1 - 2, 2012, pp. 4 - 19.

代人活得更久应该得到鼓励。"① 老龄阶段是来之不易、值得珍惜的人生阶段，老龄发展是生命律动的内在要求，是个体实现人生价值的生命伦理表达。"个人发展是一个终生的追求，在每个年龄和不同的阶段，人们依次承担（或避免）相应的发展任务。"② 一方面，"正常的老年包括恢复能力的下降、体力下降以及与有偿就业或其他工作的脱节"；另一方面，"关于发展任务的研究引发了人们对成年后期（65 岁以上）的相当大的兴趣，它是一个我们需要建立在青年和中年阶段的个人发展成就基础之上的新阶段。"③ McDonald T. 教授主张的是一种典型的老龄发展论。社会脱离理论和活动理论是关于老龄化的两种不同的理论。脱离理论提出：随着年龄的增长，人们会退出社会，以减少与年轻人有关的角色和责任的参与，这有利于那些精力充沛、身体健壮的年轻人来填补社会空缺。活动理论主张：保持身体的、精神的和社会的活动被认为有助于适应老龄化的过程，鼓励人们尽可能长时间地继续早年的活动。④ 其实，这两种看似矛盾的理论对于健康老龄化和积极老龄化来说，具有互补性。人们既要看到并适应老龄阶段角色的转换，包括从劳动角色到养老角色的转换、从职业角色向家庭角色的转换、从配偶角色向单身角色的转换；也要在塑造新角色的实践中突破旧我，并发展新的自我，在人生晚年走向又一个生命的高峰，直至圆满落幕。

　　概括地说，老龄发展具有以下三层含义。一是生命存在意义上的老龄发展，主要体现为老年人的健康长寿、健康余寿的增加，以及老龄健康公平的实现。二是道德实践意义上的老龄发展，以传、帮、带和老龄道德资源的代际传承为主要形式。三是社会运动意义上的老龄发展，主要是指基于健康老龄化和积极老龄化的老龄社会国家治理与老龄社会的发展，以及银发浪潮背景下人类命运共同体的构建。进入后现代社会以

---

①　McDonald T. , "Elemental Considerations of 'Long Life' as Success or Failure", *Journal of Religion*, *Spirituality & Aging*, Vol. 24, No. 1 – 2, 2012, pp. 4 – 19.

②　McDonald T. , "Elemental Considerations of 'Long Life' as Success or Failure", *Journal of Religion*, *Spirituality & Aging*, Vol. 24, No. 1 – 2, 2012, pp. 4 – 19.

③　McDonald T. , "Elemental Considerations of 'Long Life' as Success or Failure", *Journal of Religion*, *Spirituality & Aging*, Vol. 24, No. 1 – 2, 2012, pp. 4 – 19.

④　参见 McDonald T. , "Elemental Considerations of 'Long Life' as Success or Failure", *Journal of Religion*, *Spirituality & Aging*, Vol. 24, No. 1 – 2, 2012, pp. 4 – 19。

来，随着各国生产力的发展和人民生活质量的逐步提高，老龄期成为很多人都要经历的人生阶段。老龄阶段是道德资源积累和传承的高峰期，而不是消极的衰老期，更不是"等死期"。老年人是社会发展的主体，而不是被动的客体；是宝贵的社会资源，而不是包袱；是社会运动发展的铺路者，而不是绊脚石。老龄资源论是关于老龄发展的价值论，是一种积极的老龄化理论。只有树立正确的老龄价值观，才能对老龄歧视现象进行道德纠偏。实施积极应对人口老龄化国家战略，将其作为"增进民生福祉、提高人民生活品质"① 的重要举措，就是为了推进国家治理体系和治理能力现代化，促进新时代中国老龄社会可持续发展。

年龄歧视是与年龄相关的一种社会歧视，它可以出现在任何年龄段，而以老龄阶段最为明显。老龄歧视是指人们对老年人的社会地位和社会价值的贬损，与老年人的情感疏离，有关社会制度、政策规章等对老龄群体的不公正安排，以及由此造成的对老年人的权益侵害。可见，老龄歧视包括价值歧视、行为歧视、制度歧视。价值歧视是引发老龄歧视的观念因素；情感疏离与行为孤立是老龄歧视的日常表现；不公正的制度安排是老龄歧视的社会根瘤。"老龄包袱论""老龄脱离论"否定了老龄发展的可能性，为老龄歧视提供了理论辩护。消除老龄歧视现象，首先要从价值观念上进行道德纠偏，以"老龄资源论"取代"老龄包袱论"，以"老龄发展论"取代"老龄脱离论"。唯物史观是马克思主义关于社会发展和人的发展的指导思想，是确立老龄价值论的总原则和根本方法。老龄道德资源的代际传承为老龄价值论的确立提供了重要的社会伦理依据，基于非正式交往的老龄继续道德社会化是对"老龄脱离论"的道德实践超越，以自由时间为基础的老龄闲趣活动则是健康老龄化和积极老龄化的有效途径。

一 基于道德资源代际传承的老龄道德发展

资源是指具有一定价值的物质财富和精神财富，具体包括物质资源和精神文化资源。道德资源是精神文化资源的重要组成部分，是人类在

---

① 习近平：《高举中国特色社会主义伟大旗帜　为全面建设社会主义现代化国家而团结奋斗——在中国共产党第二十次全国代表大会上的报告》，人民出版社 2022 年版，第 46—49 页。

长期的历史发展过程中形成的、对社会发展具有推动作用的主体道德品质及创造的道德文化成果的总和。老龄道德资源是老龄一代在长期的社会实践中创造和积累的、对年青一代的成长产生积极的道德影响，并可融入实物资本运行过程，从而推动社会经济发展和精神文明进步的老龄道德品质及道德文化成果的总称。① 老龄道德资源的代际传承是老龄道德发展的实践形式，是老年主体性的重要体现。

道德资源是社会文明成果的重要组成部分，道德资源的积淀与社会文明的进步具有一致性。历史唯物主义认为，生产力决定生产关系，经济基础决定上层建筑。社会发展是物质生产力不断提高和人们的精神境界逐步提升的过程。道德资源并非天然存在，而是与社会物质生产的发展、政治制度的完善以及精神文明的进步相伴而生的，这是其区别于自然资源的重要特点。道德资源的积淀过程承载着人类社会的全部发展历史，是物质文明、政治文明、精神文明、社会文明、生态文明综合发展的结果。一个国家或民族是否具有丰富的道德资源，成为衡量其综合国力特别是道德生产力水平的一把尺子。道德资源的生成、积淀与个体的道德发展以及社会文明的进步紧密相连。McDonald T. 教授认为："我们的老年人拥有丰富的生活经验和被证明长寿且幸福生活的策略，如果在社会发展中不包括老年人及其价值，那将是一种资源的浪费。"② 显然，McDonald T. 坚持老龄价值论和老龄发展论。个人是组成社会的细胞，没有个体的道德实践，就不会有个体的道德成长和社会的道德运动；没有社会的道德运动，就不会有社会的道德发展和精神文明的进步。唯有历史悠久的民族，才能积淀源远流长的道德文化资源；只有经过艰苦的道德磨炼，才能铸就坚强的道德品格，才能创造丰富多彩的道德人生。

道德资源的生成和积累过程也是道德资源的传播过程。道德资源的生成、积累及其传承、发展具有实践性、历史性、代际性。所谓实践性，是指主体在长期的社会实践活动中，通过明确道德认知、培育道德情感、磨炼道德意志，实现从自然人向社会人的转化，并完成个体的道德社会

---

① 参见刘喜珍《老龄伦理研究》，中国社会科学出版社 2009 年版，第 110 页。

② McDonald T., "Elemental Considerations of 'Long Life' as Success or Failure", *Journal of Religion, Spirituality & Aging*, Vol. 24, No. 1 - 2, 2012, pp. 4 - 19.

化,这是道德资源生成的主体性动力机制。所谓历史性,指道德资源的积累是个体道德成长和社会道德发展共同作用的结果,是个体生命历程和社会历史发展相互促进的过程,个体生命运动的时年递进、社会运动的时代演进是道德资源具有历史性的根本原因。历史性体现了道德资源的生成和发展是持续的动态性过程,贯穿于个体生命运动的始终,融合于社会发展的历史长河中。所谓代际性,是指在道德资源传承过程中,不同代之间以前喻、并喻、后喻等方式共享道德资源,共同实现道德进步,并推进社会道德文明的发展。道德资源的传播主要分为以下两种方式。

第一种是自上而下的国家主导型道德资源传播方式,即由国家意识形态主管部门制定和颁行道德准则,在全社会树立道德榜样,开展思想政治教育和公民道德教育等一系列活动,向社会公众传送道德资源。从大众传媒的道德宣传到公众的道德学习和品行内化及其道德实践,是道德资源传播的传统路径。社会公众对道德资源的接受是由外输到内化、由被动到主动的实践过程。以"五讲四美三热爱""八荣八耻""社会主义核心价值观"为主要内容的公民道德教育就是典型的自上而下的道德资源传播途径和道德教化方式。政府引导、公民参与,自上而下、由外而内,规模大、见效快,是其主要特点;主体性不足、内生动力机制缺乏以及成效的持续性不强是其不足。

基于主体间性的道德资源代际传承,是道德资源传播的第二种方式。主体间性是以两个或多个主体之间的平等关系为基础,以权利和义务的对等交换为具体内容,以利益共赢和协同发展为价值旨归的多边伦理互动。老龄道德资源的代际传承就是基于主体间性的道德资源代际传播,具有代际平等性、历史继承性、多边互惠性。代际平等性是指道德资源的代际传承建立在老龄一代和年青一代平等而互信的基础上,年青一代对老龄一代的价值认同是实现道德资源代际传承的观念前提。历史继承性是指道德资源的生成及发展是代代相续的历史过程,是一代又一代人对前辈和人类优秀道德文化成果不断积累并加以扬弃的一种社会伦理实践。马克思指出:"历史不外是各个世代的依次交替。每一代都利用以前各代遗留下来的材料、资金和生产力;由于这个缘故,每一代一方面在完全改变了的环境下继续从事所继承的活动,另一方面又通过完全改变了的活动来变更旧的环境。"① 道德资源作为文化结构的组成要素,其生成和发展从根本上受制于生产力和生产关系、经济基础和上层建筑之间的矛盾运动,社会形态演进的历史性决定了道德资源的积累和发展具有历史继承性。多边互惠性是指道德资源的代际传承对于促进老龄一代和年青一代以及未来代共同发展,具有正向的社会伦理功效。

　　老龄一代是社会道德资源的重要创造者和传播者,老龄道德资源的客观存在及其代际传承是老龄发展论得以提出的重要价值依据。"积极开发老龄人力资源,发展银发经济"②,是实施积极应对人口老龄化国家战略的重要内容。老龄道德资源是老龄人力资源不可缺少的组成部分,是社会道德资源的来源之一。老龄道德资源的代际传承,就是老龄一代将毕生积累的道德经验、道德品质及道德文化成果等毫无保留地传递给年青一代,并帮助其健康成长的一种社会道德实践。道德资源的代际传承是基于传递者和受众之间平等关系的双向伦理互动,老龄一代和年青一代同为主体。道德传递与道德内化相统一,道德认知与道德实践相结合,道德辐射与道德关怀有机融合,是道德资源代际传承的基本特征。老龄道德资源是宝贵的社会财富,是一种不可或缺的社会道德资本,是人类道德文化智库的有机组成部分。道德发展的历史继承性为老龄道德资源的生成、传承以及发展奠定了坚实的社会伦理基石,而老龄道德资源的代际传承及时代创新正是老龄社会发展的价值基础。国际组织相关文件对老龄价值多有肯定。例如,1982 年维也纳"首届老龄问题世界大会(World Assembly on Aging)"57 号决议指出:"全世界要认识到,寿命的延长是一项生理上的成就和一种进步的象征,并认识到老年人是社会的财富而非负担,因为他们可以以积累的丰富知识和经验作出价值无比的贡献。"该决议得到第 37 届联合国大会批准。可见,"老年财富论"早已成为国际共识。《联合国第二届世界老龄大会政治宣言》指出:"老年人的潜力是未来社会发展的强有力的基础。社会依靠老年人的技能、经验和智慧,不但能首先改善他们自己的条件,而且还能积极参与全社会条

① 《马克思恩格斯选集》第 1 卷,人民出版社 2012 年版,第 168 页。
② 《中共中央关于制定国民经济和社会发展第十四个五年规划和二〇三五年远景目标的建议》,人民出版社 2020 年版,第 35 页。

件的改善。"老龄一代倾其一生为家庭建设、子女成长以及社会发展作出了贡献，其积累的生产经验、生活技能和道德品格以及道德文化成果等成为社会物质生产力和道德生产力的构成要素之一，这是其社会价值的重要表现。《中华人民共和国老年人权益保障法》指出："国家和社会应当重视、珍惜老年人的知识、技能和革命、建设经验，尊重他们的优良品德，发挥老年人的专长和作用。"以"资源论"取代"包袱论"，充分挖掘和利用老龄道德资源，并为其代际传承创造有利条件，是消除老龄歧视现象、促进老龄社会发展，并推进老龄健康公平的现实需要和有效途径。

代际道德共识是老龄道德资源代际传承的价值基点。无论哪一个时代，老龄一代和年青一代都存在价值观念上的某些分歧甚至代沟，这是不容否认的。承认价值观的差异性，同时努力寻求一种基于代际发展的道德共识，是实现老龄道德资源代际传承的价值前提。美国社会学家米德曾经指出："一旦年轻人和老年人真正认识到有一条深深的、新的、史无前例的、世界性的代沟存在的事实，交流才能够重新建立。只有成年人……认为自己需要内省，需要用自己青年时代的所作所为来理解眼前的年轻人，交流才是可能的。"① 创新、进取、开放是新时代青年一代的行为特点，这就决定了他们的主流价值观是求真、向善、趋美的，他们在道德实践中拓展进取、勇于担当，力求实现自我价值与社会发展的同向同行。保守、求稳是相当一部分老年人的行为特征，但这并不影响他们求真、向善、趋美；他们也曾年轻，对青年一代的行为特征和价值追求有着不同程度的理解和包容。代际间的道德信任和价值认同是形成代际道德共识的心理基础，是老龄道德资源代际传承的社会伦理通道。不断提高生活品质和增加健康余寿，是一种底线伦理要求；实现人的自由全面发展以及全人类的解放，是社会发展的终极价值目标；底线伦理与终极目标的一致性决定了老龄一代和年青一代能够达成一定程度的道德共识。对于当代社会主流价值观即社会主义核心价值观的认同和践履，是最根本的代际道德共识。底线伦理和终极目标的一致性，以及对主流价值观的道德认同和践履，为道德资源的代际传承奠定了价值基础。

---

① [美] 玛格丽特·米德：《代沟》，曾胡译，光明日报出版社1988年版，第78—79页。

　　道德资源的代际传承是基于主体之间平等关系的双向道德传播活动。
"传"是一种道德辐射,是老龄一代以高尚的道德品行醇化社会风尚,将
毕生积累的道德文化成果奉献社会,并帮助年青一代健康成长的道德实
践过程。道德辐射分为波式辐射和根式辐射两种形式,老龄道德资源的
代际传承也相应地分为波式传承与根式传承两种模式,分别见图 3 - 1 和
图 3 - 2。"承"是指年青一代对道德资源的信息筛选和内化,并将其转化
为自身道德品质结构因子的道德活动。波式代际传承是道德资源的横向
传播,是代与代之间平行式的群际伦理互动。根式传承是道德资源的纵
向传播,是发生于老龄一代与年青一代之间、在场不同代的个体之间以
及老龄一代与未来代之间的一种垂直性的道德信息流转互动。

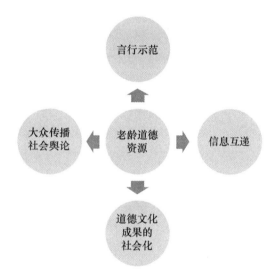

图 3 - 1　老龄道德资源的波式代际传承模式

　　社会经济发展和道德文明的进步是物质生产力和道德生产力有机融
合并相互促进的历史过程。马克思指出:生产力是人们应用能力的结果,
但是这种能力本身决定于人们所处的条件,决定于先前已经获得的生产
力,决定于在他们以前已经存在、不是由他们创立而是由前一代人创立
的社会形式。后来的每一代人都得到前一代人已经取得的生产力并当作
原料来为自己新的生产服务,由于这一简单的事实,就形成人们的历史
中的联系,就形成人类的历史,这个历史随着人们的生产力以及人们的

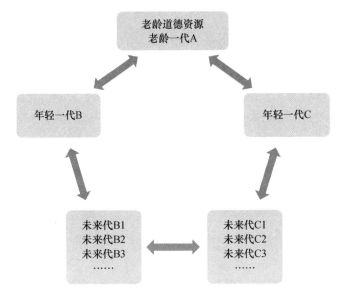

图 3 - 2　老龄道德资源的根式代际传承模式

社会关系的发展而愈益成为人类的历史。① 老龄道德资源是一种十分重要的社会道德资本，是道德生产力的重要来源，是物质生产力的渗透性要素。年青一代通过对相关道德信息的筛选、过滤，在道德判断的基础上进行道德选择和创新，通过道德模仿而吸纳优秀的老龄道德品质，将道德文化成果内化为自身道德素养的细胞，并在道德实践中逐步构筑道德品质结构，这是老龄道德资源的代际传承对于年青一代道德社会化的意义所在。老龄道德资源通过代际传承，成为内化于年青一代的无形道德资本，它依附于年轻劳动者而融入实物资本运行过程，转化为一种现实的道德生产力，由此促进实物资本增殖，推动社会经济发展和道德文明进步。与此同时，老龄一代在传、帮、带中，实现了人生最后阶段的道德价值升华。由此可见，老龄道德资源的代际传承为老龄价值论、老龄发展论提供了重要的价值依据；也为促进老龄健康公平提供了具有道德说服力和实际经济效能的社会伦理支持。当然，老龄健康公平的实现又为老龄道德资源的代际传承创造了客观条件。

① 《马克思恩格斯文集》第 10 卷，人民出版社 2009 年版，第 43 页。

二　基于非正式交往的继续道德社会化

老龄阶段回归家庭，老龄群体的社会交往集中体现为一种以家庭和社区为中心、以亲朋邻友为主要交往对象的非正式交往。非正式交往是社会交往的一种特殊形式，它以辐射范围小、交流便捷、交心交情这种独具特色的社会交往形式对"社会脱离"加以补缺，是促进老龄群体与社会相融合，推进老龄群体继续道德社会化的重要途径。

所谓非正式交往，是指老年人退出劳动岗位以后，以亲邻互动为主要形式的一种非职业交往，它是社会性职业交往之外的一种人际互动，是对劳动阶段职业交往的延伸和补充。相对于职业劳动中的正式社会交往，退休阶段的人际交往具有非正式性，因而称之为非正式交往，它是老龄群体继续社会化的基本形式。继续社会化是成年阶段的社会化，十八岁是成年的界限，是自然人向社会人转化的时间节点。生理上的成长和道德成长有时并不同步，对于相当一部分人而言，成年并不意味着道德判断、道德选择和道德实践的完善，其"三观"仍有待道德"斧正"。对于绝大多数人来说，活到老、学到老是时代发展的客观要求，继续社会化尤其是继续道德社会化成为毕生的功课，非正式交往就是老年继续道德社会化的基本形式。这里的"继续道德社会化"包括两个方面的内容：其一，是指老龄群体以亲朋邻友交往为主要形式而继续融入社会，并以自身的道德实践对年青一代进行传、帮、带，德启后贤；其二，是指社会对老龄群体实施道德关怀，是社会制度关怀在劳动后阶段的道德延伸。

非正式交往是老龄继续道德社会化的重要途径，是老龄阶段生命伦理活动的具体形式。"人的本质不是单个人所固有的抽象物，在其现实性上，它是一切社会关系的总和。"① 社会性是人的本质属性，老年人虽已退出职业劳动岗位，但其社会性并不因此而丧失，而是回归家庭、融入社区，以家庭成员之间、亲朋邻友之间的非正式交往为主要的人际交往形式，这正是老龄群体社会性的重要表现，也是其参与社会活动、形成社会关系、表达利益诉求的主要方式。马克思指出："因为人的本质是人

---

① 《马克思恩格斯文集》第 1 卷，人民出版社 2009 年版，第 501 页。

的真正的社会联系，所以人在积极实现自己本质的过程中创造、生产人的社会联系、社会本质。"① 交往实践是人类社会实践的重要形式之一，是形成社会联系的根本途径。由家庭走向社会，再回归家庭，是现代社会每个人进行社会交往实践的基本历程，是交往实践的良性循环。在人生的不同阶段，个体扮演的角色不同，主导性的社会交往形式也就各异。由职业角色向家庭角色的转换、由生产角色向消费角色的转换、由劳动角色向享受角色的转换，是退休带来的三大角色转换。社会交往由职场回归家庭和社区是后工业时代劳动的制度性终止所带来的直接影响之一，它决定了老龄群体的主导性社会交往是一种非正式的社群交往。"既然人天生就是社会的，那他就只能在社会中发展自己的真正的天性；不应当根据单个个人的力量，而应当根据社会的力量来衡量人的天性的力量。"② 老龄群体的社会性不再是通过职场和职业劳动体现出来，而是通过非正式的社群交往得到实现。基于血缘关系的家庭内部交往是人类由来已久的一种血亲交往形式，而缘于社区、邻里之情的交往是随着现代社会生产力的不断进步和城市的发展而逐步兴起的。这就是说，社会交往的形式从根本上是由生产方式决定的，而家庭始终是人们进行社会交往的重要场所。家庭是社会的细胞，家庭成员之间的交往表现为一种以血缘关系和拟血缘关系为基础的伦理互动。社区是现代社会每个居民的生活栖居地，是家庭的延展。依托于家庭和社区的社会交往是老龄群体的基本交往形式，是生命运动的一种阶段性选择，也是社会历史发展的时代选择。如果把生命看作一趟由时间导航的专列，那么，职场是人生职业阶段的停靠站，具有临时性、规范性、选择性；而家庭则是每个人生活、学习和工作的始发站，也是终点站，恒久性、情感性、不可选择性是家庭的重要特征。回归家庭是每个人的终选，因为家庭是温暖的港湾，是心灵的依归处，是职场之外的永久停靠站。

"全部社会生活在本质上是实践的。"③ 职业生活、家庭生活、社区生活是不同场合的社会生活，是基于不同交往场域的生活实践方式，年龄

---

① 《马克思恩格斯全集》第 42 卷，人民出版社 1979 年版，第 24 页。
② 《马克思恩格斯文集》第 1 卷，人民出版社 2009 年版，第 335 页。
③ 《马克思恩格斯文集》第 1 卷，人民出版社 2009 年版，第 501 页。

分层和角色变迁是影响主体生活方式及交往实践形式的重要因素。回归
家庭并不是与社会脱钩，而是以另一种方式实现与社会的对接。社会学
的脱离理论认为，成年的老化伴随着与社会的逐渐脱离。老龄阶段身体
机能的慢慢衰退和死亡临近的意识，会导致社会角色不可避免地逐渐退
缩；而社会也会停止赋予老年人有用的社会角色，包括职业角色、劳动
角色、配偶角色等，由此产生老年人与社会的相互脱离。一方面，脱离
理论看到了老龄期身体机能渐趋衰退及其对社会活动与社会角色承担的
负面影响，具有一定的客观性。另一方面，该理论并没有认识到，老龄
阶段的所谓社会脱离主要是与职场的脱钩和职业角色的终止，而并未脱
离家庭和社区，并未丧失家庭角色，并未抹去老年人作为社会成员的角
色标签。相反，老龄期是回归家庭的时期，家庭角色作为第一角色就此
再次登场，是人生晚年剧目和非职业角色的启幕。不论是"先富后老"
的发达国家，还是"边富边老"的中国老龄社会，以家庭和社区为中心
的非正式交往是大多数老年人进行社会交往和休闲活动并获得角色认同
的主要形式。

　　马克思把家庭看作人的社会性存在的重要形式，他在《黑格尔法哲
学批判》中指出："如果在阐述家庭、市民社会、国家等等时把人的这些
社会存在方式看作人的本质的实现，看作人的本质的客体化，那么家庭
等等就表现为主体所固有的特质。人始终是这一切实体性东西的本质，
但这些实体性东西也表现为人的现实普遍性，因而也就是一切人共有的
东西。"[1] 马克思不仅把家庭看作人的社会性本质的客体化形式之一，而
且认为包括家庭、市民社会和国家等在内的所有社会组织或社会形式本
身就是内蕴于主体而与其不可分割的一种"质"，这种"质"就是人的社
会性本质。家庭是社会的基本单元，是组成社会有机体的细胞。家庭是
人的道德社会化的第一场所，也是终身场所。它所承载的抚育与赡养的
伦理互动、道德困惑与道德成长的矛盾、"空巢"的孤寂与"归巢"的期
盼，以及关于生与死的伦理追问等，贯穿生命的始终。夫妻之情、亲子
之爱、手足之情，及其代际情感交流，是一个人奋力拼搏、实现人生价
值的动力之源，也是当一个人失意、落寞或徘徊不定时最大的精神支持。

---

① 《马克思恩格斯全集》第 3 卷，人民出版社 2002 年第 2 版，第 51—52 页。

从幼儿成长为少年、青年，并走向社会，成为真正意义上的社会人，家庭的道德社会化是关键一环。老年期回归家庭，继续道德社会化是一种客观选择；之为"回归"，是因从未真正离家。职业劳动毕竟是一个人生涯的一部分，让自己和家人生活得更好是主要目的。家庭是社会的缩影，社会是家庭的放大。家庭伦理关系是社会关系的一部分，以家庭为核心的人伦交往也就是社会交往的一种形式。家庭中抚育与"反哺"的代际互动，延伸到社会就体现为社会养老保障制度建构及其实践。非正式交往是老年人继续社会化的基本形式，是老年社会性的具体体现；基于家庭孝养、社区关怀的非正式交往，为老龄社会治理提供了一种有效方式。

非正式交往也是促进老龄政治参与的基本途径。马克思指出："人是最名副其实的政治动物，不仅是一种合群的动物，而且是只有在社会中才能独立的动物。"① 政治参与性是人的社会性的重要表现，老龄阶段是劳动后阶段，随着职业角色的退出，老年人的政治参与性日益减弱，政治边缘化是老龄群体的负面社会标签。虽如此，老年人不可能完全与社会脱钩。相关社会政策、社会制度尤其是与老年人有关的政策和制度等，都无法离开老年人，都不应忽视老龄群体的利益诉求。社会养老保障制度、医疗保险制度以及老年福利制度等不仅与老年人密切相关，而且与每个人休戚相关。所以，拓宽老年人利益诉求的渠道，以灵活多样的形式保证老年人的社会参与性和政治参与性，是政府和全社会的共同责任。非正式交往是老年人继续社会化的客观需要，为老年人政治参与提供了可能性。社区是老年人社会参与的桥梁，是老龄群体表达利益诉求的重要平台。

非正式交往还是促进健康长寿的有效形式。行为遗传学家马修·麦丘（Matthew McGue）认为，长寿而高质量的生活不是仅靠优秀的基因就能获得。麦丘和克里斯坦森（Christensen）的相关调研表明：仅有15%至30%的人寿命由基因决定，而生活方式对寿命长短的重要性是不能低估的。② 那么，究竟什么样的生活方式可以使人们更长寿且生活得更好更

---

① 《马克思恩格斯文集》第8卷，人民出版社2009年版，第6页。
② 参见［美］吉布森、［美］辛格尔顿编著《老龄休闲：理论与实践》（上），丁志宏等译，湖南教育出版社2016年版，第36页。

幸福?丹·布特尼(Dan Buettner)通过研究意大利撒丁岛、日本冲绳、加利福尼亚的洛马林达、哥斯达黎加的科雅半岛、希腊的伊卡利半岛这几个世界上长寿蓝色地带的长寿文化,发现有九种力量可以应用于其他任何地方,而其中的五种与闲暇活动密切相关,分别是:定期表演、低强度活动、生活有目标、放慢生活节奏、拥有社会归属感和融入家庭生活。① McDonald T. 认为,我们如何在情感上和身体上变老,与我们如何精神饱满地发展进而走向生命的终点密切相关(McDonald T.,2012)。②哈文赫斯特(1961)的成年后期发展任务列表提出,"建立令人满意的生活安排"和"明确地归属于晚成年群体"(McDonald T.,2012)。③他们的主张表明,丰富的闲暇生活和非正式交往可以增加老年期的幸福感。老年期的非正式交往形式多种多样,秧歌舞、扇子舞、广场舞,棋牌书画、游泳垂钓、健身和旅行,爱心储蓄、邻里帮扶、公益慈善等,三五成群,自得其乐。这些活动不仅可以促进老龄群体之间的交流,增加其社会归属感,而且可以在一定程度上增加健康余寿,提高老年幸福指数。

世界卫生组织认为,提高生活质量是积极老龄化的重要内容,也是其基础。积极老龄化是动态的生命运动和社会实践的有机结合,意指人们在变老的过程中尽力改善健康状况,积极参与活动,努力获得安全感;强调维护老龄阶段的自主权及个人的独立性。④ 以家庭和社区为中心的非正式交往为老年日常活动搭建了可及性的实践平台,是老年人通过适当的文体娱乐活动等方式来延缓衰老过程,通过交心散心、交友畅聊而促进精神健康,并实现晚年幸福不可或缺的重要形式,是推进健康老龄化和积极老龄化的现实途径。

---

① 参见〔美〕吉布森、〔美〕辛格尔顿编著《老龄休闲:理论与实践》(上),丁志宏等译,湖南教育出版社2016年版,第37页。

② 参见 McDonald T.,"Elemental Considerations of 'Long Life' as Success or Failure",*Journal of Religion*,*Spirituality & Aging*,Vol. 24,No. 1 – 2,2012,pp. 4 – 19。

③ 参见 McDonald T.,"Elemental Considerations of 'Long Life' as Success or Failure",*Journal of Religion*,*Spirituality & Aging*,Vol. 24,No. 1 – 2,2012,pp. 4 – 19。

④ 参见〔美〕吉布森、〔美〕辛格尔顿编著《老龄休闲:理论与实践》(上),丁志宏等译,湖南教育出版社2016年版,第37页。

三　基于自由时间的老龄休闲伦理

广义的自由时间是指工作之外用于休息和自主活动的时间,又称闲暇。随着我国社会养老保障制度的不断完善和人民生活水平不断提高,人口预期寿命延长,老年余寿逐年增加,退休阶段成为人生中自由时间最多的阶段。自由时间的客观存在及其有效利用为老龄发展提供了重要的条件,基于自由时间的闲趣活动是实现老龄健康的现实途径。

所谓老龄休闲伦理,就是在退休阶段的自由时间里,老年人能够自主支配自己的生活,并获得充实、愉悦、幸福体验的道德行为模式。它包括两个方面的内容及要求:其一,基于闲暇的积极老龄化和由此获得的幸福感;其二,是社会为老龄阶段自由时间的有效利用创造良好的客观条件和社会氛围。格兰特认为:"老年人可以过充满生机的独立的积极的生活,并且休闲的复兴在这一过程中起到重要的积极作用。"(Grant,2002)健康是一种热爱生活、积极锻炼和保持运动的生命状态,自由时间为老龄阶段的闲趣体验提供了机会;积极老龄化就是包含健康老龄化在内的老龄个体发展和老龄社会发展相统一的实践过程。

世界卫生组织于2002年提出积极老龄化的六个健康因素:个人因素(如认知和心理健康);社会环境(如社会支持、寂寞);行为因素(健康的生活方式);卫生和社会服务(预防、急性护理);包括安全住房和清洁水在内的物质环境;经济条件。[①] 这六个因素在各国的侧重点不同,而个体的健康认知、心理健康状态以及健康的生活方式,社区活动、社会参与和社会支持等,却是共同的要素,这些方面都与老龄阶段的休闲体验有关。休闲活动本身就是一种健康实践,是很多老年人获得生命意义的有效方式。肯尼斯·佩尔蒂埃曾对4000名65岁以上老年人进行了大量的医学测试和心理测试,发现能够有效预测5年后还能健康有活力的因素的,竟是一个简单而开放式的问题:"你认为未来五年你的生活会是

---

① 参见〔美〕吉布森、〔美〕辛格尔顿编著《老龄休闲:理论与实践》(上),丁志宏等译,湖南教育出版社2016年版,第38—39页。

什么样的?"① 乐观者对未来保持期待和希望,并且总体上能够参加各种娱乐活动,因此,他们更易存活并更易康复;即使病入膏肓,也能相对延寿。该研究认为,人们对退休后闲暇生活的期待决定了退休生活的品质。那些期待在退休后的自由时间里创造有意义的生活者,往往较易获得健康和幸福;而把退休后的自由时间视为垃圾时间的人,相对缺乏健康和幸福。② 老龄休闲不是被动的消遣,也不是脱离工作岗位后的懈怠或慵懒,而是基于自由时间的一种积极的生命活动。

一定数量的养老金、充裕的自由时间和健康的身体,是退休阶段拥有高质量生活的三个基本要素,也是保障老龄休闲的重要条件,见图3-3"老龄休闲的先决条件模型"。养老金和自由时间是外在客观条件,也是实现老龄休闲的必要条件。对于德国、英国、美国、日本等发达国家来说,较为完善的社会养老保障制度为老年人提供了维持基本生活的养老金,平均寿命延长和健康余寿增加使越来越多的老年人享有更多的自由时间,能够有机会体验高质量的休闲生活。教育休闲、旅游休闲、志愿服务以及健身等,在发达国家老年人中越来越流行。例如,美国的"老人寄宿"是一种非营利性机构,以倡导终身学习和老年教育旅行为宗旨,它开设的"道学者"计划在90多个国家和美国的50个州为老年人提供8000多个学习体验名额,来自世界各地的16万多名老年学员参加了此项目。③ 最值得一提的是老龄志愿服务,据加拿大统计局2007年的统计,该国65岁以上人群中有36%是志愿者,他们人均每年进行志愿活动约218小时。英国65岁至74岁老年人中有35%参与非正规志愿活动,另有31%从事正规的志愿活动(Low, Butt, Ellis-Pain & Smith, 2007)。④ 美国的老龄志愿者服务项目较多,老年人志愿者计划、福斯特祖父母计划、老人陪伴计划、退休高管服务公司、公园志愿计划等,受到美国老

---

① 参见〔美〕吉布森、〔美〕辛格尔顿编著《老龄休闲:理论与实践》(上),丁志宏等译,湖南教育出版社2016年版,第39页。

② 参见〔美〕吉布森、〔美〕辛格尔顿编著《老龄休闲:理论与实践》(上),丁志宏等译,湖南教育出版社2016年版,第39—40页。

③ 参见〔美〕吉布森、〔美〕辛格尔顿编著《老龄休闲:理论与实践》(上),丁志宏等译,湖南教育出版社2016年版,第41页。

④ 参见〔美〕吉布森、〔美〕辛格尔顿编著《老龄休闲:理论与实践》(上),丁志宏等译,湖南教育出版社2016年版,第42页。

年人的欢迎。① 志愿活动在发达国家之所以受到老年人的普遍欢迎，主要原因在于老龄志愿者在活动中得到很多好处。他们通过不同形式的志愿服务，增加了自我价值感，在一定程度上提高了生活自理能力，降低了抑郁水平，自我健康评价和生活满意度也相应提高。

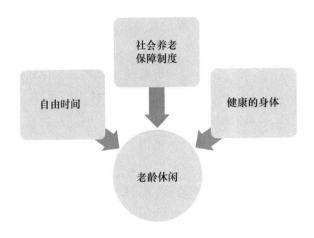

图 3 – 3　老龄休闲的先决条件模型

休闲教育、休闲旅游、休闲体育、志愿服务以及公益慈善等，受到越来越多老年人的喜爱。在自由时间里自主地、有选择性地活动，既有闲适的漫步，也有相对惊险的运动；既有单个人的休闲锻炼，也有团体活动。老年是人生的必经阶段，而每个个体的需求各不相同，无论选择哪一种休闲方式，适合自己的就是最好的。随着积极老龄化取代消极的老年脱离论而成为全球共识，老龄主动休闲成为解决老龄问题的一种重要方式，它不仅为老龄个体健康余寿的增加提供了动力机制和切实可行的方法，也为老龄休闲产业的兴起和发展创造了巨大的空间。老龄休闲产业是银发浪潮背景下日益兴盛的朝阳产业，不仅包括老龄休闲旅游、老龄休闲式继续教育、老龄娱乐性体育、老龄志愿服务以及慈善公益等，还带动了银龄服饰、适老宜居、医养医康等"夕阳"产业的发展，市值巨大。

---

① 参见［美］吉布森、［美］辛格尔顿编著《老龄休闲：理论与实践》（上），丁志宏等译，湖南教育出版社 2016 年版，第 43 页。

目前,发达国家和发展中国家以及落后国家之间社会经济发展水平存在较大的差距,由此导致人均寿命也存在较大的差距,这就决定了发展程度不同国家老年人的生活方式及生活质量相差甚远。没有完善的社会养老制度保障,退休无从谈起,基于自由时间的休闲也只能是一种可望而不可即的奢望。人类学家罗伯特·巴特勒(Robert Butler)甚至认为,发展中国家没有休闲;32 个"短命"国家多数在非洲,其人均寿命只有 50 岁,很难想象他们的休闲生活。① 所以,有基本的生活保障是实现老龄休闲的重要前提。"只有拥有一定程度的财富,才有可能舒适地退休。"② "先富后老"之"富"就是指一个国家的生产力和综合国力发展到足够支持相当数量的无业成年人口,德国、瑞典、英国等发达资本主义国家的社会养老保障制度和医疗保险制度就是伴随着社会经济的高度发展而不断完善。随着 2020 年我国全面建成小康社会,"未富先老"转向"边富边老"的新发展阶段,这是今后较长一段时期中国社会治理的一个基本国情。我国现已建成覆盖城乡居民的社会养老保障体系,自2005 年以来,退休人员养老金待遇连年提高。按照兜底线、织密网、建机制的总体要求,全面建成覆盖全民、城乡统筹、权责清晰、保障适度、可持续的多层次社会保障体系,是我国社会养老保障体系建设的总目标。以社会养老保障制度、基本医疗保险制度和大病医疗保险制度为基础的民生工程建设,为占世界四分之一的中国老龄人口提供了最基本的生活保障和医疗保障。理查德·D. 麦克尼尔(Richard D. MacNeil)认为,目前至少有三个发展中国家即中国、印度、墨西哥"似乎在重复与发达国家类似发展模式的道路上走得很好"③。新时代中国特色社会主义是独一无二的,中国式现代化是人口规模巨大的现代化,是全体人民共同富裕的现代化④,而不是发达国家的简单重复;相反,中国模式、中国制度、

---

① 参见 [美] 吉布森、[美] 辛格尔顿编著《老龄休闲:理论与实践》(上),丁志宏等译,湖南教育出版社 2016 年版,第 47 页。

② [美] 吉布森、[美] 辛格尔顿编著:《老龄休闲:理论与实践》(上),丁志宏等译,湖南教育出版社 2016 年版,第 49 页。

③ [美] 吉布森、[美] 辛格尔顿编著:《老龄休闲:理论与实践》(上),丁志宏等译,湖南教育出版社 2016 年版,第 48 页。

④ 参见习近平《高举中国特色社会主义伟大旗帜 为全面建设社会主义现代化国家而团结奋斗——在中国共产党第二十次全国代表大会上的报告》,人民出版社 2022 年版,第 22 页。

中国道路为发展中国家提供了范例和借鉴。老龄社会治理是一项系统工程，与全面建成社会主义现代化强国的总的战略安排同向同行。老有所乐、形式多样，量力而行、福寿绵长，身心健康、仁寿圆满，是与新时代中国特色社会主义相适应的老龄休闲伦理的基本要求，是健康老龄化和积极老龄化的生命伦理之本，也是基于国家治理现代化的老龄健康公平制度建构的具体目标。

第 三 章

危机论:老龄健康不公平现象
及其制度矫正

健康公平是指所有社会成员不分社会身份、经济地位、教育背景、职业等,平等地享有健康机会,并达到尽可能高的健康水平,它包括健康机会公平和健康结果公平两个方面。健康机会公平指健康机会对每一个社会成员具有平等的可及性,不因社会身份、教育背景、职业等而有所差异。健康结果公平主要是就代内健康结果而言,具体指同一年龄群体在主观指标、医学指标以及功能指标上具有相对的一致性,它反映的是代内健康结果的相对公平。

我国于2000年进入老龄社会,基于人口结构老龄化的健康公平具体包括两个方面的内容:健康机会的公平可及;老龄群体内部健康结果的相对一致。在社会主义初级阶段,健康公平主要是指健康机会公平,而健康资源的公平分配是健康机会公平的核心内容。人口结构老龄化背景下的健康公平危机主要体现为健康机会的不公平及其所导致的老龄群体内部健康结果的相对差异性。在实现高质量发展的基础上,进一步完善健康资源分配制度,对老龄健康不公平现象进行制度矫正,是推进国家健康治理体系和健康治理能力现代化的客观要求。

第一节 当前我国老龄健康不公平现象及其成因

中华人民共和国成立70多年以来,尤其是改革开放40多年以来,我国社会经济发展取得了举世瞩目的辉煌成就。我国已建立具有中国特色的基本医疗卫生服务制度、医疗保障制度和医疗卫生服务体系，人民健康和医疗卫生水平大幅提高。"十三五"期间，我国人均预期寿命从 76.3 岁提高到 77.3 岁，增寿 1 岁，主要健康指标总体上优于中高收入国家的平均水平。中国特色社会主义进入新时代，人民美好生活需要日益广泛，健康生活成为人民美好生活需要的重要内容，而发展的不平衡不充分是满足人民日益增长的美好生活需要的主要制约因素。当前我国健康领域发展的不平衡不充分集中体现在以下两个方面：一是健康资源总量有限及其有效供给不足，难以满足人民日益增长的美好生活需要特别是健康生活的需要；二是健康资源分配呈现出城乡之间、地区之间、阶层之间不同程度的公平失衡，制约了人民健康生活和健康发展。

身体健康是衡量生活质量最重要的维度之一，老年人身体健康不论是对自身，还是对家庭和社会，都十分重要，实现健康公平是国家健康治理的价值旨归，其中，健康资源公平分配是关键，也是健康老龄化和积极老龄化的重要内容。随着我国老龄人口规模持续扩大和老龄化程度进一步加剧，健康领域发展不平衡不充分的问题对健康老龄化和积极老龄化以及老龄健康公平的实现产生了不可忽视的影响。当前，我国老龄健康不公平现象主要体现为健康机会的不公平和健康结果的代内差异性。健康资源的公平分配是健康机会公平的核心内容，也是实现健康正义的关键。

一 老龄健康不公平的主要表现

健康公平包括健康机会公平和健康结果公平，相应地，健康不公平主要体现为健康机会的不公平和健康结果的相对差异性。当前我国老龄健康不公平现象从健康机会来看，主要体现在健康资源分配呈现出一定程度的地区差异性和城乡差异性，这是导致老龄群体内部健康结果差异性的主要原因。从健康结果来看，则主要体现在老年人自评健康状况和具体医学指标上的差异性。

（一）老年人自评健康的差异性

自评健康是个体对自身健康状况的综合判断，它侧重于个体对自身健康的主观感受和体验，能够在一定程度上反映出个体的基本健康状况。北京大学"中国健康与养老追踪调查"（China Health and Retirement Longitudinal Study，简称 CHARLS）结果显示：当前我国 60 岁及以上老年人自评健康"很好""好""一般""不好""很不好"的比例分别占被调查人数的 9.6%、12.0%、53.7%、19.5%、5.2%。老年女性自评健康"不好"和"很不好"的比例高于男性；高龄老人自评健康"不好"和"很不好"的占比高于低龄老人。控制其他影响因素后，55—59 岁、60—64 岁、65—69 岁、70—74 岁、75 岁及以上者自评健康较差的可能性分别比 45—49 岁人群高 4.7%、5.7%、8.9%、11.6%、12.3%。在各个年龄段，农业户口老年人自评健康差的比例均高于非农业户口老年人，前者平均高于后者 6.3%。老龄女性自评健康差的比例比男性平均高 4.8%，自评健康的性别差异性在农业户口的低龄老人中更为明显，见图 4-1。[①]

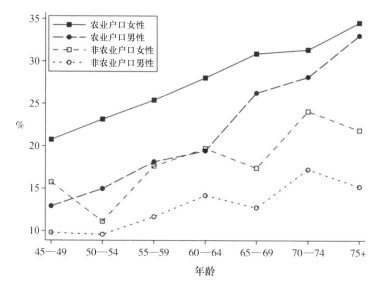

图 4-1　老年人自评健康差的比例：按年龄、性别和户口分组

　　教育水平对老龄人口健康也具有一定的影响，二者之间呈现出负向相关性，即老年人受教育程度越高，自评健康不好的比例越低。CHARLS调查结果显示：从年龄和受教育程度的交叉统计数据来看，高中及以上教育水平的老年人自评健康不好的比例在各个年龄组中均最低；小学及

---

　　① 参见赵耀辉、王亚峰、陈欣欣等《中国健康与养老报告》，北京大学"中国健康与养老追踪调查网"，http：//charls. pku. edu. cn/Public/ashelf/public/uploads/document/public _ documents/application/china - health - retirement - report。

以下教育水平者自评健康不好的比例在各个年龄组中均最高，见图4-2。[①]

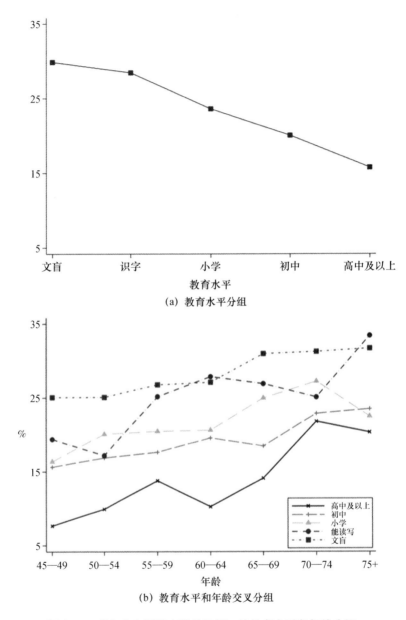

（a）教育水平分组

（b）教育水平和年龄交叉分组

图4-2 老年人自评健康差的比例：按教育水平和年龄分组

① 参见赵耀辉、王亚峰、陈欣欣等《中国健康与养老报告》，北京大学"中国健康与养老追踪调查网"，http：//charls. pku. cn/Public/ashelf/public/uploads/document/public _ documents/application/china – health – retirement – report。

其中，文盲自评健康不好的比例约为高中及以上者的 2 倍。小学、初中、高中及以上教育程度者自评健康差的比例分别比文盲少 2.9%、4.0%、8.2%。

CHARLS 调查相关数据表明：当前我国老龄人口自评健康状况存在较为明显的年龄阶段性差异、城乡差异、性别差异以及教育水平的差异，高龄、农业户口、女性以及受教育程度低者更易自评健康差。

（二）自报医生诊断的慢性病患病率的差异性

CHARLS 调查数据显示：我国有 78.9% 的 60 岁及以上老年人自报患有至少一种医生诊断的慢性病，其中高血压、关节炎、消化系统疾病、心脏病以及血脂异常、糖尿病等居前几位。[①]

从自报慢性病患病率来看，女性几乎在各个年龄段都要高于男性；而 65 岁以上人群自报慢性病患病率的性别差异逐渐缩小，到 74 岁左右几近于无，见图 4 – 3。[②] 按年龄和户口类型来看，在 55 岁以下人群中，农业户口者自报医生诊断的慢性病患病率高于非农业户口者；而在 55 岁及以上人群中，非农业户口人群自报医生诊断的慢性病患病率要高于农业户口人群。另外，在 70 岁及以上人群中，农业户口者和非农业户口者自报医生诊断的慢性病患病率差距变大，前者低于后者，见图 4 – 4。[③]

（三）健康水平的差异性

个体健康水平的评价标准主要是个体各身体系统和脏器功能是否正常、疾病情况、体质状况等。群体健康水平的评价标准主要有平均寿命、患病率、就诊率以及死亡率及其综合情况。老年人健康水平主要是从老龄群体内部来看的，老年人健康水平的差异性是指同一时期老龄群体在平均寿命、患病率、就诊率等主要健康指标上的不同，体现为老龄群体

---

① 参见赵耀辉、王亚峰、陈欣欣等《中国健康与养老报告》，北京大学"中国健康与养老追踪调查网"，http：//charls. pku. edu. cn/Public/ashelf/public/uploads/document/public _ documents/application/china – health – retirement – report。

② 参见赵耀辉、王亚峰、陈欣欣等《中国健康与养老报告》，北京大学"中国健康与养老追踪调查网"，http：//charls. pku. edu. cn/Public/ashelf/public/uploads/document/public _ documents/application/china – health – retirement – report。

③ 参见赵耀辉、王亚峰、陈欣欣等《中国健康与养老报告》，北京大学"中国健康与养老追踪调查网"，http：//charls. pku. edu. cn/Public/ashelf/public/uploads/document/public _ documents/application/china – health – retirement – report。

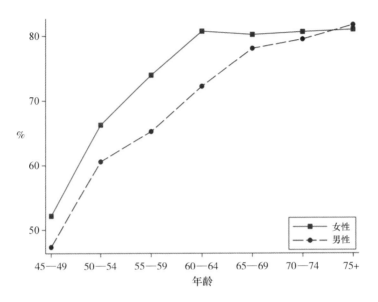

图4-3　自报医生诊断的慢性病患病率：按年龄和性别分组

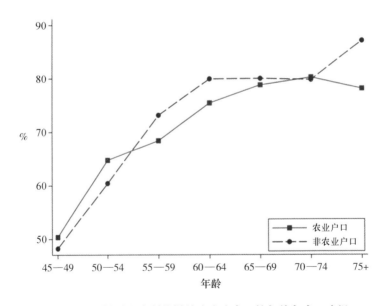

图4-4　自报医生诊断的慢性病患病率：按年龄和户口分组

健康水平的代内差异性。

1. 平均预期寿命的性别差异。国家统计局相关数据显示：2020年我国人口平均预期寿命为77.93岁，其中男性为75.37岁，女性为

80.88 岁。[①] 当前,我国人口平均寿命高于世界平均水平,且超过了中上收入国家的人均寿命,反映出中华人民共和国成立以来我国医疗保障制度不断健全和完善、医疗卫生水平显著提高,以及人民生活质量大幅度提升。

2. 两周患病率存在性别差异、年龄差异、城乡差异、地区差异以及文化程度的差异。《2021 中国卫生健康统计年鉴》显示:2018 年被调查地区居民两周患病率男性为 30.8%、女性为 33.6%;其中,城市居民两周患病率男女分别为 31.4%、33.0%,农村居民两周患病率男女分别为 30.1%、34.2%。[②] 总体上看,不论全国,还是分城市和农村,居民两周患病率女性均高于男性。

两周患病率具有较为明显的年龄差异性。《2021 中国卫生健康统计年鉴》显示:45 岁以后各年龄组两周患病率随年龄增大而增加的趋势比较明显,且各年龄组之间的差距加大。2018 年 45—54 岁、55—64 岁以及 65 岁及以上人群两周患病率分别为 33.1%、46.7%、58.4%。分城乡看,这三个年龄段人群两周患病率在城市分别为 31.9%、46.8%、60.7%;农村则分别为 34.3%、46.5%、55.7%。[③] 由此看来,55 岁以后两周患病率城市高于农村,这一情况可能与城市医疗卫生服务的可及性好于农村有关。

从城市东、中、西部和农村东、中、西部来看,各年龄组两周患病率各不相同。2018 年,农村 45—54 岁、55—64 岁两周患病率都是西部最高、东部其次、中部最低,65 岁及以上人群两周患病率东部最高、西部其次、中部最低。2018 年,城市 45—54 岁居民两周患病率西部最高、东部其次、中部最低,55—64 岁人群两周患病率东部最高、西部其次、中部最低,65 岁及以上两周患病率是东部最高、中部其次、西部最低。另外,54 岁以前居民两周患病率农村均高于城市,但差距不

---

① "人口平均预期寿命",国家统计局官网,https://data.stats.gov.cn/easyquery.htm?cn = C01。

② 参见国家卫生健康委员会编《2021 中国卫生健康统计年鉴》,中国协和医科大学出版社 2021 年版,第 235 页。

③ 参见国家卫生健康委员会编《2021 中国卫生健康统计年鉴》,中国协和医科大学出版社 2021 年版,第 235 页。

明显；55—64 岁居民两周患病率城市和农村分别为 46.8%、46.5%，基本持平；65 岁及以上两周患病率城市和农村分别为 60.7%、55.7%，城乡差距加大。①

《2021 中国卫生健康统计年鉴》显示，2018 年文化程度别两周患病率依次为：文盲半文盲 49.8%、小学 44.4%、初中 33.8%、高中和技校 29.5%、中专 27.7%、大专 20.8%、本科及以上 18.9%。其中，城市文化程度别两周患病率依次为：文盲半文盲 52.9%、小学 48.0%、初中 37.3%、高中和技校 30.9%、中专 29.7%、大专 21.8%、本科及以上 19.3%。农村文化程度别两周患病率依次为：文盲半文盲 48.4%、小学 42.0%、初中 30.2%、高中和技校 26.6%、中专 22.5%、大专 17.9%、本科及以上 16.5%。② 城市各个文化程度居民两周患病率均高于全国相应水平，农村则低于全国相应水平。可见，居民两周患病率与文化程度之间存在负向相关性，即文化程度越低的人群，两周患病率越高。

3. 慢性病患病率。《2021 中国卫生健康统计年鉴》显示：2018 年居民慢性病患病率男性为 336.1‰、女性为 349.3‰；其中，城市居民慢性病患病率男性和女性分别为 336.0‰、333.8‰；农村男性和女性分别为 336.3‰、367.5‰。慢性病患病率在全国和农村，都是女性高于男性；城市则是男性略高于女性。45 岁以后慢性病患病率随年龄增长而提高的趋势比较明显，45—54 岁、55—64 岁、65 岁及以上人群慢性病患病率分别为 312.6.‰、483.9‰、623.3‰；其中，城市这三个年龄段人群慢性病患病率分别为 291.5‰、481.5‰、642.9‰，农村分别为 322.9.‰、486.5‰、600.0‰。③ 从上可见，我国居民慢性病患病率存在城乡差异性，64 岁以前农村普遍高于城市，65 岁及以上城市高于农村；45 岁以后慢性病患病率显著增加。

---

① 参见国家卫生健康委员会编《2021 中国卫生健康统计年鉴》，中国协和医科大学出版社 2021 年版，第 235 页。

② 参见国家卫生健康委员会编《2021 中国卫生健康统计年鉴》，中国协和医科大学出版社 2021 年版，第 235 页。

③ 参见国家卫生健康委员会编《2021 中国卫生健康统计年鉴》，中国协和医科大学出版社 2021 年版，第 238 页。

二 老龄健康不公平现象产生的主要原因

(一) 城乡居民人均可支配收入的差异性

可支配收入指居民可以自由支配的收入,即可以最终用于消费支出和储蓄的总和,主要包括工资性收入、经营性净收入、财产性净收入、转移性净收入。居民人均可支配收入是个体经济水平的重要标志,它在一定程度上影响个体对健康资源的占有机会和使用情况,城乡居民人均可支配收入的差距是导致当前我国城乡老龄人口健康机会不公平及其健康结果代内差异性的主要原因之一。

国家统计局相关数据显示:2017 年至 2022 年,我国居民人均可支配收入、城镇居民人均可支配收入以及农村居民人均可支配收入均呈现出逐年增长的趋势。2017 年至 2022 年,我国居民人均可支配收入分别为 25974 元、28228 元、30733 元、32189 元、35128 元、36883 元,分别比上年增长 7.3%、6.5%、5.8%、2.1%、8.1%、2.9%;其中,城镇居民人均可支配收入分别为 36396 元、39251 元、42359 元、43834 元、47412 元、49283 元,分别比上年增长 6.5%、5.6%、5.0%、1.2%、7.1%、1.9%;农村居民人均可支配收入分别为 13432 元、14617 元、16021 元、17131 元、18931 元、20133 元,分别比上年增长 7.3%、6.6%、6.2%、3.8%、9.7%、4.2%。[①] 见图 4 - 5、4 - 6。从上可见,2017 年至 2022 年,城镇居民人均可支配收入远远高于农村居民,且高于全国平均水平;农村居民人均可支配收入则低于全国平均水平。然而,农村居民人均可支配收入比上年增幅超过城镇居民,这说明近些年农民增收较快;同时,城乡居民人均可支配收入仍然存在较大的差距。

适当的可支配收入是身体健康的重要物质基础,居民人均可支配收入在很大程度上决定了退休后的养老金待遇。当前,我国老年人的经济收入来源主要有养老金、劳动收入以及家庭成员的经济支持。养老金属于转移性收入,对于城镇退休人员和参加了社会养老保险的那部分农村老年人来说,养老金构成其经济收入的主干,是其可支配收入的主要来

---

① "全国居民人均收入情况""城镇居民人均收入情况""农村居民人均收入情况",国家统计局官网,https://data.stats.gov.cn/easyquery.htm? cn = C01。

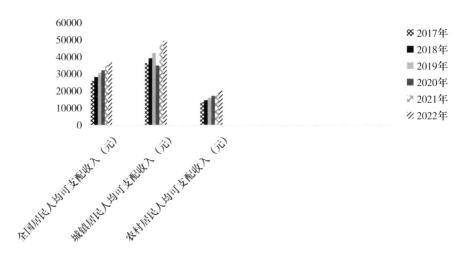

图 4-5 居民人均可支配收入：按年度的纵比

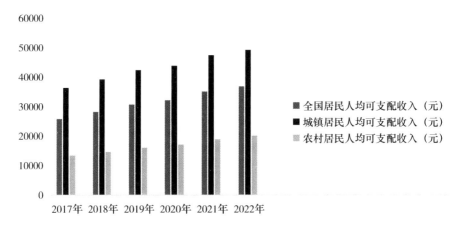

图 4-6 居民人均可支配收入：按全国、城镇、农村的横比

源。由于发展的不平衡不充分，当前我国城乡居民人均可支配收入和养老金待遇等还存在较大差距，这是导致城乡老年人健康水平差异性的主要因素之一。当然也应看到，近年来城乡居民人均可支配收入的差距正在缩小且农村居民人均可支配收入比上年增幅要高于城镇居民，这就为促进老龄健康公平提供了重要的物质条件。

（二）医疗卫生资源分配的城乡差异性与区域不平衡性

新时代我国社会主要矛盾即人民日益增长的美好生活需要和不平衡不充分的发展之间的矛盾，反映到卫生健康领域主要体现为医疗卫生资源总量及其有效供给不足，难以满足人民日益增长的健康生活需要；医疗卫生资源分配存在城乡之间、区域之间以及阶层之间不同程度的公平失衡现象，影响了居民获得健康机会的公平性，并在一定程度上造成了老龄群体内部健康结果的城乡差异性和区域差异性。

医疗卫生机构、卫生技术人员以及卫生费用等是极为重要的健康资源构成要素，其数量和质量及有效供给情况反映出一个国家或地区的医疗卫生发展水平。它们在不同区域之间的分布情况体现了医疗卫生资源分配的整体状况，是衡量健康资源分配公平性的一个重要尺度。

1. 医疗卫生机构。医疗卫生机构主要包括医院和基层医疗卫生机构等，医院是综合医院、中医医院、中西医结合医院、民族医院、专科医院、护理院的总称。国家卫生健康委员会相关统计数据显示：2017 年、2018 年、2019 年、2020 年我国医疗卫生机构数分别为986649 个、997433 个、1007579 个、1022922 个，逐年增加。① 以2020 年医疗卫生机构的区域分布为例，当前我国医疗卫生资源分布情况见表 4 - 1。②

从表 4 - 1 可见，2020 年我国医疗卫生机构在东部、中部、西部地区的分布具有相对的不平衡性。2020 年东部、中部、西部医疗卫生机构分别为388555 个、319457 个、314910 个，东部最多、中部居中、西部最少。其中，医院数东部为 13816 个，西部 11072 个，中部 10506 个，西部医院数量超过中部的主要原因是西部地区民族医院最多。从基层医疗卫生机构总数来看，仍然是东部最多、中部居中、西部最少。从总体上看，我国东部医疗卫生机构数量最多，表明东部医疗卫生资源最丰富；西部最少，但西部地区民族医院数量最多，这在一定程度上缩小了医疗资源分布的区域不平衡性。

2. 卫生技术人员。卫生技术人员包括执业医师、执业助理医师、注册护士、药师（士）、检验技师（士）、影像技师（士）、卫生监督员、

---

① 参见国家卫生健康委员会编《2021 中国卫生健康统计年鉴》，中国协和医科大学出版社2021 年版，第 3 页。

② 参见国家卫生健康委员会编《2021 中国卫生健康统计年鉴》，中国协和医科大学出版社2021 年版，第 4 页。

表4—1　2020年各地区医疗卫生机构数

地区	合计	医院							基层医疗卫生机构						
		小计	综合医院	中医医院	中西医结合医院	民族医院	专科医院	护理院	小计	社区卫生服务中心	社区卫生服务站	街道卫生院	乡镇卫生院	村卫生室	门诊部
总计	1022922	35394	20133	4426	732	324	9021	758	970036	9826	25539	539	35762	608828	29709
东部	388555	13816	7449	1658	272	5	3828	604	368279	4651	15244	103	9063	209201	18395
中部	319457	10506	5918	1474	234	10	2772	98	303899	2734	5316	310	11265	208284	7240
西部	314910	11072	6766	1294	226	309	2421	56	297858	2441	4979	126	15434	191343	4074

见习医（药、护、技）师（士）等卫生专业人员。[①] 分城乡来看，当前我国城市和农村每万人拥有卫生技术人员数差距较大。国家统计局相关调查数据显示：2017 年至 2021 年全国每万人拥有卫生技术人员数分别是 65 人、68 人、73 人、76 人、80 人；每万人拥有城市卫生技术人员数分别为 109 人、109 人、111 人、115 人、99 人；每万人拥有农村卫生技术人员数分别为 43 人、46 人、50 人、52 人、63 人。2017 年至 2021 年全国每万人拥有执业（助理）医师数分别为 24 人、26 人、28 人、29 人、30 人；其中每万人拥有城市执业（助理）医师数分别为 40 人、40 人、41 人、43 人、37 人；每万人拥有农村执业（助理）医师数分别为 17 人、18 人、20 人、21 人、24 人。2017 年至 2021 年每万人拥有注册护士数分别是 27 人、29 人、32 人、33 人、36 人；每万人拥有城市注册护士数分别为 50 人、51 人、52 人、54 人、46 人；每万人拥有农村注册护士数分别为 16 人、18 人、20 人、21 人、26 人。[②] 见图 4 - 7。

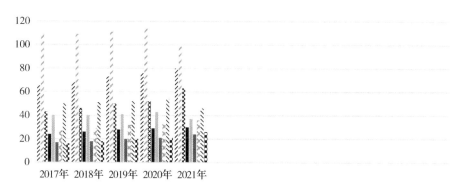

图 4 - 7　每万人拥有卫生技术人员数、执业医师数、注册护士数

①　参见国家卫生健康委员会编《2019 中国卫生健康统计年鉴》，中国协和医科大学出版社 2019 年版，第 23 页。

②　参见"每万人口卫生技术人员数"，国家统计局官网，https：//data. stats. gov. cn/easyquery. htm？cn = C01。

卫生技术人员属于医疗卫生人力资源，其数量多少在很多时候决定了医疗卫生服务的覆盖面和可及性；其医护水平则直接决定了医疗卫生健康服务的质量，高水平的医护人员是健康资源中的"硬核"。当前，我国每万人拥有卫生技术人员数存在较大的城乡差距，这一客观情况直接影响了城乡居民获得医疗卫生资源和健康服务的及时性、便捷性及可选择性，是导致城乡居民健康水平差异性的一个重要原因，也是导致老龄群体内部健康机会、健康结果出现城乡差异性的根源之一。

3. 卫生设施。卫生设施指标主要包括医疗卫生机构床位数、医疗设备台数等。国家统计局年度卫生数据显示：2017 年至 2020 年，我国医疗卫生机构床位总数分别为 7940252 张、8404088 张、8806956 张、9100700 张，年均增加 386818 张。从医疗卫生机构床位总数来看，城乡之间差距不大，农村甚至超过城市；而从每千人口医疗机构床位数来看，城市要高于农村，并高于全国平均水平。具体来看，2017 年至 2020 年，每千人口医疗机构床位数分别为 5.72 张、6.03 张、6.30 张、6.46 张；其中城市每千人口医疗卫生机构床位数分别为 8.75 张、8.70 张、8.78 张、8.81 张；农村每千人口医疗卫生机构床位数分别为 4.19 张、4.56 张、4.81 张、4.95 张。每千农村人口乡镇卫生院床位数分别为 1.35 张、1.43 张、1.48 张、1.50 张。[1] 见图 4 – 8。

医疗机构床位属于医疗卫生硬件设施，数量充足、性能完好、技术高端的医疗卫生硬件设施对于建设优质高效的医疗卫生服务体系十分重要。从图 4 – 8 可见，城市和农村在每千人拥有的医疗卫生机构床位数上存在一定的差距，前者高于后者；而每千农村人口乡镇卫生院床位数最少。不论是每千人拥有的医疗卫生人力资源数量，还是每千人拥有的医疗卫生机构床位数等医疗卫生硬件设施数量，城市均高于农村，这就造成了健康机会的城乡差异性，并在一定程度上导致城乡老年人健康水平的差异性。

分区域来看，2020 年我国东部、中部、西部医疗卫生机构床位数分别为 3487135 张、2942187 张、2671378 张；每千人口医疗卫生机构床位

---

[1] 参见国家卫生健康委员会编《2021 中国卫生健康统计年鉴》，中国协和医科大学出版社 2021 年版，第 80 页。

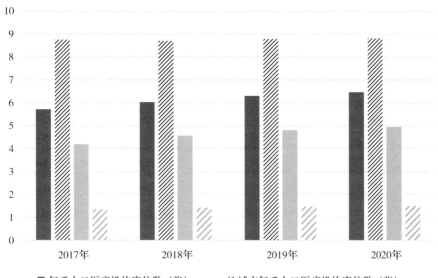

图 4-8　每千人口医疗卫生机构床位数

数东部、中部、西部分别是 5.75 张、6.99 张、6.98 张。① 所以，从医疗卫生机构床位绝对数来看，东部最多、中部居中、西部最少；而从每千人口医疗卫生机构床位数来看，中部、西部基本持平，东部最少，这反映出当前我国医疗卫生资源分配的区域差异性依然存在，但在逐步缩小。

4. 卫生总费用。卫生总费用是一个国家或地区在一定时期内，为开展卫生服务活动而从全社会筹集的卫生资源的货币总额，由政府卫生支出、社会卫生支出以及个人卫生支出三部分构成。它反映了政府、社会和居民个人在卫生保健上的费用负担水平、卫生筹资模式及其公平性，体现了政府、社会和居民个人作为不同的筹资主体对卫生保健的重视程度及各自的卫生责任担当。中华人民共和国成立 70 多年以来，我国卫生总费用逐年增长，特别是近十年来增长更快；卫生费用占 GDP 比重逐年增加，其中 2017 年至 2020 年卫生总费用分别为 52598.28 亿元、59121.91 亿元、65841.39 亿元、72175.00 亿元，占 GDP 比重分别为

---

①　参见国家卫生健康委员会编《2021 中国卫生健康统计年鉴》，中国协和医科大学出版社 2021 年版，第 80 页。

6.32%、6.43%、6.67%、7.10%。政府卫生支出、社会卫生支出以及个人现金卫生支出均逐年增长,2017年至2020年人均卫生费用分别为3756.7元、4206.7元、4669.3元、5112.3元。[①]

从上可见,近年来我国卫生总费用及其占GDP比重逐年增长,政府卫生支出、社会卫生支出、个人现金卫生支出均逐年递增,体现了政府、社会和居民个人对卫生健康越来越重视。与此同时,当前我国城市卫生和农村卫生费用以及城市与农村人均卫生费用仍然存在较大的差距,对城乡居民健康产生了不可忽视的影响,这也是造成城乡老龄人口健康水平差异性的一个重要原因。

(三) 经济发展水平的地区差异性

由于经济发展水平、地理位置等因素的影响,我国东部地区经济条件总体上要好于中部、西部地区,这在很大程度上造成了健康资源分配的区域差异性。中国老年人健康寿命的地区差异与社会经济条件的地区差异具有一致性,即社会经济条件好的东部地区老年人健康寿命、健康寿命占寿长的比重以及生命质量指数都远远好于经济条件相对落后的中、西部地区。[②]

《2021中国统计年鉴》数据显示:2017年至2020年,全国居民人均可支配收入分别为25973.8元、28228.0元、30732.8元、32188.8元。[③]按东部、中部、西部分组的人均可支配收入均逐年递增,但人均可支配收入的地区差异性依然存在,特别是东部和西部地区的人均可支配收入差距较为明显,见图4-9。[④]

仲亚琴等利用CHARLS相关数据进行分析,发现:4周应就诊未就诊率西部老年人最高、中部居中、东部最低;应住院未住院率在东部、中部、西部的情况与此基本一致;年住院率东部最低、中部居中、西部最

---

① 参见国家卫生健康委员会编《2021中国卫生健康统计年鉴》,中国协和医科大学出版社2021年版,第93页。

② 参见乔晓春、胡英《中国老年人健康寿命及其省级差异》,《人口与发展》2017年第5期。

③ 参见《2021中国统计年鉴》中"6-1 全国居民人均收支情况",国家统计局官网,http://www.stats.gov.cn/tjsj/ndsj/2021/indexch.htm。

④ 参见《2021中国统计年鉴》中"6-3 全国居民按东、中、西部及东北地区分组的人均可支配收入",国家统计局官网,http://www.stats.gov.cn/sj/ndsj/2021/indexch.htm。

（单位：元）

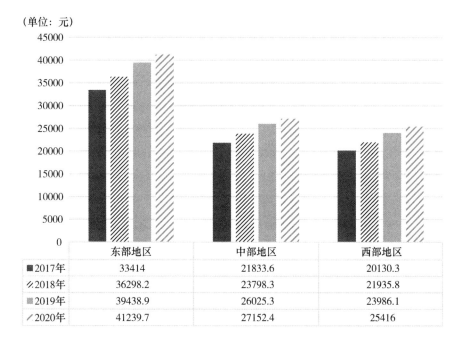

	东部地区	中部地区	西部地区
■2017年	33414	21833.6	20130.3
⁄2018年	36298.2	23798.3	21935.8
▨2019年	39438.9	26025.3	23986.1
⁄2020年	41239.7	27152.4	25416

图4-9　全国居民按东、中、西部分组的人均可支配收入

高，见图4-10。① 老年人自评健康不良率西部最高，为39.73%；东部最低，为30.61%。老年人慢性病患病率普遍较高，东部、中部、西部占比分别为70.32%、76.48%、74.59%。ADL受损率东部、中部、西部分别为20.41%、26.42%、27.48%。4周患病率西部最高，为33.61%；东部最低，为24.62%，见图4-11。② 图4-10表明，东部、中部、西部老年人卫生服务利用情况存在差异性；图4-11表明，东部、中部、西部老年人健康状况存在差异性。从整体上看，经济发展水平与老龄人口健康状况具有一定的关联性，即经济发展水平较高的地区，老龄人群健康状况要好于经济发展水平相对较低地区的老龄人群。王斌基于2015年中国综合社会状况调查数据，运用多层线性模型系统探究国民健康意识影响机制，发现国民健康意识存在显著空间自相关关系，国民健康意识高

① 参见仲亚琴、高月霞、王健《不同社会经济地位老年人的健康公平研究》，《中国卫生经济》2013年第12期。

② 参见仲亚琴、高月霞、王健《不同社会经济地位老年人的健康公平研究》，《中国卫生经济》2013年第12期。

水平地区集中在北京、上海、海南等地；较高水平区大多集中在中部、东部地区；中等水平区主要分布在东北和西北地区。同时，收入水平与国民健康意识存在明显的正向相关性。①

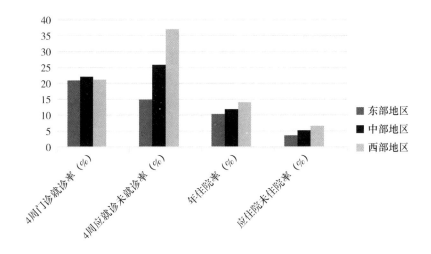

图4-10 东、中、西部老年人卫生服务利用情况

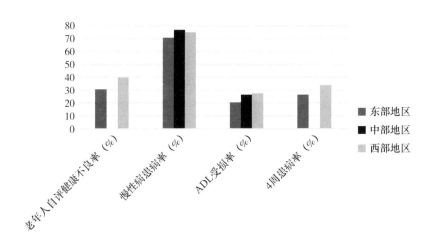

图4-11 东、中、西部老年人健康状况

---

① 参见王斌《健康中国背景下国民健康意识特征及影响因素》，《深圳社会科学》2022年第5期。

从上可见，我国经济发展水平存在较明显的区域差异性，这在一定程度上造成了老龄人口卫生服务利用情况的区域差异性。东部地区经济发展水平较高，其人均可支配收入高于中部和西部，东部老年人经济状况整体上好于中部和西部老年人。由此，东部地区老年人有更好的经济条件做到有病早治、无病早防，能够更加充分地利用各种医疗卫生资源，其卫生服务利用情况比中部和西部的老年人要好一些。经济发展水平的区域差异性导致老年人自评健康状况和客观健康指标均存在较大的区域差距，东部老年人整体健康状况好于西部、中部的老年人。与此同时，我国不同地区经济发展水平的差异性直接影响国民收入水平，并在一定程度上导致国民健康意识和健康水平的地区差异性。

（四）受教育程度的差异性

一般来说，个体受教育程度代表其教育水平，教育水平对一个人的健康具有重要的影响，这是因为教育水平在一定意义上影响个体的生活习惯和行为方式。世界卫生组织研究发现，在对个体健康发生影响的诸多因素中，生活习惯和行为方式占60%。因此，教育程度的不同是影响个体健康并导致个体之间健康水平差异性的一个重要因素。薛新东等通过分析"中国老年健康影响因素调查（CLHLS）"相关数据，认为：经济状况、教育程度以及职业对老年人自评健康状况具有显著的影响，见图4－12。[1]

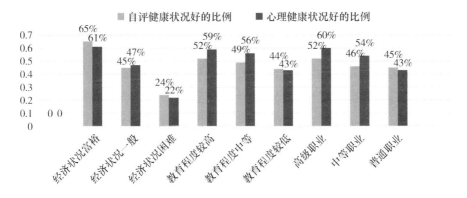

图4－12　经济状况、教育程度、职业与老年人健康

---

[1]　参见薛新东、葛凯啸《社会经济地位对我国老年人健康状况的影响——基于中国老年人健康影响因素调查的实证分析》，《人口与发展》2017年第2期。

综上所述，当前我国居民人均可支配收入的差异性、医疗卫生资源配置的城乡差异性和区域不平衡性以及经济发展水平的区域差异性，是造成城乡老年人健康状况差异性的主要原因；受教育程度、职业选择等对老年人健康也具有重要的影响。因此，个体的经济收入、所在区域的经济发展水平、医疗卫生资源配置以及受教育程度、职业选择等多方面的因素对老龄人口健康具有综合性的影响，老龄人口健康水平的城乡差异性、区域差异性、阶层差异性、年龄差异性、性别差异性等是这些因素交叉作用的结果。要缩小老龄人口健康水平的种种差异性，就要在大力发展社会生产力和推动高质量发展的基础上，进一步缩小城乡之间、区域之间经济发展水平的差距，不断提高居民的收入水平和养老金待遇。同时，不断健全社会医疗保障制度尤其是老年医疗保险制度；扩大医疗卫生资源及其他健康资源的总量及其有效供给，优化医疗卫生资源配置，加大优质健康资源向老龄弱势人群、西部地区和农村落后地区倾斜的力度，由此促进老龄健康公平，推进中国老龄社会健康治理体系和健康治理能力现代化。

第二节　老龄健康公平的价值根基及价值旨归

人权的道义性是实现老龄健康公平的底线伦理，是国际公约关于人权保障的基本要求。健康权的人民性是实现老龄健康公平的价值根基，是新时代国家健康治理的出发点。推进全球健康正义是实现老龄健康公平的价值目标，也是人类命运共同体视域下全球健康治理的价值旨归。

一　道义性：底线伦理

人权是人之为人的基本权利，具体包括个人依法享有的生命权、人身权、健康权、发展权，及其在经济、政治、社会、文化等方面的平等权利。人权是一个人生存和发展的基本权利，保障人权是国际人权公约的普遍价值取向。人权的道义性以人权的普遍性、平等性为基础，是实现老龄健康公平的重要价值依据。保障老年人的人权是实现老龄健康公平的基本要求，也是国际公约关于人权保障的底线伦理原则。

（一）人权的普遍性。人权的普遍性是指人权作为人的基本权利，为所有人普遍享有和平等享有。1948 年联合国颁布的《世界人权宣言》是第一个人权问题国际文件，一共三十条，对人的生命权、自由权、平等权、隐私权、婚姻权、财产权、政治参与权、社会保障权、工作权与休息权、获助权、教育权以及维持社会秩序的权利等进行了原则性阐述，成为国际人权法的基础。其第一条规定："人人生而自由，在尊严和权利上一律平等。"第三条规定："人人有权享有生命、自由和人身安全。"第七条规定："法律面前人人平等，并有权享受法律的平等保护，不受任何歧视。"这三条是最基本的人权条款，是对人的主体性的确认，人权就是基于人的主体性存在的基本权利。自由权、生命权、健康权等作为人权，具有历史性、相对性，它们是人之为人所应普遍享有的基本权利。

普遍的人权是应然层面的，人权要成为现实的权利，需要强有力的社会制度保障。主权国家是人权保障的重要责任主体。从人权和国家主权相统一的前提出发，明确个人应当享有的基本权利和保障人权的国家职责，是国际公约关于人权保障的理论逻辑。《公民权利和政治权利国际公约》是联合国于 1966 年颁布的，强调公约缔约国在保障人权方面的相应义务，以确保人权的实现。其第一条规定："所有人民都有自决权。他们凭这种权利自由决定他们的政治地位，并自由谋求他们的经济、社会和文化的发展。""自决权"是被压迫民族反对帝国主义、殖民主义、霸权主义以及其他一切外来干涉，自己决定自己的命运，并建立独立的主权国家的权利。自决权是所有国家人民享有人权的前提条件，一个没有主权的国家是没有力量保障人权的。《经济、社会及文化权利国际公约》第一条与《公民权利和政治权利国际公约》第一条基本一致，强调"所有人民都有自决权"，反映了自决权对于人权保障的重要意义。《公民权利和政治权利国际公约》第二条规定："本公约每一缔约国承担尊重和保证在其领土内和受其管辖的一切个人享有本公约所承认的权利，不分种族、肤色、性别、语言、宗教、政治或其他见解、国籍或社会出身、财产、出生或其他身份等任何区别。"同时，公约缔约国"保证任何一个被侵犯了本公约所承认的权利或自由的人，能得到有效的补救，尽管此种侵犯是以官方资格行事的人所为"。上述规定表明：保护领土内所有人平等地享有公约所规定的各项权利，且当权利遭到侵害时给予及时有效的补救，是相关国际公约缔约国的基本义务。健康权是一项重要的人权，国际公约关于人权普遍性的规定为老龄健康权利保障和老龄健康公平的实现提供了重要的国际法依据。

（二）人权的道义性。它主要体现在国际公约对弱势群体的权利维护上，这是人权保障的底线伦理原则。老年人是社会的弱势人群，维护老龄健康权利是国际公约关于人权保障的重要内容，人权的道义性为实现老龄健康公平提供了重要价值依据。《世界人权宣言》第二十五条指出："人人有权享受为维持他本人和家属的健康和福利所需的生活水准，包括食物、衣着、住房、医疗和必要的社会服务；在遭到失业、疾病、残废、守寡、衰老或在其他不能控制的情况下丧失谋生能力时，有权享受保障。"这是专门针对社会弱势群体的权利保障条款，其中包含老龄健康权及其获助权，为维护老龄健康权利、促进老龄健康公平提供了具有国际法效力的法律保障。

《公民权利和政治权利国际公约》第二十六条规定："所有的人在法律面前平等，并有权受法律的平等保护，无所歧视。在这方面，法律应禁止任何歧视并保证所有的人得到平等的和有效的保护，以免受基于种族、肤色、性别、语言、宗教、政治或其他见解、国籍或社会出身、财产、出生或其他身份等任何理由的歧视。"这一条是禁止歧视的条款，"无所歧视"包括不因年老而遭受歧视。老龄歧视是一种消极的社会价值观，本质上是对老年人的社会主体性及其人格权的否定，是导致老龄健康不公平的社会价值观根源。第二十六条对于消除老龄歧视现象、维护老年人的健康权具有重要的意义。年龄具有自然属性和社会属性双重性质，其自然属性是指年龄标志个体生命的不同阶段，是个体的生理特征之一；其社会属性体现在年龄是社会分层的一个基本标准，是人的社会身份的外在标签，人口年龄结构变迁是社会变迁和社会发展的重要影响因素。随着银发浪潮在全球铺展开来，年龄作为社会身份的意义日显重要。第二十六条是在法律面前人人平等的普适性规定基础之上，对包括种族歧视、性别歧视以及年龄歧视等在内的各种社会歧视的禁止性规定。从上可见，《公民权利和政治权利国际公约》对于消除老龄歧视现象、保障老年人的健康权并促进老龄健康公平，具有重要的意义，为各国制定和实施老龄相关法律法规提供了一定的国际法依据和法伦理参考。

《经济、社会及文化权利国际公约》第九条规定："本公约缔约各国承认人人有权享受社会保障，包括社会保险。"社会保障是确保人权实现的基本社会制度，发展程度不同的国家社会保障制度完善程度及保障水平各不相同。我国现已建立具有普惠性、基础性、兜底性且可持续的多层次社会保障体系，为保障人权尤其是老龄健康权利筑牢了制度根基，也为发展中国家的人权保障提供了中国智慧和中国方案。《经济、社会及文化权利国际公约》第十二条规定："本公约缔约各国承认人人有权享有能达到的最高的体质和心理健康的标准。"健康是躯体健康和心理健康的统一，每个人都有权利达到尽可能高的健康水平，这是国际公约第一次从体质健康和心理健康相结合的高度表述"健康"，也是健康作为基本人权首次明确出现在国际公约中。《经济、社会及文化权利国际公约》第十二条是关于国家健康治理的专门条款，成为世界各国制定和实施基本卫生法律法规的重要国际法依据，对于保障老年人的健康权利具有重要的指导意义。

二　人民性：价值根基

保障老龄健康权利、实现老龄健康公平是我国现行法律体系的重要内容，反映出新时代中国特色社会主义不断增进民生福祉、提高人民生活品质的制度优势。坚持以人民为中心的发展思想是健康中国建设的出发点，健康权的人民性是实现老龄健康公平的价值根基。人民至上是马克思主义的政治立场，是马克思主义政党的政治本色。人民健康是民族昌盛和国家富强的重要标志。坚持以人民为中心，就是坚持人民主体地位，把人民对美好生活的向往作为奋斗目标。彰显健康权的人民性，就是在现代国家治理中把保障人民健康放在优先发展的战略位置，完善国民健康政策，不断提高人民健康水平。党的二十大报告把"实施积极应对人口老龄化国家战略"纳入"推进健康中国建设"整体方案中，体现了老龄健康的重要性，反映出老龄健康公平对于新时代中国社会治理的战略意义。

中国特色社会主义法律体系和中国特色社会主义人权体系是不可分割的，是公民权利保障的一体两面。保障老年人合法权益既是中国特色社会主义人权体系不可缺少的组成部分，也是中国特色社会主义法律体系的重要内容。《中华人民共和国基本医疗卫生与健康促进法》是我国公民健康权利保障的第一部专门法律，其中第三条第一款指出："医疗卫生与健康事业应当坚持以人民为中心，为人民健康服务。"第四条规定："国家和社会尊重、保护公民的健康权。国家实施健康中国战略，普及健康生活，优化健康服务，完善健康保障，建设健康环境，发展健康产业，提升公民全生命周期健康水平。"这是健康权首次作为独立的民事权利单列在我国法律中①，反映出新时代中国特色社会主义法治建设坚持以人民为中心、不断增进人民健康水平的价值导向，是老龄健康权利保障的重要法律遵循。

我国于 2000 年进入老龄社会，保障老年人合法权益是全社会的共同责任，是积极应对人口老龄化的战略选择。改革开放 40 多年以来尤其是党的十八大以来，我国在促进基本公共卫生服务均等化、提升基层医疗卫生服务能力、防控重大疾病、保障安全用药等方面取得了显著成绩，健康中国战略全面推进。覆盖城乡居民的社会保障体系基本建立，人民健康和医疗卫生水平大幅提高。② 我国现已基本建成以居家为基础、社区为依托、机构为补充，覆盖城乡、医养结合的养老服务体系；防治结合、多元发展的老年医疗卫生服务体系不断健全，提高了老年人健康服务可及性和老年人健康管理率；建立完善老年人监护制度；加强老年人优待工作，完善老年人社会福利制度和救助制度，全面建立针对困难高龄、失能老年人的补贴制度；推进服务老年人的公共文化设施建设。总之，我国老年人健康权利保障制度正在不断完善中，涵盖老年人的物质生活、医疗卫生服务以及精神文化生活等各个方面。

老龄群体是社会弱势人群，经济收入跌落、社会地位边缘化以及身体脏器功能不可逆转地衰退是老龄阶段的主要特点。健康是老年人最宝

---

① 2017 年 3 月 15 日第十二届全国人民代表大会第五次会议通过的《民法总则》第一百一十条规定："自然人享有生命权、身体权、健康权、姓名权、肖像权、名誉权、荣誉权、隐私权、婚姻自主权等权利。法人、非法人组织享有名称权、名誉权、荣誉权等权利。"随着《民法典》的颁行，《民法总则》同时废止。但这一条规定仍然体现在《民法典》第四编"人格权"之第二章"生命权、身体权和健康权"中，其中第一千零二条、第一千零三条、第一千零四条、第一千零五条分别对这三项权利保障进行了规定。因此，"健康权"作为一项独立的民事权利，首次出现在《中华人民共和国基本医疗卫生与健康促进法》中。

② 参见习近平《决胜全面建成小康社会 夺取新时代中国特色社会主义伟大胜利——在中国共产党第十九次全国代表大会上的报告》，人民出版社 2017 年版，第 5 页。

贵的财富，保障老龄健康权益就是切实维护老年人的健康生活权与健康发展权，并以老龄健康公平促进社会的健康正义。保护人民健康是我国《宪法》的重要内容，为老龄健康权利保障提供了最高法律依据。该法第二十一条是发展医疗卫生事业的基本国策条款，明确了国家、企事业单位和各类组织在保障公民健康权中的不同职责。国家是首要的健康责任主体，发展医疗卫生事业是国家健康治理的重要任务。《宪法》第四十五条第一款规定："中华人民共和国公民在年老、疾病或者丧失劳动能力的情况下，有从国家和社会获得物质帮助的权利。国家发展为公民享受这些权利所需要的社会保险、社会救济和医疗卫生事业。"这是专门针对老年人、病残者等社会弱势人群的权利保障条款，"弱有所扶"反映了新时代中国特色社会主义关爱弱势群体、不断增进人民福祉的制度优势。

《中华人民共和国基本医疗卫生与健康促进法》第三条明确规定了医疗卫生与健康事业应当坚持以人民为中心、为人民健康服务的价值导向。第四条是国家尊重、保护公民健康权的原则性规定和总体设想。第五条规定："公民依法享有从国家和社会获得基本医疗卫生服务的权利。国家建立基本医疗卫生制度，建立健全医疗卫生服务体系，保护和实现公民获得基本医疗卫生服务的权利。"基本医疗卫生服务权是公民健康权的核心内容，是维护人民健康所必需、与经济社会发展水平相适应、公民可公平获得的疾病预防、诊断、治疗、护理和康复等服务的权利。基本医疗卫生服务具体包括基本公共卫生服务和基本医疗服务，其中基本公共卫生服务由国家免费提供，体现了我国健康权利保障制度的普惠性。本法第二十五条规定："国家发展老年人保健事业。国务院和省、自治区、直辖市人民政府应当将老年人健康管理和常见病预防等纳入基本公共卫生服务项目。"本法第七十六条指出：国家制定并实施包括老年人在内的健康工作计划，加强重点人群健康服务；推动长期护理保障工作，鼓励发展长期护理保险。这些规定是关于老龄健康权利保障和老龄健康管理的专门法律条款，体现了新时代国家健康治理关爱老龄民生的价值取向。《基本医疗卫生与健康促进法》第八十条强调，各级人民政府应当切实履行发展医疗卫生与健康事业的职责，建立与经济社会发展、财政状况和健康指标相适应的医疗卫生与健康事业投入机制，将医疗卫生与健康促进经费纳入本级政府预算，以保障基本医疗服务、公共卫生服务、基本医疗保障等运行发展。第八十三条规定："国家建立以基本医疗保险为主体，商业健康保险、医疗救助、职工互助医疗和医疗慈善服务等为补充的、多层次的医疗保障体系。"第八十条、第八十三条是关于基本医疗和健康促进的资金保障条款，是决定公民健康权利特别是老龄健康权利能否真正落到实处的"硬核"。

《中华人民共和国民法典》第九百九十条指出："人格权是民事主体享有的生命权、身体权、健康权、姓名权、名称权、肖像权、名誉权、荣誉权、隐私权等权利。"第四编第二章明确规定：自然人享有生命权、身体权和健康权。生命权的法益是生命及与之相关的安全利益，具有至高无上性，因而，生命权是首要的人格权和民事权利。身体权的法益是自然人的肢体与器官的完整性；健康权的法益是自然人的身心健康。① 民法典第一千零二条规定："自然人享有生命权。自然人的生命安全和生命尊严受法律保护。任何组织或者个人不得侵害他人的生命权。"第一千零三条规定："自然人享有身体权。自然人的身体完整和行动自由受法律保护。任何组织或者个人不得侵害他人的身体权。"第一千零四条规定："自然人享有健康权。自然人的身心健康受法律保护。任何组织或者个人不得侵害他人的健康权。"生命权、身体权、健康权是不可分割的，三者分别单列条款反映了三种权利具有相对独立性及其作为民事权利和具体的人格权的重要性。民法典关于自然人享有生命权、身体权以及健康权等权利的相关规定，适用于包括老年人在内的所有自然人，为老龄健康权利保障提供了民事法律依据。健康权首先是一项积极性的民事权利，即国家有义务为公民提供健康所需的基本物质生活条件和医疗保障。当老年人生病时，有权寻求医疗救治，以最大限度地恢复健康、延年益寿。健康权又是一项消极的人格权和民事权利，任何组织或者个人不得侵害自然人的健康权。当老年人的健康权遭受侵害或处于其他危难情形时，负有法定救助义务的组织或者个人应当及时施救。

随着物质生活条件不断改善，精神健康越来越受到人们的重视，老龄精神健康及精神赡养权的维护成为老龄健康权利保障不可忽视的方面，

---

① 参见许中缘、黄娉慧《论生命健康权的宪法性与民法化》，《长江论坛》2018 年第 1 期。

也是国家健康治理的重要环节。《中华人民共和国基本医疗卫生与健康促进法》第二十八条提出：国家发展精神卫生事业、完善精神卫生服务体系，加强未成年人、残疾人和老年人等重点人群心理健康服务。我国已进入老龄社会20多年，随着人口老龄化程度加剧，空巢家庭和独居老人越来越多，老年人的心理健康和精神健康问题也呈现出增加的趋势，需要引起社会的高度关注。《老年人权益保障法》第三条规定："国家保障老年人依法享有的权益。老年人有从国家和社会获得物质帮助的权利，有享受社会服务和社会优待的权利，有参与社会发展的权利。禁止歧视、侮辱、虐待或遗弃老年人。"这一条明确规定老年人依法享有物质获助权、社会服务权、社会优待权、社会参与权，这是积极权利；以及免遭歧视、虐待或遗弃的权利，这是消极权利。本法第四条指出："积极应对人口老龄化是国家的一项长期战略任务。国家和社会应当采取措施，健全保障老年人权益的各项制度，逐步改善保障老年人生活、健康、安全以及参与社会发展的条件，实现老有所养、老有所医、老有所为、老有所学、老有所乐。"这一条从积极应对人口老龄化的战略高度对健全老年人权益保障制度及其社会价值目标进行了规定，统领后续各项具体措施。该法第十四条明确规定："赡养人应当履行对老年人经济上供养、生活上照料和精神上慰藉的义务，照顾老年人的特殊需要。"经济供养、生活照料和精神慰藉是赡养人的三大义务，这也意味着老年人具有经济获助权、生活照料权和精神赡养权。第十八条明确指出："家庭成员应当关心老年人的精神需求，不得忽视、冷落老年人。与老年人分开居住的家庭成员，应当经常看望或者问候老年人。用人单位应当按照国家有关规定保障赡养人探亲休假的权利。"中国特色社会主义进入新时代，人民物质生活条件得到明显改善，人民对精神生活的追求越来越高，而老年人对精神赡养的需求也日益强烈。坚持健康权利的人民性，就是在进一步完善社会保障体系的基础上，不断提高老年人的健康保障水平，为维护老龄健康权利和促进老龄健康公平提供强大的物质支持、精神支持和法律支持。

三　健康正义：价值旨归

实现老龄健康公平是新时代国家治理的重要环节，是社会公正在卫生健康领域的具体反映。全球健康正义是在经济全球化背景下，通过优质医疗卫生资源在全球的公平配置，特别是向落后国家适当倾斜，使各国人民达到尽可能高的健康水平；并逐步缩小发达国家、发展中国家、落后国家人民在人均预期寿命、健康余寿以及各项具体健康指标上的差异性，由此不断提升人类整体健康水平、促进人类社会可持续发展的实践过程。实现老龄健康公平是推动国家治理体系和治理能力现代化不可或缺的内容，是老龄型国家健康治理的重要目标。随着银发浪潮从发达国家向发展中国家铺展开来，如何实现老龄健康公平，既是老龄型国家面临的现实问题，也是全球健康治理需要统筹的问题。人口结构老龄化本身就是一种纵向的全球化，时空转换和人口变迁以及经济全球化向纵深推进，使老龄问题特别是老龄健康公平问题日益凸显，促进老龄健康公平成为经济全球化和银发浪潮背景交织下推动全球健康正义的客观要求，也是一个突破口。

在全球化向纵深发展的今天，人类越来越成为你中有我、我中有你的命运共同体。在深度全球化时代，"没有哪个国家能够独自应对人类面临的各种挑战，也没有哪个国家能够退回到自我封闭的孤岛"[①]。健康生活是全世界人民的共同愿望，维护全球公共卫生安全是各国的共同责任。携手应对全球健康风险，构建应对重大突发公共卫生事件的全球健康治理联动机制，是推动构建人类命运共同体的客观要求，也是人类社会可持续发展的必然选择。不论是从一个国家或地区来看，还是从世界范围来看，老龄人口都是总人口不可忽视的组成部分，促进老龄健康公平是推动构建人类命运共同体、实现全球健康正义的重要环节。人类命运共同体理念是立足唯物史观和当代世界和平与发展的主题提出来的，是马克思共同体思想在当代世界运动中的现实拓展。"促进世界和平与发展，推动构建人类命运共同体"[②]，是我国一贯坚持的外交政策。中国积极参与全球治理体系改革和建设，践行共商共建共享的全球治理观，坚持真

[①] 习近平：《决胜全面建成小康社会　夺取新时代中国特色社会主义伟大胜利——在中国共产党第十九次全国代表大会上的报告》，人民出版社 2017 年版，第 58 页。

[②] 参见习近平《高举中国特色社会主义伟大旗帜　为全面建设社会主义现代化国家而团结奋斗——在中国共产党第二十次全国代表大会上的报告》，人民出版社 2022 年版，第 60 页。

正的多边主义，推动构建更加公正合理的全球治理体系。[①] 截至 2022 年 6 月 10 日，中国已向 120 多个国家和国际组织提供了超过 22 亿剂新冠疫苗，先后向 20 多个国家转让技术、合作生产疫苗，在海外形成了 10 亿剂的新冠疫苗年产能[②]，充分体现了中国在全球健康治理中的大国责任担当。

人类的整体安全和健康是人类社会可持续发展的重要基础，人类命运共同体理念秉承和丰富了马克思主义社会发展理论，是 21 世纪的马克思主义世界历史理论。构建人类卫生健康共同体，是深度全球化背景下各国共商共建共享的一种全球治理观及健康治理实践。促进各国互利共赢，更好地保障世界各国人民的生命安全和健康福祉，并推动实现人类解放，是构建人类卫生健康共同体的根本价值指向，也是推动构建人类命运共同体的重要价值目标。

第三节　老龄健康公平危机的破解

实现老龄健康公平是一项社会治理系统工程，需要各个方面协同进行。当前我国老龄健康公平危机的破解可以从以下三个方面入手：一是立足社会主义初级阶段这个最大的国情和新时代我国社会主要矛盾，以人民日益增长的美好生活需要尤其是老龄人口的实际健康需求为出发点，推动健康领域高质量发展；二是深化健康领域供给侧结构性改革，创新健康资源的生产和医养结合的健康消费；三是进一步完善再分配和第三次分配机制，使医疗卫生资源更多地向老龄弱势人群倾斜，促进发展成果人民共享。

一　推动健康领域高质量发展

中华人民共和国成立 70 多年以来特别是改革开放 40 多年以来，我国

---

① 参见习近平《高举中国特色社会主义伟大旗帜　为全面建设社会主义现代化国家而团结奋斗——在中国共产党第二十次全国代表大会上的报告》，人民出版社 2022 年版，第 62 页。
② 参见谢亚宏、周輖、彭敏、谢佳宁、颜欢《中国疫苗持续助力全球抗疫合作》，《人民日报》2022 年 6 月 10 日第 3 版。

社会生产力显著提高，人民生活水平大幅提升，人民美好生活需要日益广泛，健康生活和高品质的生活成为人民美好生活需要的重要内容，而发展的不平衡不充分是满足人民日益增长的美好生活需要的主要制约因素。健康资源有效供给不足及其配置存在不同程度的城乡差异性、区域差异性以及阶层差异性，是新时代我国社会主要矛盾在健康领域的集中反映。

社会存在决定社会意识、经济基础决定上层建筑，是唯物史观的基本主张。马克思、恩格斯曾经指出："当人们还不能使自己的吃喝住穿在质和量方面得到充分保证的时候，人们就根本不能获得解放。'解放'是一种历史活动，不是思想活动，'解放'是由历史的关系，是由工业状况、商业状况、农业状况、交往状况促成的。"① 从中华人民共和国成立到改革开放，再到新时代中国特色社会主义的成功实践，是中华民族从站起来到富起来再到强起来的伟大飞跃，70多年社会主义建设的伟大成就为人民健康生活和健康发展奠定了坚实的物质基础。当前我国社会主要矛盾已经转化为人民日益增长的美好生活需要和不平衡不充分的发展之间的矛盾，这是我国社会发展新的历史方位。由生存到生活，再到健康生活和健康发展，反映了人民不断追求美好生活的强烈愿望和创造幸福生活的能动性。

当前，"我国经济已由高速增长阶段转向高质量发展阶段"②，这是对新时代中国特色社会主义经济发展的科学定位，是由新时代我国社会主要矛盾决定的。党的二十大报告指出："加快构建新发展格局，着力推动高质量发展。"③ 高质量发展是全面建设社会主义现代化国家的首要任务。高质量发展的核心是社会经济高质量发展和全方位发展，而不是单纯追求 GDP 数量及其增速。高质量发展与人民日益增长的美好生活需要相辅相成，它为满足人民美好生活需要提供坚实的物质基础；人民日益增长的美好生活需要则是推动高质量发展的强大内驱力。健康领域高质量发

---

① 《马克思恩格斯选集》第 1 卷，人民出版社 2012 年版，第 154 页。

② 习近平：《决胜全面建成小康社会　夺取新时代中国特色社会主义伟大胜利——在中国共产党第十九次全国代表大会上的报告》，人民出版社 2017 年版，第 30 页。

③ 习近平：《高举中国特色社会主义伟大旗帜　为全面建设社会主义现代化国家而团结奋斗——在中国共产党第二十次全国代表大会上的报告》，人民出版社 2022 年版，第 28 页。

展主要包括健康产业经济结构的优化、健康资源高效配置以及优质的健康服务三个方面。[1]

健康产业经济结构优化的前提是树立大健康观念，从以治疗为中心向以预防为中心转变。构建区域协调发展新机制，形成主体功能明显、优势互补、高质量发展的健康区域经济布局[2]；改善居民健康消费结构和健康投资结构，推动以医疗卫生、康养保健为核心的健康产业结构升级是基本方向，与老龄健康相关的经济产业结构优化是其中一项重要内容。社会生产力较快发展、人口预期寿命延长以及老龄人口占比达到相应的程度，是一个国家进入老龄社会的三个基本标志。我国于 2000 年进入老龄社会，老龄人口规模大、老龄化速度快以及老龄化程度高是我国人口结构老龄化的主要特点。随着我国老龄人口规模不断扩大和老龄化程度逐年加剧，老年人的健康需求呈现出多样化、多层次性的特点，老龄健康经济已经成为一种新兴经济。以医养颐康、护理康复、养生休闲为主的老龄健康产业是新时代中国社会经济发展的重要方向，市值巨大。老龄健康经济作为老龄经济不可缺少的组成部分，并不是独立的，而是融合于社会经济大格局中。从 2000 年到 2021 年，我国 GDP 总量增长了 10 倍，人均 GDP 增长了 9 倍。按照联合国的标准，当前我国处于中等偏上收入国家水平。在我国全面建成小康社会的背景下，从"未富先老"向"边富边老"转变是我国老龄社会的基本国情。随着中国特色社会主义进入新时代和社会主要矛盾发生变化，我国经济由高速增长阶段转向高质量发展阶段。成年型社会转向老龄型社会不仅是人口年龄结构的变迁，更是社会经济结构的优化，是从生存经济转向健康生活经济、从物本经济转向人本经济的一场经济革命。[3] 坚持以人民为中心的发展思想，就是要把握社会主义初级阶段基本国情和"边富边老"的老龄化特点，加大健康领域供给侧结构性改革力度，适应和引发不同层次的有效需求，以满足人民日益增长的健康需要特别是老龄人口的健康需要，促进更高水

---

[1]　参见魏敏、李书昊《新时代中国经济高质量发展水平的测度研究》，《数量经济技术经济研究》2018 年第 11 期。

[2]　参见《中共中央关于坚持和完善中国特色社会主义制度　推进国家治理体系和治理能力现代化若干重大问题的决定》，人民出版社 2019 年版，第 21 页。

[3]　参见党俊武《树立老龄经济新思维》，《老龄科学研究》2020 年第 1 期。

平的供需平衡①，不断推进健康老龄化、积极老龄化和健康中国建设。

健康资源的高效配置主要是指健康资源分配的科学性、合理性，城乡之间、区域之间以及阶层之间健康资源分配的种种差异性逐步消除，并通过互联网、云计算、大数据、人工智能等促进健康资源配置的效率最大化。同时，健康资源的优化配置需要重点考虑老龄人群。优质的健康服务是在不断健全和完善基本公共卫生服务体系的基础上，向消费者提供质量精良的卫生健康产品和高质量的健康服务，全方位、全周期、高品质以及智慧化是老龄健康服务的重要发展方向。

二　深化健康领域供给侧结构性改革

马克思认为，供给和需求是生产过程中相互统一的两个方面，"要给需求和供给这两个概念下一般的定义，真正的困难在于，它们好像只是同义反复"②。在资本主义私有制度下，供需平衡是为了满足资本家追求利润最大化的需要。在中国特色社会主义市场经济条件下，供需平衡是为了造福人民，增进民生福祉是发展的根本目的。供给和需求是市场经济的两翼，供需平衡是社会经济良性循环之道。供给侧结构性改革的根本目的是进一步解放和发展社会主义生产力，建立与需求结构相适应的高质量供给体系，以满足人民日益增长的美好生活需要，其本质是社会主义经济制度的自我完善。当前制约我国经济发展的因素，供给和需求两侧都有，而供给侧是主要方面。供给侧结构性改革的最终目的是满足需求，主攻方向是提高供给质量，根本途径是深化改革。供给侧结构性改革是新时代中国特色社会主义经济建设的重要组成部分，推动供给侧结构性改革是解决发展不平衡不充分问题、满足人民日益增长的美好生活需要的重要途径。

有学者认为，人口老龄化从需求侧和供给侧两个方面同时抑制中国经济增速。③这只是看到了一个方面。另一方面，人口老龄化也为促进需

---

① 参见《中共中央国务院关于新时代加快完善社会主义市场经济体制的意见》，《人民日报》2020年5月19日第1版。

② 《马克思恩格斯选集》第2卷，人民出版社2012年版，第485页。

③ 参见苏剑《人口老龄化如何影响经济增长——基于总供给与总需求的分析视角》，《北京工商大学学报》（社会科学版）2021年第5期。

求侧和供给侧两翼发展提供了机遇。在积极应对人口老龄化的过程中，政府和社会要充分了解老龄群体的实际需求，并最大限度地满足其合理需求。需求刺激消费，消费带动生产。身体健康是一个人最大的财富，对于老年人而言，身体健康就是他们最大的需要，拥有健康的身体是一个人晚年最大的资本。深化健康领域供给侧结构性改革，满足人民日益增长的健康生活需要，是推动高质量发展的一个着力点，也是积极应对人口老龄化和促进老龄健康公平的有效途径。虽然老龄人群的消费意愿相比劳动阶段下降了，但他们的健康需求与日俱增，与老龄健康相关的产业前景广阔，这就为深化健康领域供给侧结构性改革提供了一个重要的发展方向。扩大健康资源总量、建立高质量的健康资源供给体系，将进一步刺激健康需求、促进健康消费，推动健康经济产业迈上新的台阶。健康主体多元化、健康需求多样化、健康消费方式多层次化，是新时代人民健康需要的重要特征；而健康资源总量不足及其分配不均衡成为制约人民健康生活的瓶颈。因此，深化健康领域供给侧结构性改革，扩大健康资源总量和提高健康资源供给质量，促进健康资源的供需平衡，让更多优质健康资源向老龄弱势人群倾斜，是满足人民日益增长的健康生活需要和促进老龄健康公平的一个突破口。

供给和需求是社会主义市场经济不可分割的两个方面，供给的本质是生产，需求的本质是消费。生产决定消费，供给决定需求；反之，消费带动生产，需求促进供给及其优化配置。生产或供给始终是供需矛盾的主要方面[1]，对供需平衡起决定性作用。老龄社会的消费结构和消费需求在受到各种条件制约的同时，也会引发产业结构发生相应的改变[2]，并带动银龄经济发展。供给侧结构性改革的根本，是使我国供给能力更好满足人民日益增长、不断升级和个性化的物质文化和生态环境需要，从而实现社会主义生产目的。[3] 只有从人民日益增长的健康需要出发，推动健康领域供给侧结构性改革，才能进一步优化健康产业结构，推动健康

---

① 参见鲁品越《"供给侧结构性改革"在思想和实践上的新贡献》，《马克思主义研究》2020 年第 2 期。

② 参见祝嘉悦《人口老龄化、消费需求与第三产业就业》，《财经问题研究》2022 年第 12 期。

③ 参见《习近平谈治国理政》第 2 卷，外文出版社 2017 年版，第 252 页。

产业高质量发展。党的二十大报告指出：我们要坚持以推动高质量发展为主题，把实施扩大内需战略同深化供给侧结构性改革有机结合起来，加快建设现代化经济体系①，这也为进一步深化健康领域供给侧结构性改革指明了方向。增量提质增效是供给侧结构性改革的关键，其具体要求是：在适度扩大总需求的同时，着力提高供给体系质量和效率，增强经济持续增长动力，推动我国社会生产力水平整体跃升。人口老龄化背景下深化健康领域供给侧结构性改革，具体包括以下三个方面的内容。

首先，转换健康经济产业的增长动力。健康经济产业与人民生命安全和身体健康休戚相关，安全第一、健康为上是基本价值导向，健康效益优先于经济效益是坚持以人民为中心的发展思想的客观要求。只有坚持健康效益至上，才能杜绝假冒伪劣产品和一切有损人民健康的行为，并促进社会经济可持续发展。

其次，继续扩大健康资源产量及其有效供给，加大优质健康资源向老龄弱势人群的倾斜力度，更好地满足人民日益增长的健康需要尤其是老龄人口的健康需要。为此，要大力发展社会主义生产力尤其是相对落后地区的生产力，增强其"造血"功能，从根本上摆脱健康贫困及其代际传递。

最后，创新健康资源的生产，"绿色""协调"是其要旨。推动绿色发展，"加快发展方式绿色转型"②，是实现高质量发展的关键环节。"绿色"是指一切与人民健康相关的产品生产要避免环境污染和过度开发，以人和自然的和谐共生为原则，实现二者的互生互长。我国生态伦理文化源远流长，是中华传统文明的瑰宝。庄子认为："天地与我并生，而万物与我为一。"（《庄子·齐物论》）天、地、人是并列互生、融为一体的。孔子认为："断一树，杀一兽，不以其时，非孝也。"（《礼记·祭义》）伐木和狩猎都要遵循万物生长之道；而违反"时禁"，滥伐林木、滥杀动物，都是有违孝道的。尊重自然、仁爱万物的传统生态伦理思想

---

① 参见习近平《高举中国特色社会主义伟大旗帜　为全面建设社会主义现代化国家而团结奋斗——在中国共产党第二十次全国代表大会上的报告》，人民出版社2022年版，第28页。

② 习近平：《高举中国特色社会主义伟大旗帜　为全面建设社会主义现代化国家而团结奋斗——在中国共产党第二十次全国代表大会上的报告》，人民出版社2022年版，第49—50页。

及实践是华夏文明长盛不衰的一个重要原因,对于当今健康资源的绿色开发和生产仍然具有重要的启示意义。"协调"是指健康资源的开发和健康产品生产的城乡联动、区域合作以及行业融合,目的是进一步缩小健康资源配置的城乡差异性、区域差异性,实现健康资源配置效率最大化。

三　进一步完善再分配和第三次分配机制

社会制度是经济基础的反映,分配制度是经济制度的主干,它体现的是具体的社会经济状况,承载的是民生所需。恩格斯在《共产党宣言》1883 年德文版序言中指出:"每一历史时代的经济生产以及必然由此产生的社会结构,是该时代政治的和精神的历史的基础。"[①] 社会基本矛盾是社会发展的根本动力,而生产力是决定性因素。我国处于并将长期处于社会主义初级阶段这个最大的国情决定了按劳分配为主体、多种分配方式并存是中国特色社会主义基本经济制度之一,它体现了初次分配中多劳多得、优劳优酬的价值对等原则,对于增加一线劳动者的劳动报酬、提高劳动报酬在初次分配中的比重具有重要意义。[②]

中国特色社会主义制度的显著优势不仅体现在初次分配中,更体现在再分配和第三次分配中。再分配和第三次分配主要是为了调整初次分配中效率优先造成的收入差距过大现象,通过健全税收、社会保障、转移支付等手段,以及发展慈善事业,补偿初次分配中获利较小者,以满足社会弱势人群的基本生活需要,维护其生存权和健康权。通过再分配和第三次分配实现"弱有所扶",提高健康资源分配的公平度,是解决发展不平衡不充分问题的有效途径,是国家健康治理的重点。在再分配和第三次分配过程中,政府职能部门和相关慈善机构等要进一步加大对老龄弱势群体的倾斜力度,由此不断增进老龄民生幸福,促进老龄健康公平的实现。

---

① 《马克思恩格斯选集》第 1 卷,人民出版社 2012 年版,第 380 页。
② 参见《中共中央关于坚持和完善中国特色社会主义制度　推进国家治理体系和治理能力现代化若干重大问题的决定》,人民出版社 2019 年版,第 19 页。

第 四 章

公正论:老龄健康风险及其伦理规制

健康是蕴于内而显于外的一种生命活动状态,个体在生命运动的不同阶段,健康状况各不相同,影响健康的主导性因素各异。一般来说,一个国家的经济发展水平和医疗保障水平对个体健康具有极为重要的影响;而个体自身的脏器及系统功能、心理素质及社会适应能力对健康具有直接的影响。

在个体生命运动过程中,健康状况大多呈梯形分布。从婴幼儿期到少年期和青年期,生命处于蓬勃发展的阶段,如同朝阳般散发出生命的活力,健康风险极小。进入中年阶段,生命运动达到高峰,健康状况一般处于相对平稳的状态。步入老龄阶段后,身体各项脏器功能不可逆转地衰退和弱化,健康风险逐步增加,并进入健康风险度相对最高的阶段。老龄健康风险的应对重在防控,这种防控一方面是老年人自身对不可逆的生命进程进行抗争,以期延年益寿的过程;另一方面,也是社会不断完善医疗保障制度和健康服务机制,以最大限度地降低老龄健康风险并提升老龄健康安全度的制度伦理规制过程。

第一节　老龄健康风险的特征及主要来源

在人生的不同阶段,个体健康状况各不相同,老龄阶段健康状况往往相对较差,健康风险也较大。从不同年龄群体来看,老龄人群相比其他年龄群体,大多处于相对弱势的健康状态,面临健康不安全的风险最大,其健康不安全表现为重叠的、多维的不安全现象。① 健康风险既取决

---

① 参见郝晓宁、胡鞍钢《中国人口老龄化:健康不安全及应对政策》,《中国人口·资源与环境》2010 年第 3 期。

于个体当前的健康状况,也依赖于未来的预期健康状况,老龄健康风险的来源可以分为三个层面。宏观层面,主要体现为社会医疗保障制度尚不健全,这是制度健康风险;中观层面,集中体现在社区健康服务有效供给不足和家庭照料不周全,这是因老龄健康服务不完善而导致的健康风险;微观层面,则是因老年人自身各脏器、各系统功能不可逆转地衰退而引发的健康风险。了解老龄健康风险的来源,是为了有效应对健康风险、提高老龄健康余寿,促进老龄健康公平的实现。

一 老龄健康风险的基本特征

风险是指人们在工作、生产和日常生活中遭遇能导致人身伤亡、财产受损及其他经济损失的自然灾害、意外事故和其他不测事件的可能性。健康风险指在人的生命运动过程中,导致个体或社会群体的某些生理病变或心理疾患以及伤残,从而使其健康水平下降乃至死亡的种种可能性。老龄健康风险是老年人因自身健康方面的原因或外部客观因素而遭遇某种疾病的可能性,或病后未能得到及时救治而使健康受损或死亡以及意外伤亡的各种可能性。[①] 潜伏性与突发性并存、特异性与可变性交叉、普遍性及其联合作用的负面协同效应明显,是健康风险的三个特点。

第一,潜伏性与突发性并存。潜伏性是指健康风险因素侵入人体后,一般不会立刻造成健康损害,而是蛰伏在人体中,经过多次的风险暴露和较长时间的风险叠加,最终导致个体生理病变或其他健康损害的发生。突发性是指健康风险叠加到一定程度并达到高峰时,健康损害在某一时点发生的必然性、快速性及其不可逆转性。健康风险的潜伏性与突发性并不矛盾;相反,较长的潜伏期为健康损害的累积和疾病的形成及最终发作做了隐性的铺垫。

第二,特异性与可变性交叉。特异性指风险因素与疾病之间的对应关系。健康风险的特异性比较弱,这就是说,健康风险因素与疾病之间的对应性不明显,二者之间不存在一对一的明确对应关系,一种风险因素可能导致多种疾病。[②] 可变性是指由于个体的身体状况各不相同,加上

---

① 参见刘喜珍《中西老龄伦理比论》,中国社会科学出版社 2019 年版,第 163 页。
② 参见王绪瑾、宁威主编《健康保险产品创新》,中国财政经济出版社 2018 年版,第 2 页。

健康风险的特异性较弱，以及其他致病因素的影响，同一健康风险因素在不同个体身上导致健康损害发生的情况并非完全相同，而是复杂多变。特异性与可变性交互影响、互依互存，这也是健康风险防控难以有效实施的一个重要原因。

第三，普遍性及其联合作用的负面协同效应明显。普遍性是指健康风险因素存在的范围较为广泛，它或外显或隐含于人们的日常生活、日常行为以及外部环境中，是普遍存在的导致个体健康损失的多种可能性。对于外显的健康风险因素，人们较易察觉，警惕性也较高；而隐藏的、潜伏期较长的健康风险因素往往易被忽略，这就增加了健康风险防控的难度，也增加了健康风险发生的概率以及健康损失的程度。联合作用是指多种健康风险因素同时作用于人体时，个体致病的可能性会大大增加，健康损失发生的可能性及损害程度也会明显提高。健康风险的普遍存在及其联合作用所产生的负面协同效应较为明显，一旦健康风险事实化，其造成的健康损失往往是不可逆的。所以，人们既要看到健康风险的普遍存在，高度重视健康风险，又要辨明外显的和隐藏的健康风险，尤其是对潜伏期较长的隐埋式健康风险提高警惕，在防患于未然的基础上，尽可能降低健康风险发生的可能性，并最大限度地减少健康损失。

二 老龄健康风险的主要来源

(一) 基于生命周期律动的健康风险

健康是一种极为宝贵的生命资产，也是一种风险资产，它不可交易、不可储蓄、不可跨期配置，是一种重要的背景风险，具有不确定性，也是无法保险的。医学方面的处理和个体自身行为习惯的改变可以在一定程度上改善健康状况，却无法改变某些不可逆疾病及遗传性病征。个体生命周期的律动是老龄健康风险的主要来源，也是老龄健康风险由不确定的可能性转化为健康损害事实的关键因素。德国联邦卫生部 2009 年公布的一组调查数据显示了护理风险与年岁增长之间的相关性：60 周岁以前护理风险约为 0.7%；60 至 80 周岁约为 4.2%；80 周岁以上约为 28.4%。[①]

---

① 参见蓝淑慧、鲁道夫·特劳普－梅茨、丁纯主编《老年人护理与护理保险——中国、德国和日本的模式及案例》，上海社会科学院出版社 2010 年版，第 73—74 页。

护理风险随年龄增长而增加，表明了个体的健康风险度与年龄变化的正相关性，即年龄越大，健康风险越高。"据联合国估计，约有19％的老年妇女和9％的男性独自生活。社会孤立和贫困的风险随着年龄而增长；对于老年妇女来说，危险在增加，因为她们更有可能独自生活，而不是再婚。同时，由于她们许多人从未有偿就业，相比同龄男性，她们可以利用的资源更少。老年人如何规划和管理自己晚年的这些方面，很可能决定了他们认为长寿究竟是成功还是失败。"（McDonald T.，2012）[1] McDonald T. 关于"'长寿'是成功还是失败的基本考虑"从一个侧面反映出健康风险与年岁增长的正相关性，尤其是健康风险随年岁增长的性别差异性及其社会原因，老龄女性相比老龄男性健康风险更大。

生命健康周期的律动是老龄健康风险存在的客观原因之一。由于个体的身体素质及其健康状况的差异性，生命健康周期的律动因人而异，个体的健康风险及其事实化的情况也各不相同。

（二）健康保障制度缺失或不完善导致的健康风险

健康保障制度是社会保障制度的重要组成部分，主要包括医疗保险制度和其他保护公民健康的制度与政策。一个国家是否建立健康保障制度及其完善程度是衡量其社会经济发展水平的重要标尺，完善的健康保障制度是有效实现公民健康权利的重要机制，而健康保障制度的缺失或不完善则是健康风险的主要来源之一。

社会保障是国家为公民提供的一系列维持基本生活的保障措施，当公民在年老、疾病、失业、丧失劳动能力以及发生灾害等情况下，能够从国家和社会获得相应的现金和实物帮助。社会保障主要包括社会保险、社会救助、社会福利、社会优抚等形式。目前，我国的社会保险主要指养老、医疗、失业、工伤、生育五险。医疗保险制度是社会保险的主要形式之一，是目前各国普遍采用的最主要的公民健康保障制度。我国学者通常按照经费的筹集方式，把医疗保险分为国家医疗保险模式、社会医疗保险模式、商业保险模式、医疗储蓄保险模式。当前，我国的医疗

---

[1]　McDonald T.，"Elemental Considerations of 'Long Life' as Success or Failure"，*Journal of Religion*，*Spirituality & Aging*，Vol. 24，No. 1 - 2，2012，pp. 4 - 19.

保险以国家医疗保险为主导形式，社会医疗保险、商业医疗保险以及医疗储蓄保险是辅助形式。此外，健康保障制度还包括预防保健、疾病治疗、护理康复、心理咨询、健康教育等方面的相关制度。衡量一个国家的健康制度发展水平，关键看是否建立医疗保险制度及其完善程度。没有完善的医疗保险制度，个体的身体健康在很大程度上就只能是自求多福了。当前，多数发达国家、发展中国家以及一些欠发达国家和地区的政府已经认识到老年人在生活安全和健康方面所面临的挑战[1]，并在建立健全健康保障制度上不断努力。

关于健康保障制度对老龄人口健康的影响，"发病收缩论（contraction of morbidity）""发病扩张论（expansion of morbidity）"以及"动态平衡说"三种理论均有所涉及。

"发病扩张论（expansion of morbidity）"认为，现代医疗技术的进步和健康保障制度的不断完善救治了一些原本"无可救药"的人，使其免于死亡，但其健康状态并不能完全恢复，而是带病或带残生存，病残预期寿命延长。另外，在老龄余寿增加的同时，老龄人群的病残率也会随着老龄化和高龄化程度加剧而上升。[2] Olshansky S. J.，Rudberg M. A. 和 Carnes B. A. 等人提出了死亡率下降会导致健康状况恶化的两个主要原因或机制，"其一是医疗技术提高了残疾人的生存能力，其二是致命疾病死亡率的下降使致残原因从致命疾病转向非致命的老龄化疾病"[3]。他们的研究对于解释"发病扩张论"具有重要的参考价值。

"发病收缩论（contraction of morbidity）"主张，医疗技术的进步和社会保障制度的不断完善以及生活方式的健康化等，极大地改善了老年人的健康状况和生活质量，人们预期寿命延长、健康余寿增加，老龄病残发生率也随之降低，带残或带病生存的时间被推迟或被压缩到死亡之前

---

① 参见 McDonald T.，"Elemental Considerations of 'Long Life' as Success or Failure"，*Journal of Religion，Spirituality & Aging*，Vol. 24，No. 1 - 2，2012，pp. 4 - 19.

② 参见范宇新、陈鹤、郭帅《疾病扩张、疾病压缩和动态平衡假说：国际经验及思考》，《医学与哲学》2019 年第 2 期。

③ Olshansky S. J.，Rudberg M. A.，Carnes B. A.，et al.，"Trading Off Longer Life for Worsening Health：The Expansion of Morbidity Hypothesis"，*Journal of Aging Health*，Vol. 3，No. 2，1991，pp. 194 - 216.

一个较短的时段里。Fries J. F.，McDonald T. 和 Vaupel J. W. 等人的主张倾向于"发病收缩论"。

Fries J. F. 于 1980 年提出"发病收缩论"（Fries J. F.，1980）①。他指出："发病收缩论设想通过一级预防来降低累积性终生发病率，将发病年龄推迟到比预期寿命的增长大得多的年龄，这主要是通过减少导致病残的生活方式健康风险来实现。有关不同年龄组老年人的健康状况缓慢改善的当前文献表明，疾病的发生至少推迟 10 年是可能的，随机对照试验证明了一些生活方式干预的效力。"（Fries J. F.，2000）② Fries J. F. 进而认为，"发病收缩论"已经成为健康改善计划和旨在更成功的老龄化政策的基础。③ 他提倡通过健康的生活方式等现实途径来推迟病残的发生，并将带病或带残生存的时段压缩在死亡之前的较短时间里。这既是一种科学的自我健康管理，也在广义的健康制度安排和健康政策规划之列；因为无论是对个体，还是对社会群体，基于健康生活方式的自我健康管理和健康制度安排都是有效降低健康风险并增加健康余寿的积极途径。

McDonald T. 认为："疾病预防或管理、感染的控制、生活方式的改善等方面的成功使人们拥有更长寿更健康的人生"，"发病收缩是指一个人能够活得相对健康长寿而只是在死亡之前的短时间里患有严重的疾病。"（McDonald T.，2012）④ "越来越多的 60 岁以上老年人身体健康而非不健康；只要他们的权利和自由不受干涉，他们就能够对其医疗条件和正常老化的影响进行自我管控。"（McDonald T.，2012）⑤

Vaupel J. W. 指出："老年人中疾病和病态障碍的发病率随着时间的

---

①　参见 Fries J. F.，"Aging，Natural Death，and the Compression of Morbidity"，*The New England Journal of Medicine*，No. 3，1980，pp. 130 – 135。

②　Fries J. F.，"Compression of Morbidity in the Elderly"，*Vaccine*，No. 18，2000，pp. 1584 – 1589.

③　参见 Fries J. F.，"Compression of Morbidity in the Elderly"，*Vaccine*，No. 18，2000，pp. 1584 – 1589。

④　McDonald T.，"Elemental Considerations of 'Long Life' as Success or Failure"，*Journal of Religion，Spirituality & Aging*，Vol. 24，No. 1 – 2，2012，pp. 4 – 19.

⑤　McDonald T.，"Elemental Considerations of 'Long Life' as Success or Failure"，*Journal of Religion，Spirituality & Aging*，Vol. 24，No. 1 – 2，2012，pp. 4 – 19.

推移而有上升的趋势。"（Vaupel J. W. , 2010）①"在绝大多数国家的研究中，自评健康良好的年数在增加；然而，带残生存的年数根据残疾程度的不同而变化：严重残疾在下降，而轻度残疾在上升，且不同国家之间差异巨大。"（Vaupel J. W. , 2010）②"目前几乎没有证据表明85岁以后的发病率、机能和健康预期会有所改善，但至少在美国，20世纪90年代似乎至少在残疾改善方面已取得实质性进展。"（Vaupel J. W. , 2010）③"在减少损害方面的进步（例如：通过公共卫生手段改善生活条件和预防疾病）和在提高身体修复方面的进步（如：通过医疗干预）是健康状况改善的两个根本原因。"（Vaupel J. W. , 2010）④ Vaupel J. W. 的研究表明，在个体老龄化的生命进程中，健康风险随着年龄的增长而加大。而就社会的老龄群体而言，由于医疗保险制度的逐步完善、医疗技术的进步、卫生条件的改善和人们生活方式的改变等，老年余寿增加了，在病残率降低的同时，健康寿命得以延长。⑤"发病收缩论"较为客观地描述了当前绝大多数发达国家和一部分发展中国家的老龄人口生命健康发展的基本趋势，并阐释了健康制度安排与老龄健康风险防控的正向相关性，即完善的健康保障制度能够有效降低老龄健康风险，而健康保障制度的缺失或不完善会使老龄健康风险增大。

"动态平衡说"是介于"发病收缩论"和"发病扩张论"之间的一种假说，最早是由 Manton K. G. 提出（Manton K. G. , 1982）。⑥学界关于我国老龄人口健康状况的研究表明，当前我国老龄人口整体健康状况处于"发病收缩"和"发病扩张"的动态平衡中，二者并存。部分学者的

---

① Vaupel J. W. , "Biodemography of Human Ageing", *Nature*, Vol. 464, No. 7288, 2010, pp. 536 – 542.

② Vaupel J. W. , "Biodemography of Human Ageing", *Nature*, Vol. 464, No. 7288, 2010, pp. 536 – 542.

③ Vaupel J. W. , "Biodemography of Human Ageing", *Nature*, Vol. 464, No. 7288, 2010, pp. 536 – 542.

④ Vaupel J. W. , "Biodemography of Human Ageing", *Nature*, Vol. 464, No. 7288, 2010, pp. 536 – 542.

⑤ 参见白晨、顾昕《高龄化、健康不平等与社会养老保障绩效研究——基于长期多维健康贫困指数的度量与分解》，《社会保障研究》2019年第2期。

⑥ 参见范宇新、陈鹤、郭帅《疾病扩张、疾病压缩和动态平衡假说：国际经验及思考》，《医学与哲学》2019年第2期。

研究证实了医疗技术的进步、医疗保障制度的不断完善、社会养老服务的发展以及良好的生活习惯等对于提升老龄人口生活质量，延缓躯体功能、认知功能以及日常生活自理能力的衰退等，具有积极的作用。这也从一个侧面反映出健康制度安排与我国老龄人口的健康风险防控的内在关联。

（三）健康服务不周全引发的健康风险

社区健康服务的不完善和家庭健康照料的不周全是老龄健康风险的隐性来源，老龄健康服务方面的"不作为"是主要表现；而虐老则是有违道德和法律的恶行，是引发老龄健康风险和老龄健康损害的罪魁。2017 年的一项统计数据显示，当年全世界约有六分之一的老年人遭受过不同形式的虐待，很多虐待事件发生在家庭中，这种"关起门来"的虐老恶行①成为老龄健康风险的隐蔽来源，亟待社会的道德昭示和法律规制。

健康服务包括依托于社区的老龄健康服务和家庭内部老龄健康照料。社区和家庭是老年人的主要活动场所，针对老年人的健康服务是社区养老服务的重要内容，也是老龄社会支持的基本形式。家庭健康照料与传统的家庭养老模式相结合，是家庭养老向居家养老过渡的老龄健康服务方式。由于代际价值观念的差异和居住条件的改善，当前我国几代同堂的扩展式家庭越来越少，加上"四二一"人口结构在未来一段时间的影响，以及年青一代忙于工作和学习等，由子女直接提供的老龄照料越来越难以持续。传统的家庭健康照料转变为依托社区的居家养老健康服务，成为现代社会老龄服务发展的客观要求和基本趋势。互联网的普及、人工智能的兴起为居家老龄健康服务提供了新的途径，虽如此，家人之间的亲情支持是任何智能型机器服务所不能替代的。通过家庭获得情感和心理上的满足更是任何专业的社会服务都无法取代的，缺少家庭责任的养老政策是残缺的。② 正如 McDonald T. 所言："在任何国家和文化中，

---

①　参见汪奥娜、张铮《关注虐老，遏制"关起门来"的恶行》，《半月谈》2018 年第 12 期。

②　参见胡湛、彭希哲《应对中国人口老龄化的治理选择》，《中国社会科学》2018 年第 12 期。

获得朋友和家人的支持对老年人来说至关重要。自愿的和具有关爱之心的家庭成员在应对贫困、健康危机、社会孤立、自然灾害甚至国内动乱的影响时，起着缓冲的作用。"[1] 不论是发达国家，还是发展中国家，基于亲情的家庭健康照料和基于社会伦理关怀的社区老龄健康服务，在积极应对老龄健康风险和促进老龄健康公平方面都起着至关重要且不可简单替代的作用。

第二节　老龄健康风险的制度伦理规制

老龄社会治理是国家治理的重要组成部分，是国家治理的一个重要社会时空场域，为推进国家治理体系和治理能力现代化提供了新的历史机遇。[2] 个体生命周期的律动和银发浪潮的到来在很大程度上决定了老龄健康风险客观存在，为老龄健康风险的制度伦理规制提供了客观依据和可能性。老龄健康风险的制度伦理规制是新时代老龄社会治理制度创新的具体体现，主要包括以下三个方面的内容：进一步完善基于公共健康需求的社会医疗保险制度，公正性是其核心要求；建立健全基于差异性健康需求的商业医疗保险制度，层级性是其基本特征；构建基于"互联网＋"的智慧健康社区，主动式体验、多方参与、动态管理是其要点。

一　基于公共健康需求的基本医疗保险及其底线伦理

健康风险是一种隐性的背景风险，它既取决于个体当前的健康状况，也取决于其未来的预期健康状况。对健康风险的防控是为了最大限度地延长个体的寿命并增加健康余寿，减少因病造成的健康损害和经济损失；同时，从整体上提高公民的健康水平。个体的自我健康管理是健康风险防控的关键，而完善的医疗保险制度是防控健康风险的有效途径。

社会基本医疗保险制度是我国社会保障体系的重要组成部分，主要

①　McDonald T. , "Elemental Considerations of 'Long Life' as Success or Failure", *Journal of Religion*, *Spirituality & Aging*, Vol. 24, No. 1 – 2, 2012, pp. 4 – 19.

②　参见周学馨《国家治理现代化进程中的中国老龄社会治理制度创新研究》，《华中科技大学学报》（社会科学版）2022 年第 3 期。

作用是补偿社会成员因疾病造成的经济损失。通过用人单位和个人按照一定的比例缴纳相应的费用,建立医疗保险基金,当参保人员患病就诊发生约定范围内的医疗费用后,由医疗保险机构给予相应的经济补偿。基本医疗保险制度集聚了用人单位和社会成员的经济力量以及政府的经济资助,保证病患得到基本的医疗救治,为个体生命健康提供了重要的经济保障,减轻其医疗费用负担,防止因病致贫。风险转移和补偿转移是基本医疗保险的两个主要职能:一方面,医疗保险把个体由疾病风险造成的经济损失分摊给其他受到同样疾病风险威胁的社会成员,个体的疾病风险得以分散;另一方面,用集中收缴的医疗保险基金来补偿个体因疾病造成的经济损失,在一定程度上缓解病患的经济压力和后顾之忧,保障其最大限度地利用医疗资源来防病治病和降低健康损害,促进身体的康复。

公共性、强制性、互济性、普惠性是我国现行基本医疗保险制度的主要特点。公共性指基本医疗保险是基于公共健康需求的一种低限度的社会保险,纳入基本医疗保险范围的是对所有社会成员的健康构成威胁的常见疾病。强制性是指用人单位和个人都必须按照国家的规定,按期缴纳基本医疗保险金。互济性是指社会成员通过医疗保险的风险转移和补偿转移,互帮互助、互利共济,最大限度地降低因病造成的经济损失,并共同促进生命健康。普惠性是指基本医疗保险是一种面向所有社会成员的健康福利制度,全民可及性以及医疗福利的全民共享性是普惠性的具体体现。

公正性是基本医疗保险制度建构的底线伦理要求,也是其核心要义,它包含制度设计正义和制度实施正义两个方面的内容。制度作为一种相对稳定的社会规范、文化模式以及行为遵循的统一体,在维护社会秩序、实现经济增效、保障主体的合法权益以及促进人的全面发展等方面具有十分重要的功用。而这些功用能否真正实现,既依赖于制度设计正义,也依赖于制度实施正义。制度设计正义是指制度内含的具体规约的合法性及道德向善性,构建良善的社会制度是其具体目标。制度实施正义是指责任主体在贯彻落实具体制度的过程中,要一视同仁,对所有社会成员实行无差别对待。保障正义的社会制度得到有效落实,并产生一定的经济效益和正向的社会伦理效应,是制度实施正义的价值目标。显然,制度设计正义是制度实施正义的基础，因为只有制度本身具有向善性，对它的公正实施才能真正促进社会的公平正义；而制度实施正义则是正义的社会制度切实发挥作用并转化为现实的社会生产力的重要保障。由此可见，制度公正是制度设计正义和制度实施正义的有机统一。

经过 70 多年的社会经济发展，我国医疗制度建设与改革取得了显著成效，人民健康和医疗卫生水平大幅提高。我国现行基本医疗保险制度坚持保基本、全覆盖、兜底线的原则，有效保障了公民的基本健康权利。截至 2021 年年底，全国基本医疗保险参保人数为 136297 万人，参保率稳定在 95% 以上。2021 年全国基本医保基金（含生育保险）总收入 28727.58 亿元，比上年增长 15.6%；全国基本医保基金（含生育保险）总支出 24043 亿元，比上年增长 14.3%。各项医保综合帮扶政策惠及农村低收入人口就医 1.23 亿人次，减轻农村低收入人口医疗费用负担 1224.1 亿元。① 政策内医保报销比例逐年提高，对于提高广大人民群众的健康水平，尤其是提高老年人及时就医率和减轻老年人家庭的医疗负担，起到了积极的作用。

中国特色社会主义进入新时代，我国社会主要矛盾已经转化为人民日益增长的美好生活需要和不平衡不充分的发展之间的矛盾。从求生存到求长寿，再到健康长寿，直至追求"仁寿"合一，反映出随着我国社会生产力不断提高，人民的健康价值观念发生了明显的变化；也显示出我国基本医疗保险制度不断完善，对增进人民健康福祉和促进社会的健康正义起到了极为重要的作用。然而，由于发展的不平衡不充分，当前我国健康资源总量及其有效供给仍然不能满足人民日益增长的健康生活需求，健康资源分配存在城乡之间、区域之间以及阶层之间不同程度的公平失衡现象，亟待制度矫正。

实施健康中国战略，是党的十九大报告提出的关于提高保障和改善民生水平、加强和创新社会治理的一项重要举措。党的二十大报告提出"推进健康中国建设"，"把保障人民健康放在优先发展的战略位置，完善人民健康促进政策"。这是增进民生福祉、提高人民生活品质的顶层制度

---

① 参见《2021 年全国医疗保障事业发展统计公报》，国家医疗保障局官网，http://www.nhsa.gov.cn/art/2022/6/8/art_7_8276.html。

设计①,反映出新时代中国特色社会主义坚持人民至上、生命至上的价值导向。不论是完善人民健康促进政策、深化医药卫生体制改革,还是全面建立和完善中国特色基本医疗卫生制度、医疗保障制度和优质高效的医疗卫生服务体系等,都必须遵循制度公正的基本原则。我国现已建立以城镇职工医疗保险和城乡居民医疗保险为主要形式的医疗保险制度,对于提高病患的及时就医率、减少因病造成的经济损失,促进健康领域基本公共服务均等化,以及促进优质医疗资源扩容和区域均衡布局,起到了至关重要的作用。进一步完善统一的城乡居民基本医疗保险制度和大病保险制度等,建立健全全国统一的社会保险公共服务平台,是加强社会保障体系建设的具体措施。《"健康中国 2030"规划纲要》指出:"以农村和基层为重点,推动健康领域基本公共服务均等化,维护基本医疗卫生服务的公益性,逐步缩小城乡、地区、人群间基本健康服务和健康水平的差异,实现全民健康覆盖,促进社会公平。"这是健康中国建设的总体目标。大力发展社会生产力,增加健康资源的总量及其有效供给,是逐步缩小城乡之间、区域之间、阶层之间基本健康服务及健康水平差异性的关键,而制度设计的向善性和制度实施的公正性是推进健康公平的两翼。健康资源的合理配置是医疗保险制度公正建构的核心内容之一,政府是医疗保险制度公正建构与公正实施的主导者和主要责任者。

　　澳大利亚天主教大学健康科学学院的 McDonald T. 教授认为:"预期人口成熟而制定的规划、政策和资源分配需要强调疾病预防和健康维护、基于社区的支持和初级卫生保健、医院和保健服务以及年长者的居家照顾或长期护理服务。"②她所指的"预期人口成熟(population maturity)"实际上就是人口的老龄化(population aging)。"虽然每个国家处理这项事务的方式不同,但基本原则应该是相似的。在澳大利亚,多年来政府、社会和产业部门的合作使共同努力的关键领域获得发展,其目的在于:

---

①　参见习近平《高举中国特色社会主义伟大旗帜　为全面建设社会主义现代化国家而团结奋斗——在中国共产党第二十次全国代表大会上的报告》,人民出版社 2022 年版,第 48—49 页。

②　McDonald T. , "Elemental Considerations of 'Long Life' as Success or Failure", *Journal of Religion, Spirituality & Aging*, Vol. 24, No. 1 - 2, 2012, pp. 4 - 19.

1. 为体弱老人提供负担得起的、文化适宜的老年关怀的公平机会；2. 提高老年护理行业的效率和可持续性；3. 确保提供高质量的健康服务和老年护理服务；4. 确保为体弱老人提供适当程度和类型的护理，以满足其需要和喜好；5. 鼓励老年人积极参与社区活动，尽可能过充实而独立的生活。"[①] 澳大利亚采用全民医疗保险制度模式，所有澳大利亚的永久居民在公立医院看病都可以享受免费的医疗服务；确保健康机会公平和为老年人提供优质、可持续的健康护理是澳大利亚医疗卫生制度的重要目标。而实际上，保险覆盖面的不足以及资源的代际竞争等都可能损害老年人的权利和他们自给自足的能力。[②] 所以，实现健康机会公平并非易事，它需要以完善的医疗卫生制度作为基石。"如果我们考虑稀缺的基本资源、不足的基础设施、法律和秩序的崩溃对社会的影响，那么，最可能受害的就是那些其生活质量在很大程度上取决于他人善意的年龄很小和年纪很大的人。"[③] McDonald T. 教授进一步认为："为社会中较易受到伤害的人提供援助的程度是衡量当权者政治意愿的一把标尺，由于根深蒂固的年龄歧视，政治思维中的根本缺陷是可能发生的。"[④] 她的观点印证并强调了政府在社会健康治理中的主体责任，也从一个侧面对年龄歧视之于老龄健康权利保障的负面影响发出了政治伦理警示。生理弱势性和政治地位的边缘化使老龄群体处于社会劣势，这是中西方普遍存在的社会现象。通过建立和完善基本医疗保险制度来促进健康资源公平分配，并不断推进社会的健康公平，是中西方社会健康治理的一个契合点。

　　日本于1961年实现了医疗保险全覆盖。Tokuko Munesue 的研究显示：2009年日本的公共卫生支出占全国卫生支出的80%，占当年全国总支出的17.9%。此外，私人医疗保健支出占国家医疗保健支出的18.50%，其

---

① McDonald T. , "Elemental Considerations of 'Long Life' as Success or Failure", *Journal of Religion*, *Spirituality & Aging*, Vol. 24, No. 1 – 2, 2012, pp. 4 – 19.

② 参见 McDonald T. , "Elemental Considerations of 'Long Life' as Success or Failure", *Journal of Religion*, *Spirituality & Aging*, Vol. 24, No. 1 – 2, 2012, pp. 4 – 19。

③ McDonald T. , "Elemental Considerations of 'Long Life' as Success or Failure", *Journal of Religion*, *Spirituality & Aging*, Vol. 24, No. 1 – 2, 2012, pp. 4 – 19.

④ McDonald T. , "Elemental Considerations of 'Long Life' as Success or Failure", *Journal of Religion*, *Spirituality & Aging*, Vol. 24, No. 1 – 2, 2012, pp. 4 – 19.

中 14.91% 由患者承担。与其他经合组织国家（40 个国家）的公共卫生筹资相比，日本人均国民保健支出较低，国民保健支出占 GDP 的比例较低，国民医疗保健支出的增长率低于经合组织平均水平。[①] 与其他发达国家相比，医疗卫生支出较低和医疗卫生专业人员较少的日本在促进和维护人口健康方面表现出色，因而，从成本的有效性来分析，日本的表现可能获得很高的评价。与此同时，日本虽批准了几个提到健康权利的国际人权条约，但没有在宪法或法律中正式确立这一权利。此外，国内法院的判决也没有承认健康权。"由于日本的公共医疗保险体系和其他卫生制度的发展，日本人民的总体健康已经达到很高的程度，因而，政策途径在日本具有重要意义。"[②] 由于一段时间里日本的经济增长放缓、人口老龄化加剧以及疾病模式的变化，日本自 20 世纪 80 年代以来，医疗卫生体系处在不断修改之中。上述研究表明：当决策者考虑修改或制定国家的法律法规及相关制度时，将保障国民健康权利和促进健康公平作为价值原则，是十分重要的。

二　基于差异性健康需求的商业医疗保险及其效率优先

商业医疗保险（Insurance for medical care）是由保险公司经营的、以营利为目的的一种医疗保障形式，采用个人和单位自愿参保的形式，消费者依一定数额缴纳保险金，当遭遇合同约定的重大疾病时，参保人员从保险公司获得相应数额的医疗费用。商业医疗保险主要包括普通医疗保险、意外伤害医疗保险、住院医疗保险、手术医疗保险、特种疾病保险等。层级性是商业医疗保险的最大特点。所谓层级性，是指商业医疗保险所涵盖的疾病保险范围大多是社会基本医疗保险之外的，个人可以根据自身的健康状况、经济收入以及未来健康预期等情况自愿参保，这就决定了个人所选择的商业医疗保险项目各不相同，体现出较为明显的

---

① 参见 Tokuko Munesue, "The Right to Health in Japan: Its Implications and Challenges", in Brigit Toebes, Rhonda Ferguson, Milan M. Markovic, eds. *The Right to Health: A Multi-country Study of Law, Policy and Practice*. T. M. C. Asser Press, 2014, p. 124。

② Tokuko Munesue, "The Right to Health in Japan: Its Implications and Challenges", in Brigit Toebes, Rhonda Ferguson, Milan M. Markovic, eds. *The Right to Health: A Multi-country Study of Law, Policy and Practice*. T. M. C. Asser Press, 2014, p. 127.

层级差异性。商业医疗保险与社会医疗保险（简称社保）主要有以下三个方面的区别。

一是性质不同。社会医疗保险是由国家建立的、旨在维护公民基本健康权利和提升公民整体健康水平的一种社会保障制度，也是一种健康福利制度，具有强制性、非营利性。而商业医疗保险是投保人和保险公司按照自愿的原则签订保险合同，当保险损害发生时，保险公司根据实际情况进行相应的保险赔付。自愿性、营利性是商业医疗保险的主要性质。

二是保险范围不同。社会医疗保险和商业医疗保险在覆盖人群、所承保的医疗服务项目及其保障程度等方面均有所差异。目前我国的社会医疗保险属于基本的、低限度的医疗保险，保基本、全覆盖、兜底线是其主要特点，根本宗旨是减少参保的社会成员因疾病造成的健康损害和经济损失，确保公民基本健康权利得到实现。而商业医疗保险属于补充性的医疗保险，个人可以根据自身的健康需求及经济情况自主选择不同的健康险种，它具有多样性、层次性、个性化的特点。

三是公平与效率的优先性不同。在我国现行的社会医疗保险制度中，城镇职工基本医疗保险是由用人单位和职工按照国家规定的比例共同缴纳基本医疗保险费，建立医疗保险基金。新型农村合作医疗保险和城镇居民基本医疗保险实行个人缴费和政府补贴相结合的原则，具体待遇标准按照国家有关规定执行。社会医疗保险是国民收入再分配的一种具体形式，效率与公平兼顾且公平优先是其基本价值原则，它通过风险转移和补偿转移，最大限度地减少公民的健康损害及因病造成的经济损失。由于个人缴纳的基本医疗保险金绝对数额不同，实际领取的保险给付金与其所缴纳的保险费并不存在一一对应的正比例关系，因而从表面上看，社会医疗保险制度存在权利与义务的"不对称性"，但这种不对称性是通过国民收入再分配进行的一种利益纠偏，体现了再分配过程中公平原则对效率原则的优先性，所以，正是这种"不对称性"体现了健康机会的平等性以及社会的健康正义。

在商业医疗保险中，投保人和保险公司之间是一种基于等价交换的权利、义务关系，双方既是权利主体，也是义务主体。一般来说，投保人所缴纳的保险费越多，可以请求的保险金数额就越大。效率至上是商业医疗保险的最高价值原则,其多投多保、少投少保、不投不保的对等式交换体现的是效率优先,因而,它不能有效促进社会的健康公平,反而在一定程度上加剧了社会的阶层分化和健康不公平现象。当然,它为满足不同人群的多样化健康需求提供了可行的路径选择。价格高、保障程度低、覆盖面窄是目前绝大多数国家的商业医疗保险存在的突出问题;而双向的逆选择是限制其发展的主要原因。目前在发达国家中,美国是以商业医疗保险为主要医疗保障制度形式的典范。

就目前我国的具体情况来看,有步骤地建立和完善商业医疗保险制度,以满足不同人群的差异性健康需求,同时弥补社会医疗保险制度的不足,是我国医疗保险制度改革的一个重要发展方向。建立以社会基本医疗保险为基础,以多样化、层次性的商业医疗保险为补充的医疗保险制度,为人民健康提供全方位全周期的健康服务,是新时代加强社会保障体系建设的客观要求,也是推进健康中国战略的具体措施。

三 基于"互联网+"的智慧健康社区及其建设

智慧健康社区是以互联网信息技术为支撑,以社区为基本单元,通过整合医疗机构的专业化医护资源、社区健康驿站的医疗卫生资源、养老服务供应商的健康服务资源以及家庭内部的照料资源等,为居家养老的老年人提供医疗护理、紧急救助以及日常健康服务的一种全方位的健康管理模式。[①] 目前,我国处于工业化、城镇化、人口老龄化快速发展的阶段,健康服务资源、医疗卫生资源以及养老资源等供给不足,难以满足人民日益增长的健康需求和养老需求。智慧健康社区将物联网、云计算、大数据、人工智能等新一代信息技术产品与传统的居家养老相结合,实现个人、家庭、社区、机构与健康养老资源的有效对接和优化配置,以满足老年人的多样化健康需求,为提升老龄健康服务的专业化水平和老龄健康管理的综合效能创建了一个平台。以老年人为核心,主动式体验、多方参与是智慧健康社区的主要特点。

主动式体验。在专门的医疗机构里,老年人往往是被动地接受相关

---

① 参见朱勇主编,田宜春、徐旭昶副主编《中国智能养老产业发展报告(2018)》,社会科学文献出版社2018年版,第11—12页。

治疗。而在智慧健康社区模式中，老年人通过体检、评估、预防、干预等多种方式进行主动式的体验和健康管理，在家里及其所在的社区就可以获得专业化的健康服务。专业化的医疗服务、健康服务与自我健康管理相结合，是主动式健康体验的要义。

多方参与。专业化的医疗机构、社区卫生服务站、养老服务供应商以及老年人自身及家庭成员等共同参与智慧健康社区的管理，并依托互联网，构建政府善治、社区关怀、家庭孝养三位一体的智慧健康社区网络，这是化解老龄健康风险的有效途径。政府善治是指政府通过健康制度伦理建构来保障公民的基本健康权益，并不断推进社会健康正义的过程，核心是健康资源的公平分配。老龄群体既是生理性弱势群体，也是社会性弱势群体，经济收入低、社会地位边缘化、贫困的高发性是其重要特征。健康资源分配作为国民收入再分配的一种具体形式，应当高度关注老龄群体，尤其是老龄贫困者、老龄残疾者、老龄女性以及高龄老人，政府善治是智慧健康社区建设的制度伦理根基。社区关怀主要指以社区为基地，充分利用互联网的信息共享性、供需的适配性、服务的快捷性以及人机互动性等优势，为老年人提供不同层次的健康关怀服务。社区健康关怀有三个要点。一是建立健康信息库。全面搜集、分类储存老年人的健康信息及所在社区的健康资源，建立健康信息库和健康资源链，为信息共享和健康资源的对接做铺垫，这是一项繁复的基础性工作。二是健康资源的利用与开发。充分利用社区现有的健康服务资源，并推动智慧健康服务技术产品的研发，是建造智慧健康社区的技术支持。目前，健康管理类可穿戴设备、便携式健康监测设备、自助式健康检测设备、智能养老监护设备以及家庭服务机器人等技术产品的研发呈现出较广阔的市场前景，产值空间巨大，与智慧健康养老服务相关的产业成为新兴产业。三是社区健康管理的智慧化升级。智能化侧重于技术应用，智慧化侧重于技术创新和情感关怀的有机融合，社区健康管理的智慧化升级，一方面在于健康管理效能的提升和健康管理硬件设施的更新换代，另一方面强调社区工作者和家庭成员对老龄人群的关怀要贴心、周到。家庭孝养是以血缘亲情互动为基础的老年道德关怀活动，具体包括子女对父母的经济支持、日常照料、精神慰藉，"互联网＋"为家庭孝养提供了一种跨越时空的新模式。

互联网的普及和人工智能的快速发展极大地促进了医疗卫生服务的智能化,也为老龄健康服务的动态管理提供了新路径。智慧健康社区就是以"互联网信息平台＋智能设备＋居家健康养老服务"为链接点的动态健康管理模式。智能护理机器人引入老龄健康护理及其引发的相关伦理问题,是近年来的一个社会热点。智能护理机器人的应用,一方面降低了人工护理的成本,使护理更为及时、便捷、到位。另一方面,它也带来了一些健康管理方面的伦理问题,如:信息透明化与隐私泄露的矛盾;知情同意权与智能化的消息自动发送的矛盾;虚拟照料关系对亲情照料关系的替代所带来的老年人的社会孤立、尊严受损、情感失落等。主体性存在与"物化"对象的矛盾是智能机器人引入老龄护理后的又一伦理风险。所谓"物化",是指智能机器人在护理过程中按照预先设定的程序,将被护理者视为无生命的对象性存在,对其进行规范性的,生硬的推、拉、拽,而不是把他们看成具有生命活力的个体。从积极的实践主体变成被动的"物化"对象,是智能机器人引入老龄健康服务后需要引起高度关注的社会伦理问题。不论是发达国家,还是发展中国家,基于亲情互动和社会伦理关怀的居家健康养老服务在降低老龄健康风险和促进社会健康正义方面,都起着不可替代的作用。

第 五 章

优先论：老龄健康权利及其制度保障

健康权是指公民维持健康生活并实现健康发展的权利，它具有三个层次的含义：公民维持现有健康状况不被恶化的权利；公民获得健康生活所需条件的权利；公民提升健康水平、实现健康发展的权利。健康权是一项基本的人权，老龄健康权是关于老龄主体健康生活并实现"仁寿"的权利，它具有平等性、优先性、发展性。在健康机会平等的基础上，保障老龄健康权利的优先性，是维护老龄健康权的重要前提。医疗卫生保健资源的公平分配及向老龄群体的适度倾斜，是保障老龄健康权利优先的关键。就当前我国的具体情况来看，由于发展的不平衡不充分，健康机会的不平等在一定程度上客观存在，加上老龄个体的身体机能各不相同，老龄群体内部健康状况呈现出不同程度的差异性。从全球范围来看，由于各国经济发展水平不同，不同国家在健康机会的可及性、人均医疗卫生资源的占有量、预期寿命以及健康期望寿命等方面仍然存在较大的差距。在着力推动高质量发展的基础上，进一步优化健康资源配置，是促进健康机会公平的有效途径，也是推进健康中国建设和实现老龄健康公平的制度伦理要义。

第一节　健康权的属性

人权是一种普遍的人类权利或自然权利，是人之为人应该享有的权利。作为基本人权的健康权，是任何人在任何情况下都应得到道德支持和法律保护而不被非法侵害的生存权与发展权，普适性和道义性是人权的两个基本特征。尽管目前国际社会关于人权的理论和实践存在较大的分歧，但人权所包含的一些基本内容是一致的，如生命权、自由权、尊严权、财产权、获助权等就是基本的人权，而健康权是以基本人权为基础的更高层次的权利。生命权是最基本最重要的人权，它是以人的方式维持生命存在的权利。如果生命都无法保障，其他权利就是空谈。健康是生命之本，没有健康，个体就会失去生存和发展的根基，也会在相当大的程度上影响幸福感。广义的健康权，是以人的生存为基础、以健康长寿为目的的生命发展权。进入 21 世纪以来，随着各国生产力水平普遍提高，健康权作为一种依托于人的生命活动的基本权利，日益得到各国人民的重视。健康权不仅是基本的人权，在一些国家甚至成为法权。在新时代中国特色社会主义制度下，健康权是以人民生命安全和身体健康为出发点、以健康正义为价值旨归，通过法律制度来保障其有效实现的一项公民权利，具有法伦理性。

一　两种不同的观点

关于健康权的权利属性，学界主要有以下两种不同的观点。

一种观点主张健康权是道德权利。持这种观点者认为，民众对健康的权利诉求及健康保障主要依靠社会的道德原则而不是法律规范；健康权是一种对己负责的道德权利和道德义务，而非国家权利和国家义务。健康权的先验性道德基础[①]及其非国家义务性是道德权利论的两个要点。英国达勒姆大学教授米尔恩和法国后结构主义哲学家福柯等是道德权利论的主要代表。

米尔恩（A. J. M. Mine）认为："公正是权利的道德基础，它要求差距一经认定，就应该消除。默许它们，就是默许不公。当法律不授予人们应该享有的权利和授予人们不该享有的权利时，就是不公正的。在前种场合，人们被剥夺了应该给予的东西；在后一种场合，人们被给予不应该给予的东西。不过，某些限定是必要的。不是所有的向往之物都能够成为法定权利。足够的医疗服务应该给予所有的共同体成员，这是社会所希望的。但是，在一个第三世界国家，人员和医疗力量的缺乏或许意味着在可以预见的将来，这是不可能达到的目标。"[②] 健康权是一种"应该给予所有的共同

---

① 参见林志强《健康权研究》，中国法制出版社 2010 年版，第 63 页。

② ［英］A. J. M. 米尔恩：《人的权利与人的多样性——人权哲学》，张志铭、夏勇译，中国大百科全书出版社 1995 年版，第 150 页。

体成员"的权利，是具有道德应然性的基本人权即道德权利，它不具有强制力。而法律权利一旦赋予实体主体，国家就有义务强制执行。目前在很多发达国家，公民的健康权以比较完善的医疗保障制度作为基础，实现了应然权利向实然权利的转化。而对于部分发展中国家和落后国家来说，健康权在目前还只是一种应然的人权，不具有强制执行力，健康权利保障尚处于应然阶段，是民众应该获得而目前未及，但未来可期的关于主体健康生活的美好愿景。在此意义上，米尔恩把健康权归入道德权利。

福柯认为，个人对自己的健康负有责任。"'健康'是一种广义上的文化现象，它既是政治的、经济的，又是社会的。它与个人的状态和集体的意识密切相关。每一个时期都有自身的'标准'观念。"① 健康的标准是相对的，因人而异、因时不同。那么，一个社会是否应该通过集体的努力满足个人对健康的要求？个人是否能够合法地要求国家满足其健康所需？福柯认为，这是难以做到的，因为健康只是个体自身的义务，而不是国家义务。福柯所言个人对自身健康负责，就是善待自己的身体，这当属道德责任，这种责任与"身体发肤，受之父母，不敢毁伤"（《孝经·开宗明义》）有相似之处。"健康"作为一种道德责任，不仅是"我向""为己"的生命伦理要求，而且在一定意义上是"他向""为他"的伦理责任。总之，在福柯看来，健康权是一种道德权利，每个人都有资格在现有条件下追求生命健康、实现健康状态的最优化，善待自己的权利掌握在自己手中，而不管法律是否授权。所以，个人既是自身健康的权利主体，也是义务主体，福柯关于健康权的观点属于典型的道德权利论。

罗尔斯把每个有理性的人都想要的东西看作"基本的善"，不论一个人的合理生活计划是什么，这些善一般都对他有用。权利和自由、权力和机会、收入和财富就是基本的社会善。"别的基本善像健康和精力、理智和想象力，都是自然赋予的，虽然对它们的占有也受到社会基本结构的影响，但它们并不在它的直接控制下。"② 所谓"自然赋予的"，就是

---

① ［法］福柯：《福柯访谈录》，严锋译，人民出版社1997年版，第252页。转引自林志强《健康权研究》，中国法制出版社2010年版，第65页。

② ［美］约翰·罗尔斯：《正义论》，何怀宏、何包钢、廖申白译，中国社会科学出版社1988年版，第62页。

与生俱来、天赋的。罗尔斯认为，健康权是天赋的人权，它虽不可避免地受到具体社会制度的影响和制约，却是不可剥夺、不容侵犯的。

罗尔斯进一步认为："作为公民，我们也是政府所提供的各种有利于个人的好处和服务的受益者，而这些好处和服务是我们在这样一些场合中有权利得到的，如保护健康，所提供的公共好处（在经济学意义上），以及保护公共健康的标准（清洁的空气以及没有受到污染的水源等）。所有这些项目都能够（如果必要的话）包含在基本善的指标之中。"① 健康权是一种以"基本善"为基础的生存权和发展权。这里的"基本善"，指维持主体生命运动并促进其健康生活和健康水平提升的基本物质条件，是自然赋予的、不可剥夺的。罗尔斯的观点表明：健康权是根植于基本善的人权，是具有道德价值的主体基本权利。他还认为，社会应该为公民的医疗及健康支出提供必要的费用，不管这些费用是由私人基金支付，还是由公共基金支付。"作为一般意义上的基本善，提供医疗照顾是满足自由平等公民的需要和要求。这样的照顾被看作是必要的一般手段，以能够支持公平的机会平等和利用我们的基本权利这种自由，从而终身成为正式的、完全的社会合作成员。"② 社会合作成员不仅有权利获得维持健康所需要的环境条件，还有权利请求国家为公民的医疗保健和健康服务支付一定的费用。在一定意义上，罗尔斯主张的健康权利是基于基本善的公民道德权利，这种权利引起了相应的国家义务，道义性是健康权利之于国家义务的首要性质。他主张："所有社会价值——自由和机会、收入和财富、自尊的基础——都要平等地分配，除非对其中的一种价值或所有价值的一种不平等分配合乎每一个人的利益。"③ 他所提出的平等原则和差别原则是社会制度建构所应遵循的两个基本伦理原则④，维护公民的健康权作为国家义务，本质上是基于基本善并依循正义原则的社会

① ［美］约翰·罗尔斯:《作为公平的正义——正义新论》，姚大志译，上海三联书店2002年版，第281—285页。

② ［美］约翰·罗尔斯:《作为公平的正义——正义新论》，姚大志译，上海三联书店2002年版，第281—285页。

③ ［美］约翰·罗尔斯:《正义论》，何怀宏、何包钢、廖申白译，中国社会科学出版社1988年版，第62页。

④ 参见［美］约翰·罗尔斯《正义论》，何怀宏、何包钢、廖申白译，中国社会科学出版社1988年版，第60—61页。

责任；而在通常情况下，公民健康权的国家义务性必须以法律制度的形式得到确认和实施，这就反映出健康权的法伦理性。由于各国社会经济发展水平存在很大的差异，公民健康权之于国家的义务是否成为法定义务，国家是否制定保障公民健康权的相关法律法规及其具体的实施效果等，情况各异。在此意义上，罗尔斯的健康权利观倾向于道德权利论，且不排斥公民健康权的国家法定义务性。

另一种观点主张健康权是法律权利。持这种观点者认为，健康权是一种积极的、不可让渡的法律权利。公民是健康权的权利主体，国家是健康权的义务主体。阿姆斯特丹大学卫生法学教授亨德里克斯（Aart Hendriks）的观点极具代表性。他认为："健康权是一项基本人权，它牢牢地根植于国际人权法中。和其他人权一样，这种权利产生了相应的国家义务，即尊重、保护和实现健康权的义务。健康权包含积极的权利和消极的权利，所涉范围从充分保护健康的权利到平等获得健康保障权。此外，健康权要求国家创造有利于达到和维持可获得的最高健康水平的条件。"[1] "有人主张，法院和其他准司法机构都或多或少明确承认，国家必须确保最低限度的健康保护和平等可及的基本健康保健，满足人们的基本需求。"[2] 亨德里克斯在此提出了关于公民健康权保护的国家最低标准，与世界卫生组织在20世纪70年代提出的健康权的国家义务基本标准相吻合。

曾担任联合国人权事务高级专员的那瓦妮特姆·皮莱（Navanethem Pillay）是国际女权组织"现在就平等"的创始人之一，其主张的人权平等包含健康权的平等。她从相关国际公约的人权规定中为健康权寻找法律依据，认为："健康权是人类的基本权利，是我们所理解的有尊严生活的组成部分。《世界人权宣言》要求实现所有的人权——公民权，政治权，经济权，社会权，文化权——这些权利是不可分割、相互依存且同等重要的有机整体。如果公民权利、政治权利受到限制，经济、社会和

---

① Aart Hendriks, "The Right to Health in National and International Jurisprudence", *European Journal of Health Law*, No. 5, 1998, pp. 389 – 408.

② Aart Hendriks, "The Right to Health in National and International Jurisprudence", *European Journal of Health Law*, No. 5, 1998, pp. 389 – 408.

文化权利就不可能充分实现。而如果经济、社会和文化权利被忽视，公民权利和政治权利也就不可能完全实现。"①《世界人权宣言》第 25 条提出"人人有权享受为维持他本人和家属的健康和福利所需的生活水准，包括食物、衣着、住房、医疗和必要的社会服务"。自此，健康权作为一项基本人权被国际社会广泛接受，并在诸多国际性的人权条约和一些国家的宪法及其他法律法规中得到确认。

健康权主要包括如下内容：人人平等的健康保护制度，疾病的预防、治疗和控制系统，获得有关性与生殖健康的基本药物和服务，全民健康教育的可及性等。那瓦妮特姆·皮莱认为，健康权的充分实现取决于它在平等原则和非歧视原则中的定位，不分年龄、种族、出身或宗教、社会经济条件、性别、国籍、残疾或性取向，任何地方的每一个人都应当充分享有健康用品、健康服务及健康设施。② 她还指出："1966 年《经济、社会和文化权利国际公约》表达了一个全面的观点：国家有义务尊重、保护和实现人们维持身体健康和精神健康的最高标准的权利。"③

从上可见，一些学者关于健康权保护的国家最低标准或国家义务与国际公约主张的维护人们健康的最高标准相互补充，表明国际社会对健康越来越重视，主权国家对国民健康权的尊重和保障将随着社会经济发展而不断强化。

二 作为法伦理权的健康权

当前，各国社会经济发展水平差异较大，拥有的健康资源总量及人均占有量各异，健康权的社会保障水平也存在很大的差距。然而，在健康权的道义性、健康制度公正建构及健康治理的终极目标等方面，各国已形成一些道德共识。健康是人类的基本需求之一，是维护人的生命安全的重要条件。健康作为一种权利要求，是随着近代人权运动的兴起而

---

① Navanethem Pillay, "Right to Health and the Universal Declaration of Human Rights", *The Lancet*, Vol. 372, 2008, pp. 2005 – 2006.

② 参见 Navanethem Pillay, "Right to Health and the Universal Declaration of Human Rights", *The Lancet*, Vol. 372, 2008, pp. 2005 – 2006。

③ Navanethem Pillay, "Right to Health and the Universal Declaration of Human Rights", *The Lancet*, Vol. 372, 2008, pp. 2005 – 2006.

出现的，反映了人类捍卫人格尊严、力争实现人的自由全面发展的健康正义追求。健康权是维护人的基本生存所需，并促进主体健康生活和健康发展的一种生命伦理权。它既是关于主体健康生存的普遍道德权利，也是国际法意义上的人权，并成为一些主权国家的法权。可以说，健康权是一种法伦理权。

米尔恩认为，共同道德加上"人性"原则，构成人权的渊源。① 健康是人类共同的生命伦理要求，是人之为人的最低限度的道德标准，也是创造人生价值的生命基础。普遍的、最低限度的道德标准具有消极的和积极的两个方面的道德意义。就消极方面而言，健康作为一种生命伦理诉求，体现在人不能仅仅被当作手段，而且应被视为具有生命价值的社会主体。就积极的方面而言，它要求人类始终遵循共同的道德原则②，即生命至上、健康优先原则，并为之努力奋斗。人类社会是一个卫生健康共同体，促进人的健康生活和全面发展，不仅是手段，更是目的。尊重和维护每一个人的生命安全和身体健康，既是个体的权利，也是个体的义务，还是主权国家的义务。米尔恩曾说："我们将共同道德不仅仅在作为每个共同体实际道德一部分的意义上，而且是在适用于一切人类而不论其为何种人、属于何种共同体和联合体的意义上，当作一种具有普遍意义的道德。"③ 健康是具有普遍道德价值的人类共同需求，健康正义是社会正义不可缺少的内容，是实现人的自由全面发展和人类解放的生命伦理之基。

健康是每个人最重要的生命资本，它依托并内含于个体的生命中，以身体脏器机能的正常运转、精神状态良好以及社会适应性较强为标志，是主体社会实践的活力之源。健康乃生命之本，是主体生存和发展必不可少的条件，是人格权的重要基础。《中华人民共和国民法典》第一百一十条第一款规定："自然人享有生命权、身体权、健康权、姓名权、肖像

---

① 参见［英］A. J. M. 米尔恩《人的权利与人的多样性——人权哲学》，张志铭、夏勇译，中国大百科全书出版社1995年版，中文版序第Ⅲ页。

② 参见［英］A. J. M. 米尔恩《人的权利与人的多样性——人权哲学》，张志铭、夏勇译，中国大百科全书出版社1995年版，第153—154页。

③ ［英］A. J. M. 米尔恩：《人的权利与人的多样性——人权哲学》，张志铭、夏勇译，中国大百科全书出版社1995年版，第153页。

权、名誉权、荣誉权、隐私权、婚姻自主权等权利。"健康权在这里是一项民事权利，即民事主体的基本权利，是基于自然人主体资格平等的法权。民法典第四编专设"人格权"，其中第九百九十条规定："人格权是民事主体享有的生命权、身体权、健康权、姓名权、名称权、肖像权、名誉权、荣誉权、隐私权等权利。"第四编第二章是对生命权、身体权、健康权的专门规定。第一千零二条指出："自然人享有生命权。自然人的生命安全和生命尊严受法律保护。任何组织或者个人不得侵害他人的生命权。"第一千零三条规定："自然人享有身体权。自然人的身体完整和行动自由受法律保护。任何组织或者个人不得侵害他人的身体权。"第一千零四条规定："自然人享有健康权。自然人的身心健康受法律保护。任何组织或者个人不得侵害他人的健康权。"生命权、身体权、健康权三者是不可分割的整体，又具有各自独立的人格权内涵。无生命，则无从谈身体和健康。因而，生命权是首要的人格权和民事权利，其法益是自然人的生命安全及其存续。身体是生命和健康的依托，身体权的法益是自然人的肢体及其器官的完整性，以及合法的行动自由。健康是人之为人的意义所在，是幸福指数的重要衡量标准。失去健康，一切皆无。健康权是自然人的生命安全和身体完整性的保障，其法益是自然人的身心健康。[①] 民法典第一千零五条规定："自然人的生命权、身体权、健康权受到侵害或者处于其他危难情形的，负有法定救助义务的组织或者个人应当及时施救。"这一条是禁止侵害的规定，进一步保障了自然人的生命权、身体权和健康权。民法典是社会生活的百科全书，它明确规定了公民的生命权、身体权、健康权及其保障，彰显了中国特色社会主义法治坚持以人民为中心、维护人民生命安全和身体健康的价值取向。

健康权的属性分界并不是绝对的，而是相对的。印第安纳大学法学院法律与健康中心联席主任塞缪尔·R. 罗森（Samuel R. Rosen）教授在职业生涯中，一直在寻找能促进所有有需要的人获得所需各种类型卫生服务的方法。他发现，如果在某些法律来源中有一项法律授权，要求社会通过政府确保足够和负担得起的卫生保健服务，那么，研究就会很简单。不幸的是，至少在美国，健康权通常不是一项法律权利。一个人是

---

① 参见许中缘、黄娉慧《论生命健康权的宪法性与民法化》，《长江论坛》2018 年第 1 期。

否承认健康权，取决于其政治信念和道德价值观。也就是说，"健康权"是一种基于政治信仰和道德价值观的选择权。① 美国是迄今为止发达国家中唯一没有建立全民医保的国家，塞缪尔·R.罗森认为，国际人权法的惊人和丰富的发展可能为美国和其他国家的健康权提供法律授权；根据国际习惯法确立的国际健康人权对美国和其他国家赋予了比目前我们所了解的更多的义务。② 美国虽然没有全民医保，但商业医疗保险比较发达，为民众提供了具有法律效力且多样化的医疗卫生保障，这也是保障美国公民健康权的重要措施。

《欧洲健康法律杂志》(*European Journal of Health Law*) 2012 年一篇题为"病人对医疗质量的权利：对欧洲的监管政策有多满意？"的评论，提到了关于病人的健康权利保障问题。该评论指出："病人有权获得高质量的护理，这种护理是以高技术标准和病人与医疗保健提供者之间的人道关系为标志的。"③ "人道关系"就是以人为本的道德价值关系，包括和谐的医患关系、公民与国家之间对等的健康权利和健康义务关系。"获得高质量的医疗保健服务是患者医疗保健权利的一个重要方面。医学研究所（IOM）2001 年报告'跨越质量鸿沟：21 世纪的新卫生系统'列出了定义和评估医疗保健质量的六项核心价值：医疗保健的安全性、效能性、高效性、以病人为中心、及时性以及公平性。"④ 这六项核心价值既是普通民众的健康权利要求，也是病患的健康权利要求，彰显了以人为本、安全至重、救死扶伤、高效及时、公平正义、质量为上的健康权利保障的法伦理品格。该评论指出，世界卫生组织把患者的安全视为医疗质量监管的关键环节，并将病患安全定义为其免受与医疗保健有关的不

---

① 参见 Eleanor D. Kinney，"The International Human Right to Health：What does This Mean for Our Nation and World?"，*Indiana Law Review*，Vol. 34，2001，pp. 1457 – 1475。

② 参见 Eleanor D. Kinney，"The International Human Right to Health：What does This Mean for Our Nation and World?"，*Indiana Law Review*，Vol. 34，2001，pp. 1457 – 1475。

③ Roscam Abbing，H. D. C.，"Patients' Right to Quality of Healthcare：How Satisfactory are the European Union's Regulatory Policies?"，*European Journal of Health Law*，No. 19，2012，pp. 415 – 422.

④ Roscam Abbing，H. D. C.，"Patients' Right to Quality of Healthcare：How Satisfactory are the European Union's Regulatory Policies?"，*European Journal of Health Law*，No. 19，2012，pp. 415 – 422.

必要或潜在的伤害。① 世界卫生组织 2002 年大会关于"护理质量：患者安全"的决议强调，必须把促进患者安全作为所有卫生系统的一项基本原则。在欧洲理事会部长委员会关于"'病人安全管理和医疗保健中不良事件的预防'建议"的序言中，"病人安全"被描述为医疗保健质量改善的基本理念。② 安全的需要是人类第一层次的需要，安全不仅是治疗过程的安全，更是防患于未然。健康权的道德支持和法律保障对于维护病患安全以及普通民众的生命安全和健康权益，保障各国人民健康生活，并促进人的自由全面发展，都是极为重要且缺一不可的。在此意义上，健康权成为法伦理权。

第二节　健康权的主体及主要内容

健康权作为基本人权，是社会历史发展的产物。健康权的主体包括权利主体和义务主体；医疗权、卫生权、保健权构成健康权的主要内容。

一　健康权的权利主体③

权利主体是指依法享有某种权能及其利益的自然人、法人、国家、国际组织等，这里主要指自然人。法作为上层建筑的主要形式之一，具有鲜明的阶级性，法所规定的权利及权利主体也相应地具有阶级性。不论是奴隶制法、封建制法，还是资本主义法，都是统治阶级压迫、剥削被统治阶级的工具，是维护私有制及其不平等阶级关系的工具。奴隶制法赋予奴隶主独占生产资料和全部劳动产品的权利，规定只有奴隶主才是权利主体；而奴隶没有任何权利能力，只是作为权利客体而存在。封建制法以保护宗法等级特权为目的，赋予不同身份、不同等级的人以不

① 参见 Roscam Abbing, H. D. C. , "Patients' Right to Quality of Healthcare: How Satisfactory are the European Union's Regulatory Policies?", *European Journal of Health Law*, No. 19, 2012, pp. 415 – 422。

② 参见 Roscam Abbing, H. D. C. , "Patients' Right to Quality of Healthcare: How Satisfactory are the European Union's Regulatory Policies?", *European Journal of Health Law*, No. 19, 2012, pp. 415 – 422。

③ 参见刘炫麟《公民健康权利与义务立法研究——兼评〈基本医疗卫生与健康促进法 （草案）〉第 2 章》，《法学杂志》2018 年第 5 期。

同的权利。地主占有生产资料、不完全占有劳动者；农民有一定的人身自由和十分有限的权利能力，向地主缴纳贡赋和地租。资本主义法以自由、平等、博爱为理念，确认法律面前人人平等的原则，承认所有公民都是平等的权利主体。然而，资本主义私有制决定了资本主义法是为资产阶级服务的工具，资本主义法确认并维护资本家和工人之间不平等的经济关系和政治关系，维护平等地剥削劳动力的资本特权，规定资本家无偿占有工人创造的剩余价值的权利；而出卖自身的劳动力是工人唯一的权利。社会主义法以生产资料社会主义公有制为基础，规定生产资料归全体劳动人民所有，实行各尽所能、按劳分配，人与人之间是同志式的平等互助关系。《中华人民共和国宪法》第三十三条规定："凡具有中华人民共和国国籍的人都是中华人民共和国公民。中华人民共和国公民在法律面前一律平等。国家尊重和保障人权。任何公民享有宪法和法律规定的权利，同时必须履行宪法和法律规定的义务。"只有社会主义法，才能真正维护平等的权利主体地位，这其中就包含健康权的主体性及健康权的平等性。

作为健康权主体的自然人包括以下三大类。

第一类是普通的自然人。一个人只要一息尚存，他/她就享有健康权，所以，健康权的权利主体具有普遍性。关于健康权的相关规定及主张集中体现在国际人权公约中，国际人权公约关于健康权的规定是健康权保障的重要依据。另外，不同国家的法律法规也有健康权的具体规定。《世界人权宣言》《世界卫生组织宪章》《消除一切形式种族歧视国际公约》《经济、社会、文化权利国际公约》等是比较权威的国际人权公约，对健康权进行了具体规定和阐释。

1948年12月联合国颁布的《世界人权宣言》第一条第一款指出："人人生而自由，在尊严和权利上一律平等。"第二条第一款指出："人人有资格享受本宣言所载的一切权利和自由，不分种族、肤色、性别、语言、宗教、政治或其他见解、国籍或社会出身、财产、出生或其他身份等任何区别。"第一、二条阐明人权的固有性、普遍性及平等性，这是人的各项具体权利之具有普遍性和平等性的价值基础。第三条规定："人人有权享有生命、自由和人身安全。"生命权、自由权、人身安全是最基本的人权，都与人的健康密切相关。失去生命，何谈健康！失去自由，健康就丧失了重要的依赖性条件。没有人身安全，健康就没有保障。所以，生命权、自由权、人身安全是健康权赖以存在的前提条件，维护人的生命权、自由权以及人身安全都是为了促进健康权的实现；而健康权的实现有助于维护生命权、自由权以及人身安全。总之，健康权既是生命权、自由权、人身权等权利的基础，又是与之并列的主体基本权利，它们共同构筑人的生命运动良性循环的权利屏障。

健康不仅事关一个人的成长和发展，也关系到每个家庭的幸福。《世界人权宣言》第二十五条规定："人人有权享受为维持他本人和家属的健康和福利所需的生活水准，包括食物、衣着、住房、医疗和必要的社会服务；在遭到失业、疾病、残废、守寡、衰老或在其他不能控制的情况下丧失谋生能力时，有权享受保障。"这一条是关于公民健康权利的具体规定，其中确认了老年人获得相关健康权利的主体资格，为我国《宪法》第四十五条提供了具有国际法效力的联合国基本法依据。《世界人权宣言》第二十五条所指的"人人"是指所有人，表达了自然人作为健康权之权利主体的普遍性和平等性。当然，对于目前部分发展中国家和落后国家来说，健康权利主体的普遍性和平等性还只是应然意义上的；要从应然的权利变成实然的权利，从应然的权利主体成为实然的权利主体，还需要依靠社会生产力的不断提高，这是一个长期的社会发展过程。

《世界卫生组织宪章》指出，享受最高而能获得的健康标准，是每个人的基本权利，此项权利不因种族、宗教、政治信仰、经济或社会情境而有任何差异。如果说《世界人权宣言》第一次从一般意义上阐释了人权的普遍性和平等性，并在此基础上提出了与健康相关的权利规定，那么，《世界卫生组织宪章》则是对公民健康权的专论，它所主张的人人享有最高而能获致之健康标准的权利，与《世界人权宣言》提出的"人人有权享受为维持他本人和家属的健康和福利所需的生活水准"的观点具有高度的一致性，且相互补充；是从基本健康标准到最高健康标准的提升，反映了健康标准的时代差异性、健康权利的层次性，以及人类从生存到生活、从健康生活到美好生活的实践飞跃。

1965 年联合国大会通过《消除一切形式种族歧视国际公约》，从消除种族歧视的角度主张健康权人人享有、平等享有。本公约第五条规定：缔约国承诺禁止并消除一切形式种族歧视，保证人人有不分种族、肤色、民族、人种在法律上一律平等的权利；第五条第五款规定了具体的经济、社会及文化权利，例如："住宅权"和"享受公共卫生、医药照顾、社会保障及社会服务的权利"，以及"平等参加社会活动的权利"等，其中"社会保障"主要指医疗保障、社会救济。人人享有包括公共卫生、医药照顾、社会保障等权利在内的健康权，是消除种族歧视和健康歧视的具体要求，这一条得到国际社会的广泛认可和践行，并取得了显著成就。

1966年联合国颁行《经济、社会和文化权利国际公约》，其所指健康权的权利主体是包括婴幼儿在内的一切自然人，覆盖自然人从出生到死亡的整个生命过程。有学者将健康权归入固有权，又称原权，也就是人之为人而自然享有的权利，生命权、自由权、平等权、健康权等都属于固有权。① 健康权作为一项基本的人权，在多数国家得到承认，虽然目前在一些发展中国家和落后国家它还只是一项消极权利。《经济、社会和文化权利国际公约》第十一条指出，本公约缔约各国承认人人有权为他自己和家庭获得相当的生活水准，包括足够的食物、衣着和住房，并不断改进生活条件；确认人人享有免于饥饿的基本权利。这一条旨在表明：能够获得并不断改善基本的物质生活条件和免受饥饿，是身体健康的基础，也是人之为人的基本权利。第十二条规定："本公约缔约各国承认人人有权享有能达到的最高的体质和心理健康的标准。"由第十一条"获得相当的生活水准"和"免于饥饿"的最低层次的健康权利，到第十二条达到"最高的体质和心理健康的标准"的权利，反映了健康权利标准随着社会经济发展而相应提高的趋势。《经济、社会和文化权利国际公约》主张健康权"人人"享有，既表明了健康权利的普遍性，也阐明了健康权利主体的平等性。《经济、社会和文化权利国际公约》在一定意义上具有国际法性质，我国于2001年3月27日交存加入书，2001年6月27日起本公约对中国生效②，表明我国从国际法层面确认了健康权的人民主体

---

① 参见焦洪昌《论作为基本权利的健康权》，《中国政法大学学报》2010年第1期。

② 《经济、社会和文化权利国际公约》的起草始于20世纪50年代初，1966年联合国大会通过时，中国尚未恢复在联合国的合法席位。1967年10月5日台湾当局在《经济、社会和文化权利国际公约》上签字，中国政府在2001年加入本《公约》时将此行为宣布为非法、无效。

性及其平等性。

1978 年 9 月国际初级卫生保健大会在阿拉木图召开，会议形成《阿拉木图宣言》，提出了"人人享有卫生保健"的全球健康发展目标。该《宣言》指出，健康不仅是没有疾病和体虚，而且是身心健康和社会幸福的总体状态；健康权是基本的人权；达到尽可能高的健康水平是世界范围的一项最重要的社会目标，这一目标的实现需要各国卫生部门和其他多种社会机构及经济部门的协调行动。《阿拉木图宣言》明确表明了健康权利主体的普遍性，以及以卫生部门、经济部门为主要职能机构的国家义务性。

第二类是患者。在医患关系中，患者是健康权的权利主体。如何更好地维护患者的健康权益，是新时代国家健康治理的重要内容。在此不论。

第三类是特殊的健康权利主体，主要包括儿童、孕产妇、残疾人以及老年人等。老龄群体是一个概称，作为权利主体的老龄群体实际上是所有老年人的集合。老龄健康权是作为整体的老龄群体所共同享有的权利，也是每一个老年人的基本权利。

1982 年联合国在维也纳主持召开 124 个国家的代表参加的国际会议，形成《维也纳国际老龄行动计划》，包括中国在内的与会国庄严重申坚信《世界人权宣言》所列不可剥夺的基本权利，应该充分地、不折不扣地适用于老年人；并且应当尽可能地让老年人在家庭和社会享受一种充实、健康、有保障和令人心满意足的生活。这是第一次由联合国主持召开的老龄问题世界大会，与会代表认为，老龄问题绝不仅仅存在于发达国家，今后发展中国家人口老龄化的规模和速度都将超过前者。因此，积极应对人口老龄化不仅是发达国家面临的挑战，发展中国家也应未雨绸缪，这可以成为发达国家和发展中国家进行国际合作的一个重要方面。《维也纳国际老龄行动计划》包括导言、原则、行动方面的建议以及执行方面的建议四个部分，其中行动方面的建议专设"老年人关切的领域"，具体包括保健和营养、保护老年消费者、住房和环境、家庭、社会福利、收入保障和就业、教育七个方面。树立正确的老龄价值观是《维也纳国际老龄行动计划》倡导的原则、行动及执行建议的重要基础，代际平等、老者优先，健康生活、仁寿合一，全球正义、协同共享，是《维也纳国际老龄行动计划》的基本价值原则，其各项具体内容为积极应对人口老龄化挑战提供了重要的价值指南和行动参考。

健康权不仅是受国际人权公约保护的一项重要的人权，也是受国家法律保护的一项民事权利。所谓民事权利，是法律赋予民事主体享有利益的范围，以及能够实施一定行为或不为一定行为以享有或实现某种利益；在权利遭受侵害时，能够获得相应的法律保护和帮助。《中华人民共和国民法典》第十三条规定："自然人从出生时起到死亡时止，具有民事权利能力，依法享有民事权利，承担民事义务。"健康权是一项重要的民事权利，它贯穿人的一生。老年人当属自然人，依法享有健康权利，并承担相应的健康义务。《民法典》第十四条规定："自然人的民事权利能力一律平等。"健康权利能力是民事权利能力的一个重要方面，法律所规定的民事权利能力不因年龄而有任何差异。《民法典》第十四条表明自然人的民事权利能力具有平等性，这就意味着老年人和其他人一样具有平等的健康权利能力。健康权与生命权、身体权等权利是并列的，它们具有平等的法权属性。《民法典》第一百二十条规定："民事权益受到侵害的，被侵权人有权请求侵权人承担侵权责任。"当权利人的健康权益遭受侵害时，可以要求侵权人停止侵害，并承担相应的侵权责任。《民法典》第四编"人格权"第二章对自然人的生命权、身体权、健康权进行了专门规定，其中第一千零四条明确指出："自然人享有健康权。自然人的身心健康受法律保护。任何组织或者个人不得侵害他人的健康权。"第一千零五条规定："自然人的生命权、身体权、健康权受到侵害或者处于其他危难情形的，负有法定救助义务的组织或者个人应当及时施救。"这两条是关于健康权的特别规定，适用于包括老年人在内的所有自然人。总之，《民法典》关于健康权的规定彰显了中国特色社会主义法治坚持以人民为中心的立场，以及不断满足人民日益增长的健康生活需要，增进民生福祉、提升人民生活品质的价值取向。

《中华人民共和国老年人权益保障法》第三条规定："国家保障老年人依法享有的权益。老年人有从国家和社会获得物质帮助的权利，有享受社会服务和社会优待的权利，有参与社会发展和共享发展成果的权利。禁止歧视、侮辱、虐待或者遗弃老年人。"在老年人依法享有的各项权利中，物质获助权、社会服务权、社会优待权、共享发展成果权等都与健康有关。该法第四条指出：国家和社会应当采取措施，健全保障老年人权益的各项制度，逐步改善保障老年人生活、健康、安全以及参与社会发展的条件。第四条是对第三条的具体化，其中改善老年人的生活条件、健康条件等规定进一步明确了健康权的老龄主体性和国家义务，是保障老龄健康权利的重要法律遵循。

二　健康权的义务主体

健康权的义务主体主要包括国家、家庭成员以及个人。国家是最重要的健康权义务主体，这是由主权国家的职责和功能决定的。健康权的国家义务具有多样性，指以医疗保健服务供给为核心的一切旨在尊重、保护和实现公民健康权益的责任要求及其具体实施，是健康义务的集合体。

《经济、社会和文化权利国际公约》第十二条在确认健康权的普遍性的同时，强调国家是保障公民健康权的义务主体，规定了国家保障健康权的相应义务，如：减低死胎率和婴儿死亡率，使儿童得到健康发育；改善环境卫生和工业卫生；预防、治疗和控制传染病、风土病、职业病及其他疾病；创造保证人人在患病时能得到医疗照顾的条件。尊重、保护和实现公民的健康权是国家的重要职能，也是国家主权的具体体现。"尊重"是指国家不干涉公民合法地追求自身健康的自由，而不包括提供健康照护和其他有关健康的前提条件。"保护"是指国家依法维护公民的健康权益，使之不受非法侵害。"实现"指国家通过建立健全医疗卫生保健制度、制定健康政策等，确保公民的健康权益得到有效实现。"尊重"是一种相对消极的义务，而对健康权利的"保护"和"实现"是积极的国家义务。可见，健康权之于国家义务是积极义务和消极义务的有机统一。

老龄社会治理是新时代中国社会治理的重要组成部分，保障老龄健康权是新时代中国特色社会主义制度优势的具体体现。基于善的健康正义是健康权的法伦理基石，法律是保障和实现公民健康权的最强有力的工具。《中华人民共和国宪法》为"健康权"的提出及制度保障提供了最根本的法律依据。《宪法》第十四条第三款和第四款指出：国家在发展生产的基础上逐步改善人民的物质生活和文化生活；建立健全同经济发展水平相适应的社会保障制度。广义的社会保障包括医疗保险、社会福利和社会救济，社会保障与公民健康息息相关，是保护和实现公民健康权的重要制度。《宪法》第三十八条规定："中华人民共和国公民的人格尊严不受侵犯。禁止用任何方法对公民进行侮辱、诽谤和诬告陷害。""人格尊严"是指公民作为平等主体的资格和相应的权利，具体包括公民的生命安全、身体健康、姓名、名誉、荣誉、肖像等不容侵犯的权利。人格尊严的法律表现就是人格权，"公民的人格尊严不受侵犯"反映出宪法作为国家的根本大法对公民的人格尊严与人格权的坚定捍卫。《宪法》第三十三条第三款规定："国家尊重和保障人权。"健康权是基本的人权，也是一项重要的法权。《宪法》上述规定均属于国策条款，其中包含国家维护公民健康权的相应义务，具有最高的法律效力。《宪法》第二十一条规定："国家发展医疗卫生事业，发展现代医药和我国传统医药，鼓励和支持农村集体经济组织、国家企业事业组织和街道组织举办各种医疗卫生设施，开展群众性的卫生活动，保护人民健康。国家发展体育事业，开展群众性的体育活动，增强人民体质。"第四十三条规定："中华人民共和国劳动者有休息的权利。国家发展劳动者休息和休养的设施，规定职工的工作时间和休假制度。"第四十五条规定："中华人民共和国公民在年老、疾病或者丧失劳动能力的情况下，有从国家和社会获得物质帮助的权利。国家发展为公民享受这些权利所需要的社会保险、社会救济和医疗卫生事业。"宪法是国家的根本大法，宪法所指的"人权"包括生命权、人身自由权、平等权以及健康权等基本权利。公民是一个政治概念，公民的健康权是以国家主权为根本前提的一种人身权利、政治权利和生命发展权。《宪法》将生命权、休息权、物质获助权等列为公民的基本权利；将发展医疗卫生事业和现代医药及传统医药作为我国的健康发展战略；提出建立和完善社会保险制度、社会救助制度、医疗卫生制度，以保障公民的基本生存权和健康权。由此可见，健康权是《宪法》赋予我国公民的一项基本权利。虽然《宪法》并未明确提出"健康权"的概念，但确立了公民作为健康权之权利主体的法律地位，规定了国家是健康权的义务主体及其主体义务。特别值得关注的是《宪法》第四十五条关于公民年老时的物质获助权的规定，是对老龄健康权利的最高法律确认。《宪法》中与公民健康相关的条款反映了中国特色社会主义法治对人民健康的高度重视和对公民健康权的尊重，并从国家发展战略的高度对如何有效维护和实现公民的健康权利进行了宏观统筹，为推进健康中国建设和促进健康老龄化与积极老龄化提供了有力的法律支持。

健康权的国家义务是多方面的，它不限于医疗卫生保健服务的供给这个单一的义务，还与实现公民健康的种种物质条件以及可能影响或侵害公民健康的诸多因素有关，如：空气质量、垃圾处理、供水排水、核电站建设等，都会直接或间接地对公民的健康与健康权的实现产生影响。《宪法》第二十六条规定："国家保护和改善生活环境和生态环境，防治污染和其他公害。国家组织和鼓励植树造林，保护林木。"这一条从生态环境建设角度阐明了维护公民健康权的国家义务。当然，公民健康权的真正实现还需要依靠其他相关法律法规及其具体实施。

家庭成员是维护老龄健康权的重要义务主体。《中华人民共和国老年人权益保障法》规定了家庭成员对父母的健康照料义务。该法第十三条指出："家庭成员应当尊重、关心和照料老年人。"家庭成员主要是指老年人的子女及其他依法负有赡养义务的人。第十四条规定："赡养人应当履行对老年人经济上供养、生活上照料和精神上慰藉的义务，照顾老年人的特殊需要。"经济供养、生活照料、精神慰藉是赡养人的三大义务；前两项是促进老龄健康的物质基础和客观条件，精神慰藉是促进老龄精神健康的有效方式。该法第十八条规定："家庭成员应当关心老年人的精神需求，不得忽视、冷落老年人。与老年人分开居住的家庭成员，应当经常看望或者问候老年人。用人单位应当按照国家有关规定保障赡养人探亲休假的权利。"这一条是目前我国法律关于老龄精神健康权益保护的特别规定，也是对赡养人履行精神赡养义务的法律赋权。第十五条规定："赡养人应当使患病的老年人及时得到治疗和护理；对经济困难的老年人，应当提供医疗费用。对生活不能自理的老年人，赡养人应当承担照料责任；不能亲自照料的，可以按照老年人的意愿委托他人或者养老机构等照料。"这一条规定了老年人患病、经济困难以及生活无法自理时，赡养人必须履行经济支持、健康照料和医疗扶助的义务，具有法律强制力。第十六条指出："赡养人应当妥善安排老年人的住房，不得强迫老年人居住或者迁居条件低劣的房屋。""老年人自有的住房，赡养人有维修的义务。"住房是基本的物质生活条件，也是保障老龄健康权的物质基础。该法第十九条第三款规定："赡养人不得要求老年人承担力不能及的劳动。"适当劳动有益健康，过度劳动有损身体。第二十五条规定："禁止对老年人实施家庭暴力。"这是老龄健康权利保障的禁止性义务，属于消极的健康权义务条款，与积极的健康权义务相互补充。第二十七条规定："国家建立健全家庭养老支持政策，鼓励家庭成员与老年人共同生活或者就近居住，为老年人随配偶或者赡养人迁徙提供条件，为家庭成员照料老年人提供帮助。"尊老孝亲是中华民族的传统美德，是优良家风的体现，也是子女义不容辞的道德责任和法定义务。随着住房条件的改善，加上年青一代崇尚独立的价值观念，以及"四二一"人口结构在未来一段时间的影响，当前我国多代同堂的扩展式家庭较少；然而，抚育和"反哺"的代际伦理互动是永远割不断的人伦主线。《中华人民共和国民法典》对健康权的义务主体有明确的规定，其中第二十六条指出："父母对未成年子女负有抚养、教育和保护的义务。成年子女对父母负有赡养、扶助和保护的义务。"抚养和赡养是父母与子女之间权利和义务关系的集中体现，包含代际间的健康关怀和对健康权的双向维护。

个人不仅是健康权的权利主体，也是健康权的义务主体。个人是自身健康的首要责任主体，身心健康不仅是一个人的生命资本和最大的财富，也是家庭的幸福。一个人是否有权利自残或自杀，这种行为是否损害了他人的健康权？这是一个具有争议性的问题。《孝经·开宗明义》载："身体发肤，受之父母，不敢毁伤，孝之始也。"古训告诫后人：爱惜自己的身体就是孝敬父母的表现，维护自身的健康和健康权是一种利己又利他的道德义务。不仅如此，每个人对他人的健康及健康权负有尊重和不得非法侵害的义务，这是健康权之主体义务的重要内容。《世界人权宣言》第二十九条第二款指出："人人在行使他的权利和自由时，只受法律所确定的限制，确定此种限制的唯一目的在于保证对旁人的权利和自由给予应有的承认和尊重，并在一个民主的社会中适应道德、公共秩序和普遍福利的正当需要。"人权除了受特定的法律限制之外，不受任何其他限制，而这种限制只是为了尊重、承认和保护他人的包括健康权在内的相关权利。

《中华人民共和国民法典》对健康权的权利主体和义务主体作了明确规定，其中第九百九十一条指出："民事主体的人格权受法律保护，任何

组织或者个人不得非法侵害。"这就是说,每个人不仅是健康权的权利主
体,还是健康权的义务主体。不得非法侵害他人的健康权是一种法律意
义上消极的健康权义务,也是实践意义上的积极义务。民法典第一千零
二条、第一千零三条、第一千零四条分别规定了自然人享有生命权、身
体权、健康权,且任何组织或者个人不得非法侵害之。

综上所述,个人作为健康权的义务主体,更多的是指不侵害他人健
康权的消极意义上的义务主体;国家则是维护公民健康权的积极的义务
主体。家庭成员、赡养人在维护老年父母的健康权方面,是积极的义务
主体和消极的义务主体的统一体。

三 健康权的主要内容

健康权是普遍的人权,由于各国经济发展水平存在较大的差异性,
健康权的具体内容及其实现程度也不尽相同。广义的公民健康权,包括
医疗卫生保健权、物质获助权以及其他一切有助于公民健康的权益要
求。狭义的公民健康权,主要是指医疗卫生保健权。《经济、社会和文
化权利国际公约》第十二条第二款列举了本公约缔约各国为实现人人
所应达到的最高的体质和心理健康的标准,所应采取的一系列健康举
措,其中一项是"创造保证人人在患病时能得到医疗照顾的条件",反
映了国际公约对人的健康权的尊重,从国际法层面确认了最基本的公民
健康权利。

1998年5月第51届世界卫生大会在瑞士日内瓦召开,会议审议并通
过世界卫生组织提出的"21世纪人人享有卫生保健"的全球卫生战略。
增加期望寿命,提高生活质量,促进卫生公平,使全体人民能利用可持
续卫生系统和服务,是总目标。发展程度不同的国家医疗卫生保健制度
建设面临的实际问题及侧重点各不相同,但初级卫生保健是共同的基础
性工作。初级卫生保健主要包括健康促进、预防保健、合理治疗、社区
康复四个方面,其具体要素有如下八项:对当前主要卫生问题及其防控
的健康教育,改善食品供应和合理的营养,供应足够的安全卫生水和基
本环境卫生设施,妇幼保健与计划生育,主要传染病的预防接种,地方
病的防控,常见病和外伤的治疗,基本药物的供给。目前,发达国家和
一部分发展中国家已经实现初级卫生保健的全民覆盖,医疗卫生保健服

务的完善和升级是今后的主要任务；而绝大部分落后国家和部分发展中国家的初级卫生保健工作任重道远。

随着银发浪潮在全球逐渐铺展开来，健康老龄化越来越成为国际社会关注的问题，老龄健康权益保障是积极应对人口老龄化的重要举措。老龄健康权主要包括以下三个方面的内容。

一是医疗权，具体内容是疾病防控特别是重大疾病的预防、控制及治疗，以及老年长期护理。进一步完善老年医疗保险制度，并逐步推广老年长期护理保险制度，是当前我国医疗卫生健康事业发展的基础性工作，也是保障老年人医疗权的关键举措。

二是卫生权，指实现老年健康需要具备的外在卫生条件和卫生服务，如：基本卫生服务系统、安全的饮食饮水以及无污染的环境等。初级卫生保健系统的全覆盖及其完善和升级，是确保老年卫生权的重要基础。

三是保健权，具体包括老年日常健康照护和老年保健。不断完善医疗保险制度，整合社区医疗卫生资源，强化社区和家庭的卫生保健服务功能，形成"互联网＋"的老年医疗卫生保健网，是维护老龄健康权益的有效途径。

医疗权、卫生权、保健权三个方面是有机统一的，医疗卫生保健制度建设的核心是医疗卫生保健资源的合理配置。随着全球化向纵深发展，各国经济一体化、政治涵容性以及文化交流不断加强。如果说各国之间的经济互依、文化交流以及政治涵容是横向的全球化，那么，人口结构老龄化则是纵向的全球化。一方面，各国要在实现医疗卫生保健资源公平分配的基础上，不断健全老年医疗保障制度，切实维护老龄健康权益；另一方面，各国应努力推动构建人类卫生健康共同体，携手应对重大的全球公共卫生危机，不断促进老龄健康公平和全球健康正义。

第三节　老龄健康权利的制度保障

权利是指自然人依法享有的权能和利益。健康权是我国公民的一项基本权利，老龄健康权是法律赋予老年人的一切旨在促进老龄健康的相关权能及利益。新时代老龄健康权利具有平等性、优先性、发展性。平等性是老龄健康权利的主体特征。老龄健康权是基于法权的道德优先权，

体现了法律正义和道德正义的高度统一。发展性指个体生命运动的良性
状态,以及一个国家或地区人口健康水平稳步提高的趋势。老龄健康权
利的制度保障需要从宏观、中观、微观三个层面协同推进,增进老龄民
生福祉、提高老龄人口生活品质是其价值目标。

一　平等性:老龄健康权利的主体特征

(一)　健康权利平等的两个方面

健康权是我国公民的一项基本权利,平等性是老龄健康权利的主体
特征,它具体包括两个方面的内容:其一,老龄一代和年青一代的健康
权利主体资格平等;其二,在场的老龄一代健康权利主体资格平等,不
因经济地位、社会身份、受教育程度、地区以及性别等不同而有所差异。
前者强调健康机会的代际平等,后者强调健康机会代内平等基础上健康
结果的相对一致性。

老龄歧视从根源上看,是社会公众对老年人权利主体资格的一种否
定态度;老龄健康歧视则是社会公众对老年人的健康权利主体资格的否
定,以及对老龄群体不公正的健康制度安排。主体资格是权利的重要价
值基础,个人或群体是否具有某种主体资格及其是否平等,关系到其是
否享有某种特定的权利以及能否平等实现该权利。不论是老龄群体,还
是其他年龄群体,其权利主体资格都是法律所赋予,健康权利主体资格
及其平等性也是由法律确认并为法律所保护。

(二)　健康权利平等的历史流变

从原始生活共同体到商品经济共同体,再到自由人联合体的历史演
变,从一定意义上看,是人类满足健康需求、实现健康权利的过程,反
映了人类从生存到生活、从健康生活到美好生活的实践飞跃。

在原始生活共同体中,人类茹毛饮血,生存是第一需要,谈不上健
康。人与人之间完全平等,平均分享食物是原始先民最大的权利。到了
原始社会末期,随着剩余产品的出现,产生了特权阶层,他们有机会占
有剩余产品。古希腊罗马时期城邦国家的形成和我国宗法奴隶制国家的
建立标志着文明时代的到来,它以国家强制力保护的不平等代替了原始
社会的人人平等。在自给自足的自然经济条件下,商品生产及商品交换
是十分有限的。在这个阶段,人类不再完全靠天吃饭,而是逐渐学会顺

应自然，与外在世界达成一种原生和谐的关系。在古老的东方，传统农业、畜牧业、手工业的发展为人们的生活提供了越来越多的物质产品。在古希腊罗马，航海业的兴起、东西方贸易的扩大，加上对外殖民扩张，城邦契约经济日渐繁盛，为人们强健体格提供了日益丰富的物质条件。随着人的体格越来越强健，人类实践能力和认识能力不断提高，人的健康需要也不断扩大。

如果说生存的需要是野蛮时代和蒙昧时代人类的基本需要，那么，健康生活则是人类进入文明时代以来面对工业革命导致的"三废"而发出的最强音。健康权利的提出与近代人权运动的兴起和无产阶级的解放运动密切相关。人人生而平等是近代西方政治哲学的基本主张。人权是法权的基础，也是法权的重要来源。健康权是一种基本的人权，是自由、平等、博爱的人权思想在生命健康领域的具体要求。恩格斯指出："平等是正义的表现，是完善的政治制度或社会制度的原则，这一观念完全是历史地产生的。"① "抽象的平等理论，即使在今天以及在今后较长的时期里，也都是荒谬的。"② 在资本主义制度下，平等地剥削劳动力是资本的首要的人权。③ 资本主义社会是真正意义上的商品经济共同体，资本主义生产一方面创造了前所未有的物质财富，另一方面极大地摧残了工人的身体健康和精神健康。"资本由于无限度地盲目追逐剩余劳动，像狼一般地贪求剩余劳动，不仅突破了工作日的道德极限，而且突破了工作日的纯粹身体的极限。它侵占人体的成长、发育和维持健康所需要的时间。它掠夺工人呼吸新鲜空气和接触阳光所需要的时间。"④ 资本权力与工人健康权利的对抗是资本主义生产的内在逻辑，废除资本主义私有制是无产阶级获得主体地位和健康权利，并以劳动实践实现健康生活的根本途径。

马克思、恩格斯在《德意志意识形态》中指出："从前各个人联合而成的虚假的共同体，总是相对于各个人而独立的；由于这种共同体是一

---

① 《马克思恩格斯文集》第 9 卷，人民出版社 2009 年版，第 352 页。
② 《马克思恩格斯文集》第 9 卷，人民出版社 2009 年版，第 354 页。
③ 参见马克思《资本论》第 1 卷，人民出版社 2004 年版，第 338 页。
④ 马克思：《资本论》第 1 卷，人民出版社 2004 年版，第 306 页。

个阶级反对另一个阶级的联合，因此对于被统治的阶级来说，它不仅是完全虚幻的共同体，而且是新的桎梏。在真正的共同体的条件下，各个人在自己的联合中并通过这种联合获得自己的自由。"① "虚假的共同体"是指以私有制为基础的国家，不论是奴隶制国家、封建制国家，还是资本主义国家，作为社会共同体，都是一个阶级反对另一个阶级的联合，是统治阶级对被统治阶级的专政形式。因而，对于被统治被剥削的阶级来说，它们都只是形式上的共同体，这种共同体的历史演变只不过是被统治阶级挣脱旧的镣铐、套上新的枷锁而已。马克思、恩格斯所指"真正的共同体"是共产主义社会，它是消灭了阶级和阶级对立，并以个人全面发展和自由个性充分彰显②为基础的自由人联合体③。社会主义社会是"真正的共同体"的初级形态。社会主义公有制确立了按劳分配的基本原则，人与人之间是同志式的平等互助关系，劳动者享有平等的经济权、政治权以及文化权。公民的健康权是以社会的经济、政治、文化、生态等协调发展为基础的健康生活权和发展权。健康权的提出反映出中华人民共和国成立以来特别是改革开放以来，随着我国综合国力不断提高，人民的生活水平得到显著改善，人民健康和医疗卫生水平大幅提高，人民已经从吃饱穿暖的基本生活需要向更健康、更快乐、更长寿的高品质生活迈进。

中国特色社会主义进入新时代，我国社会主要矛盾已经转化为人民日益增长的美好生活需要和不平衡不充分的发展之间的矛盾。人民美好生活需要日益广泛，健康生活和健康发展成为人民美好生活不可缺少的内容。健康权利平等特别是老龄健康权利平等更多是指基于主体资格平等的健康机会平等，而健康结果平等是一种代内相对平等。

（三）老龄健康权利平等的法律依据

宪法是国家的根本大法，它从最高层次上确认了公民的权利主体资格及其平等性，为维护老龄健康权利提供了根本的法律依据。《中华人民共和国宪法》第三十三条第二款规定："中华人民共和国公民在法律面前

---

① 《马克思恩格斯文集》第 1 卷，人民出版社 2009 年版，第 571 页。
② 参见《马克思恩格斯全集》第 30 卷，人民出版社 1995 年版，第 107—108 页。
③ 参见《马克思恩格斯选集》第 1 卷，人民出版社 2012 年版，第 422 页。

一律平等。"这既是一个宪法原则，又是一项宪法权利。[1] 在通常情况下，平等权并不是一项独立存在的权利，而是依赖其他具体的权利，在具体的权利诉求、权利保障以及权利行使过程中体现出来。健康权是我国公民的一项极为重要的法权，公民的健康权具有平等性，首先体现在健康权利主体资格的平等，公民不因年老而遭受健康歧视。《宪法》第三十三条第三款规定："国家尊重和保障人权。"人权是人之为人的基本权利，是公民健康权保障的权利基础[2]，它不因年龄、性别、社会地位等而有任何差异，国家对人权的尊重和保障内在地包含健康权利主体资格的平等性。《宪法》第二十一条对国家发展医疗卫生事业、发展现代医药和传统医药，并多渠道创办各种医疗卫生设施、开展群众性的卫生活动，保护人民健康，进行了原则性规定。《宪法》第四十五条规定："中华人民共和国公民在年老、疾病或者丧失劳动能力的情况下，有从国家和社会获得物质帮助的权利。国家发展为公民享受这些权利所需要的社会保险、社会救济和医疗卫生事业。"这一条明确赋予公民年老时的医疗卫生权利和其他健康权利，这是对老龄人群健康权利主体资格的最高确认，也为健康权利平等的观念转化为制度体系提供了根本的法律依据。

《中华人民共和国基本医疗卫生与健康促进法》是我国公民健康权利保障的第一部专门法律，其中第四条规定："国家和社会尊重、保护公民的健康权。国家实施健康中国战略，普及健康生活，优化健康服务，完善健康保障，建设健康环境，发展健康产业，提升公民全生命周期健康水平。"健康权作为独立的民事权利单列在我国现行法律中，反映出新时代中国特色社会主义法治建设坚持以人民为中心、不断满足人民日益增长的美好生活需要特别是健康生活需要的价值导向，是老龄健康权利保障的重要法律遵循。

《中华人民共和国民法典》第一千零四条规定："自然人享有健康权。自然人的身心健康受法律保护。任何组织或者个人不得侵害他人的健康

---

① 参见刘作翔《权利平等的观念、制度与实现》，《中国社会科学》2015 年第 7 期。
② 参见付子堂、庞新燕《宪法中健康条款的规范构造与协同适用》，《学术交流》2022 年第 8 期。

权。"民法典是社会生活的百科全书,健康权作为一项独立的人格权列入民法典中,就是为了维护公民的健康权利,满足人民日益增长的美好生活需要,由此,民法典为老龄健康权利的平等性及其实现提供了重要的法律依据和法律保障。

(四)老龄健康权利平等的社会伦理依据

老年人社会贡献的先在性为健康权利的老龄主体性及优先性提供了道德支撑,老年人毕其一生为家庭和社会所做的贡献是法律赋予老年人相应的社会权利的重要价值依据。我国现行法律法规对老年人健康权利的确认和维护,从根本上看是由社会主义初级阶段的按劳分配原则决定的,是按劳分配原则在法律领域的具体体现,反映了劳动与享受相统一、贡献与权利相对等以及先期积累和延后消费相对应的社会主义劳动价值观。

健康权利主体资格的普遍享有及其代际平等和代内平等是实现社会公正的客观要求,也是推进健康老龄化和积极老龄化的制度伦理机制。社会发展是代代相续的历史过程,老龄群体健康生活和仁寿圆德是社会发展不可缺少的内容,是社会文明进步的重要体现,也是人类世世代代绵续不绝和社会可持续发展的生命伦理基石。

二　优先性:法律正义和道德正义的有机统一

(一)西方学者关于权利的法伦理分析及其启示

"权利"是政治哲学的一个重要范畴,但它并不限于政治领域,而是基于经济关系而产生的一种应然的权能和利益。西方权利哲学为理解现代社会的老龄健康权利及其道德优先性提供了有益的法伦理参考。

早在古希腊时期,亚里士多德就从城邦民主政治出发,对"权利"进行了初步的探究。他认为:"政治权利的分配必须以人们对于构成城邦各要素的贡献的大小为依据。所以,只有人们的具有门望(优良血统)、自由身份或财富,才可作为要求官职或荣誉(名位)的理由。"① 把贡献作为权利分配的依据这一主张代表了古希腊时期权力大小与贡献多少相对应的权利观,是古希腊公正论的一个理论来源。

---

① ［古希腊］亚里士多德:《政治学》,吴寿彭译,商务印书馆 1965 年版,第 150 页。

　　洛克认为："所有的人生来都是平等的，却不能认为我所说的包括所有的各种各样的平等。年龄或者德性可以给一些人以正当的优先地位。高超的才能和特长可以使另一些人位于一般水平之上。出生可以使一些人，关系或利益使另一些人，尊敬那些由于自然、恩义或其他方面的原因应予尊敬的人们……每一个人对其天然的自由所享有的平等权利，不受制于其他任何人的意志或权威。"① 洛克所言的平等是人人生而具有的人之为人的平等，即人格的平等，这是一种应然的平等。洛克关于年龄或德性可以赋予一些人正当的优先地位的主张，对于维护老龄健康权利的优先性具有一定的现实借鉴意义。当然，老龄并不必然意味着德性的修成，却包含权利的优先特别是健康权利的优先，这是由老龄主体社会贡献的先在性和社会发展的代际更替共同决定的。

　　于法律而言，权利是清晰的利益规定和利益分界；于道德而言，权利是基于善的利益权衡及其取舍。康德曾说："权利科学的目的在于决定每一个人，取得像数学那样准确的他自己的一份；然而，在善德的伦理学中，却不能企望做到这样，因为它不能不允许一定范围作为例外。"② 精确决定每一个人的利益份额，是权利作为法律范畴的基本功能；而允许例外或优先，则是权利作为道德范畴的内在要求。因而，权利实际上是基于法律的严格规约和道德善之优先或例外的一种利益平衡。康德所言的权利既体现了法律之正义，也蕴含道德之正义，是法律正义和道德正义的有机融合。"法律状态是指人们彼此的关系具有这样的条件：每个人只有在这种状态下方能获及他所应得的权利。按照普遍立法意志的观念来看，能够让人真正分享到这种权利的可能性的有效原则，就是公共正义。"③ 公共正义是普遍性的社会正义，是保证每个人获得其应有权利的立法原则，是法律正义和道德正义的高度统一。老龄健康权利恰是这样一种基于法律正义和道德正义相统一的法伦理权，是基于法权的道德优先权。

---

　　① ［英］洛克：《政府论》（下篇），叶启芳、瞿菊农译，商务印书馆1964年版，第34页。

　　② ［德］康德：《法的形而上学原理——权利的科学》，沈叔平译，商务印书馆1991年版，第44页。

　　③ ［德］康德：《法的形而上学原理——权利的科学》，沈叔平译，商务印书馆1991年版，第131—132页。

　　康德以衡平法来阐释"没有强制的权利",而以紧急避难权为例来说明"没有权利的强制",认为二者都不能由任何法律来规定。① 老龄健康权利的优先性就是这两者的有机统一,是以法律正义和道德正义为共同价值导向的一种权利分配及其平衡。人口结构老龄化背景下老龄健康权利的优先性是以健康资源公平分配为核心的价值判断和价值选择,老龄人口的健康状况及其健康需求是健康资源分配的出发点,法律法规、政策规章是健康资源公平分配的制度保障。公平与效率的矛盾是健康资源分配过程中的一对重要矛盾,老龄健康权利的优先性反映了公平对效率的道德至上性,它赋予老龄群体一种"没有强制的权利"②,即因道德之善而获得的优先于年青一代的生存权和健康发展权。对于年青一代而言,老龄健康权利的优先则意味着一种"没有权利的强制"③,即因赡养的法律责任和感恩的道德情怀而主动让与老龄群体健康生活和健康发展的机会,或通过法律法规等使老龄群体优先获得某种健康机会,这种基于法权的道德优先权主要体现在健康资源分配对老龄弱势群体的适度倾斜。罗尔斯提出了正义的两个原则:"第一个原则:每个人对与其他人所拥有的最广泛的基本自由体系相容的类似自由体系都应有一种平等的权利。"④ "第二个原则:社会的和经济的不平等应这样安排,使它们①被合理地期望适合于每一个人的利益;并且②依系于地位和职务向所有人开放。"⑤ 第一个原则是机会平等原则,第二个原则是差别原则,前者优先于后者。"这一次序意味着:对第一个原则要求的平等自由制度的违反不可能因较大的社会经济利益而得到辩护或补偿。财富和收入的分配及权力的等级制,必须同时符合平等公民的自由和机

　　① 参见［德］康德:《法的形而上学原理——权利的科学》,沈叔平译,商务印书馆1991年版,第44—45页。

　　② ［德］康德:《法的形而上学原理——权利的科学》,沈叔平译,商务印书馆1991年版,第45页。

　　③ ［德］康德:《法的形而上学原理——权利的科学》,沈叔平译,商务印书馆1991年版,第45页。

　　④ ［美］约翰·罗尔斯:《正义论》,何怀宏、何包钢、廖申白译,中国社会科学出版社1988年版,第60—61页。

　　⑤ ［美］约翰·罗尔斯:《正义论》,何怀宏、何包钢、廖申白译,中国社会科学出版社1988年版,第61页。

会的平等。"① 虽然财富和收入的分配无法做到绝对平等，但它必须合乎每个人的利益②，而不是少数人获得最大的利益。为了在不平等中尽可能实现最大的平等，罗尔斯提出了补偿原则，它主张"为了平等地对待所有人，提供真正的同等的机会，社会必须更多地注意那些天赋较低和出生于较不利的社会地位的人们"③。如果说差别原则承认不平等的客观存在，那么，补偿原则就是对不平等现象的一种利益纠偏，其受益者当属社会的弱势人群。差别原则表达了一种互惠的观念④，提供了对博爱的一个道德解释⑤。老龄群体既是生理性弱势群体，也是社会性弱势群体，医疗卫生保健资源的合理分配及其向老龄群体的适度倾斜是实现老龄健康公平的关键，它既是法律正义的具体体现，也是道德正义的内在要求。

博格（Thomas Pogge）认为，人权的概念具有某些核心要素，"第一，人权表达了最终的道德关切：人们有尊重人权的道德义务，这一义务并非源自遵守国家或国际法律文书这一更普遍的道德义务。（事实上，相反的观点是：遵守人权基于任何法律秩序的道德要求，而法律秩序是否有能力承担道德义务在一定程度上取决于德法的一致性。）第二，人权表达了沉重的道德关切，通常凌驾于其他规范性考虑之上。第三，这些道德关切集中在人身上，因为所有人和每个个体都拥有人权及与之相关的特殊道德地位。第四，在这些道德关切上，所有人的地位都是平等的：他们拥有完全相同的人权，这些权利的道德意义及其实现并不因谁的权利受到威胁而不同。第五，人权所表达的道德关切是不受限制的，它们受到所有人的尊重，而不管其时代、文化、宗教、道德传统或哲学"⑥。人

---

① ［美］约翰·罗尔斯：《正义论》，何怀宏、何包钢、廖申白译，中国社会科学出版社1988年版，第62页。

② 参见［美］约翰·罗尔斯：《正义论》，何怀宏、何包钢、廖申白译，中国社会科学出版社1988年版，第61页。

③ ［美］约翰·罗尔斯：《正义论》，何怀宏、何包钢、廖申白译，中国社会科学出版社1988年版，第101页。

④ 参见［美］约翰·罗尔斯：《正义论》，何怀宏、何包钢、廖申白译，中国社会科学出版社1988年版，第103页。

⑤ 参见［美］约翰·罗尔斯：《正义论》，何怀宏、何包钢、廖申白译，中国社会科学出版社1988年版，第105页。

⑥ Thomas Pogge, "The International Significance of Human Rights", *The Journal of Ethics*, No. 4, 2000, pp. 45 – 69.

权的核心要素在于人权的平等性、至上性，以及尊重人权的法律性和道德义务性及其统一，这就是博格对人权的法伦理主张。健康权在最根本的意义上是人权，博格的人权观为我们理解新时代老龄健康权利的平等性、优先性、发展性提供了一种法伦理参考。

（二）基于法权的道德优先权

老龄健康权是基于法权的道德优先权，体现了法律正义和道德正义的有机统一。其法律正义是指法律明确赋予老龄群体不得遭受非法侵害的健康权能和健康利益，并通过国家制度切实保障其有效实现。其道德正义是指社会道德规范与核心价值体系确认老龄群体健康生活和健康发展的优先权。法律正义以法律法规的严明性、强制性得到彰显，而道德正义以善德之倾斜性、例外性以及公平对效率的优先性得以体现。法律正义是基于他律的主体行为选择，是良法的核心价值理念。道德正义是以自律为基础的道德判断和道德选择，是道德善的实现状态。老龄健康权的优先性既体现了严明的法律正义，又蕴含浓厚的道德正义，反映了老龄健康权作为法律权利的平等性和其作为道德权利的优先性的高度一致。

我国于 2000 年左右进入老龄社会，老龄人口基数大、老龄化速度快是我国人口结构老龄化的主要特点。当前，我国约有 1.8 亿老年人患有慢性病；75% 的老年人患有一种及以上慢性病；约 4000 万老年人处于失能或部分失能状态。① 由此可见，我国老龄人口整体健康状况不容乐观。如何有效维护老龄健康权利，成为事关民生的重大社会问题。除了《宪法》《基本医疗卫生与健康促进法》《民法典》等对保护公民的合法权利有相应的规定，《中华人民共和国老年人权益保障法》对老年人的具体权益保障进行了特别规定，该法第二条指出："国家保障老年人依法享有的权益。老年人有从国家和社会获得物质帮助的权利，有享受社会服务和社会优待的权利，有参与社会发展和共享发展成果的权利。禁止歧视、侮辱、虐待或者遗弃老年人。"该法第五章列示了"社会优待"的具体要求，如：医疗机构对老年人就医应予以优先，提倡为老年人义诊；提倡

① 参见《健康中国行动（2019—2030）》，中国政府网，http://www.gov.cn/xinwen/2019-07/15/content_5409694.htm。

与老年人日常生活密切相关的服务行业为老年人提供优先、优惠服务；城市公共交通、公路、铁路、水路和航空客运，应当为老年人提供优待和照顾等。第六章是关于"宜居环境"的专门条款，其中第六十一条规定："国家采取措施，推进宜居环境建设，为老年人提供安全、便利和舒适的环境。"这些制度安排为实现老龄健康权利及其优先性提供了重要保障，反映了政府和社会对老年人的真切关怀，体现了法律正义和道德正义的有机融合。

"中国健康与养老追踪调查（CHARLS）"结果显示：经济水平与老年人的健康权利保障及健康状况之间存在一定的关联性，经济水平较低的老年人自评健康不良、ADL 受损率以及 4 周应就诊未就诊率、应住院未住院率等指标均较高。而经济条件较好的老年人通常能够更好地利用医疗卫生资源，更有经济实力做到有病早治、无病早防，从而更充分地享受健康权利。分城乡来看，我国城市老年人在退休金待遇、医疗保障水平、居住环境等方面要优于农村老年人，其整体健康状况也好于农村老人。分区域来看，我国东部老龄人口健康状况和卫生服务利用情况好于中部、西部老龄人口。[①] 分性别看，老龄女性的健康状况各项指标均比老龄男性差。[②] 由此可见，经济水平对老龄人口健康具有直接影响；同时反映出我国老龄人口健康状况呈现出不同程度的城乡差异性、区域差异性以及性别差异性。因此，医疗卫生保健资源分配要加大对老龄低收入群体、农村老龄人口、老龄病残者以及高龄妇女的倾斜力度，这是促进健康机会公平和老龄群体代内健康结果相对公平的现实途径，也是切实保障老龄人口健康权利及其优先性的重要举措。

（三）传统孝道的法伦理性及其现代传承

老龄健康权本质上是一种法伦理权，具有明确的法律权属和利益要求；而从其优先性来看，更多体现的是以善德为基础的道德权利。加拿

[①] 参见仲亚琴、高月霞、王健《不同社会经济地位老年人的健康公平研究》，《中国卫生经济》2013 年第 12 期。

[②] 参见《中国健康与养老追踪调查全国基线报告发布》，新浪财经网，http：//finance. si-na. com. cn/emba/bimba/20130609/152015756679. shtml。

大哲学家 L. W. 萨姆纳（L. W. Sumner）曾说："我拥有道德权利的前提，是该权利在某种世俗规则体系中能得到道义上的认可。"[①] 老龄健康权及其优先性在我国现行法律体系和道德规范中得到认可，与我国源远流长的孝道伦理文化密切相关。

在传统宗法社会，孝道既是道德规范，又是法律规范。"夫孝，天之经也，地之义也，民之行也。"（《孝经·三才》）孝养父母是天经地义的，是仁政之本始；移孝作忠是宗法社会德政一体化的重要体现，它使孝道从家庭伦理规范上升为社会的普遍伦理准则。在"父慈""子孝"的代际伦理关系中，"父慈"并非必要条件，"子孝"却是必需的，因而，宗法制度下的代际伦理关系是不平等的，这种不平等促进了老龄霸权的形成，对于父母尊长的身心健康起到了积极的支持作用。"孝子之事亲也，居则致其敬，养则致其乐，病则致其忧，丧则致其哀，祭则致其严。五者备矣，然后能事亲。"（《孝经·纪孝行》）前三个方面是关于如何孝养在世的父母，并使其健康快乐，后两个方面是指父母过世之后的丧祭。孝道的法律化是宗法社会国家治理的一个基本方略，它确保了子代对父母的孝养责任，为维护老龄健康权利提供了强大的法伦理支持，这为当前我国人口结构老龄化背景下的老龄健康权利保障提供了法伦理参考。

传承孝老爱亲的传统美德，坚持在继承中创新发展，是新时代公民道德建设的重要内容。[②] 2019 年 11 月中共中央、国务院印发的《国家积极应对人口老龄化中长期规划》指出，"强化应对人口老龄化的法治环境，保障老年人合法权益"，"健全以居家为基础、社区为依托、机构充分发展、医养有机结合的多层次养老服务体系"[③]。随着我国社会养老保障制度不断完善，依托于社区的居家养老成为很多老年人的首选。进一步健全政府善治、社区关怀、家庭孝养三位一体的老龄健康权利保障体系，就是新时代的大孝道。

---

① ［加拿大］L. W. 萨姆纳：《权利的道德基础》，李茂森译，中国人民大学出版社 2011 年版，第 131 页。

② 参见《新时代公民道德建设实施纲要》，人民出版社 2019 年版，第 4—11 页。

③ 《中共中央国务院印发国家积极应对人口老龄化中长期规划》，《人民日报》2019 年 11 月 22 日第 1 版。

三　发展性：健康权利保障的三个层面及目标

（一）健康发展的内涵及主体责任

老龄社会是人类社会发展过程中的一个特殊阶段，是人口结构变迁的产物。如果说"五分法"是以社会基本矛盾运动为动因、以生产方式为依据对社会形态进行的纵向划分，"三分法"是以人的发展状态为依据对社会形态进行的横向区分，那么，年轻型社会、成年型社会、老龄型社会的分界，以及"先富后老""未富先老""边富边老"的划分，则是以人口结构变迁及其与社会发展的关联性为依据，对社会发展形态进行的阶段性区分。从年轻型社会转向成年型社会，再进入老龄型社会，是人口年龄结构变迁的结果。老龄型社会的到来，从根本上看源于生产力和生产关系、经济基础和上层建筑之间的矛盾运动；是一个国家或地区在生产力较为发达的历史阶段，人均寿命延长、健康余寿增加，且老龄人口占比达到一定规模的结果，反映出人类的生命健康运动和社会有机体发展的高度统一。不论是基于个体生命运动的老龄期，还是基于人口结构变迁的老龄社会，都处于不断的运动变化和发展过程中。

健康发展不仅指个体生命运动的良性循环状态，而且指一个国家或地区人口整体健康水平稳步提高的趋势；它既是个体生命力的正向勃发，也是社会文明进步和综合国力不断提高的力量彰显。健康权是一项十分重要的主体权利，而主权国家是保障公民健康权的关键责任主体，促进人民健康生活和健康发展是推进国家治理体系和治理能力现代化的重要基础，也是老龄健康权利保障制度建构的终极价值目标。

唯物史观认为，经济基础决定上层建筑，"物质生活的生产方式制约着整个社会生活、政治生活和精神生活的过程。不是人们的意识决定人们的存在，相反，是人们的社会存在决定人们的意识。"[①]"一切政府，甚至是最专制的政府，归根到底都不过是本国状况的经济必然性的执行者。它们可以通过各种方式——好的、坏的或不好的、不坏的——来执行这一任务；它们可以加速或延缓经济发展及其政治和法律的结果，可是最

---

① 《马克思恩格斯文集》第 2 卷，人民出版社 2009 年版，第 591 页。

终它们还是要遵循这种发展。"① 保障公民的合法权利是政府的基本职能,而公正的法律制度是权利保障的重要机制。马克思认为:"权利决不能超出社会的经济结构以及由经济结构制约的社会的文化发展。"② 从当前中国社会经济状况和人民的健康需求出发,进行相应的健康制度建构,是保障人民健康权利、促进人民健康发展的重要前提。

中华人民共和国成立 70 多年以来,尤其是改革开放 40 多年以来,人民健康水平显著提升,人均预期寿命从 1949 年的 35 岁提高到 2021 年的78.2 岁。随着 2020 年全面建成小康社会,"未富先老"转变为"边富边老"。我国老龄人口整体生活质量得到很大的改善,养老金待遇连年提高,但城乡之间、区域之间、阶层之间老龄人口生活质量及养老金待遇还存在一定的差距。与此同时,老龄人口健康状况也呈现出城乡差异性、区域差异性以及性别差异性。发展的不平衡不充分导致医疗卫生保健资源总量有限及其配置存在城乡之间、区域之间、阶层之间不同程度的公平失衡现象,这是制约人民健康的主要因素,也是导致人口健康水平存在差异性的根源。这就决定了健康制度建构要从社会经济状况和人民的健康需求出发,既要最大限度地满足人民群众尤其是弱势群体的健康需求,又要充分利用和开发健康资源,由此不断提升人民健康水平,并推进健康中国战略的全面实施。

老年人自身是首要的健康责任主体。健康发展对老年人而言,不仅是长寿和健康长寿,更是"仁寿",正如孔子所言"仁者寿"(《论语·雍也》)。通过传、帮、带,实现老龄道德资源的代际传承,是老龄健康发展的重要价值目标,也是"仁寿"的具体体现。

人的需要是制度建构的出发点,满足人的健康需求、促进人的健康发展是社会制度的基本功能。最大限度地满足老年人的健康需求、增加其健康余寿,是个体生命运动的内在要求,是新时代国家健康治理的重要目标。社会是由个人组成的有机体,个体生命安全和身体健康是社会有机体良性运行的基础。老年人健康幸福,年轻人就会看到希望。老龄群体的客观存在及其不同的健康需求为医疗卫生保健产业的发展提供了

---

① 《马克思恩格斯文集》第 10 卷,人民出版社 2009 年版,第 626 页。
② 《马克思恩格斯文集》第 3 卷,人民出版社 2009 年版,第 435 页。

巨大的空间,其经济产值不可估量,其社会伦理效益更是难以数值衡量,依托于老龄医养医康产业的社会经济发展当是健康发展的题中应有之义。

(二) 老龄健康权利制度保障及价值目标

人民健康是民族昌盛和国家富强的重要标志。促进人民健康生活和健康发展是新时代国家健康治理的重要内容,是健康权利保障制度公正建构的价值目标。2020 年,我国全面建成小康社会,"边富边老"成为新时代中国老龄社会的基本特征。积极应对人口老龄化是新时代中国特色社会主义的国家发展战略,而健康老龄化是积极应对人口老龄化的基础,是老年人健康长寿、人口健康水平稳步提高以及社会可持续发展的有机统一。实施健康中国战略是增进民生福祉、提高人民生活品质的重要举措,是立足人民日益增长的美好生活需要而进行的健康制度公正建构及实践。健康老龄化与健康中国建设密切相关,相辅相成,是推进国家健康治理体系和健康治理能力现代化的两个方面。党的十九大报告提出实施健康中国战略,并提出"积极应对人口老龄化,构建养老、孝老、敬老政策体系和社会环境,推进医养结合,加快老龄事业和产业发展"①,体现了党中央对人民健康和老龄民生的高度关切。《中共中央关于坚持和完善中国特色社会主义制度 推进国家治理体系和治理能力现代化若干重大问题的决定》指出:"强化提高人民健康水平的制度保障。坚持关注生命全周期、健康全过程,完善国民健康政策,让广大人民群众享有公平可及、系统连续的健康服务。"② "十四五"规划提出全面推进健康中国建设,把保障人民健康放在优先发展的战略位置,完善国民健康促进政策,织牢国家公共卫生防护网,为人民提供全方位全生命周期健康服务。③ 党的二十大报告再次提出"推进健康中国建设",把保障人民健康放在优先发展的战略位置,完善人民健康促进政策。④ 健康优先的发展观

---

① 习近平:《决胜全面建成小康社会 夺取新时代中国特色社会主义伟大胜利——在中国共产党第十九次全国代表大会上的报告》,人民出版社 2017 年版,第 48 页。

② 《中共中央关于坚持和完善中国特色社会主义制度 推进国家治理体系和治理能力现代化若干重大问题的决定》,人民出版社 2019 年版,第 27—28 页。

③ 参见《中华人民共和国国民经济和社会发展第十四个五年规划和 2035 年远景目标纲要》,人民出版社 2021 年版,第 133 页。

④ 参见习近平《高举中国特色社会主义伟大旗帜 为全面建成社会主义现代化国家而努力奋斗——在中国共产党第二十次全国代表大会上的报告》,人民出版社 2022 年版,第 48—49 页。

充分反映了人民日益增长的美好生活需要，是由全面小康向现代化迈进的重要民生标志。在中国共产党领导下，新时代中国特色社会主义开创了积极应对人口老龄化的中国道路。它是坚持以人民为中心，以健康老龄化为基础，以老龄健康权利保障为核心，将积极老龄观融入社会经济发展过程，通过构建政府、市场、社区、家庭、个人等多元主体共担责任的社会治理机制，有效应对中国人口老龄化的理论和实践的有机统一。① 老龄健康权利保障的关键在于健康制度公正建构及公正实施，这是一个不断完善的过程，需要从宏观、中观、微观三个层面协同推进。

宏观层面，应在大力发展生产力、推动高质量发展的基础上，进一步完善医疗保障制度、提高医疗保障水平。同时，健全老龄健康风险防控机制，健康资源分配应在更大程度上向老龄弱势人群倾斜。有学者认为：老年人长期多维健康贫困存在组群之间的显著不平等性，老龄女性、农村老人以及低收入的老年人等弱势群体更容易陷入长期多维健康贫困。提升医疗服务的平等可及性和社区养老服务水平，对于有效降低老年长期多维健康贫困风险、改善老龄人口的健康状况，具有一定的作用。② 实践表明：针对弱势人群的健康制度公正建构对于解决老龄长期健康贫困问题、有效化解老龄健康风险，以及推进老龄健康公平，具有重要的现实意义。

现代社会是一个风险社会，健康风险是最大的风险之一，而老龄阶段是健康风险相对较高的阶段。在新冠病毒感染的患者中，老年人占相当大的比重，这与老年个体的身体素质、基础病史及其免疫力等存在一定的关联。健全国家公共卫生应急管理体系、健全重大疾病医疗保险和救助制度，是应对重大突发性公共卫生事件的迫切需要。探索建立包括老龄弱势人群在内的特殊群体、特定疾病医药费豁免制度，对经济困难的老年人适当免除医保支付目录、支付限额等限制性条款，对于保障老龄健康权利、防范老龄健康风险将起到积极的作用。

中观层面，在于创新基于"互联网＋"的智慧社区健康服务模式。

---

① 杜鹏：《积极应对人口老龄化的中国道路》，《人口研究》2022 年第 6 期。

② 参见白晨、顾昕《高龄化、健康不平等与社会养老保障绩效研究——基于长期多维健康贫困指数的度量与分解》，《社会保障研究》2019 年第 2 期。

相关调查显示，上门看病、上门做家务以及康复护理在我国居家养老服务需求项目中排列前三位，分别占被调查老年人总数的38.1%、12.1%、11.3%。这是一个庞大的老龄健康服务市场，也是健康养老产业的发展方向之一。需要心理咨询或陪聊解闷服务、健康教育服务、日间照料服务、助残服务、助浴服务以及老年辅具租赁用品服务的老年人占比依次为10.6%、10.3%、9.4%、8.5%、4.5%、3.7%[1]，这些需求绝大部分与老龄健康服务及老龄健康权利保障有关。当前，我国老龄人口的健康服务需求呈现多样化、层次化的特点，而老龄健康服务发展尚不平衡，健康服务资源的有效供给与健康服务需求之间还存在较大的缺口，老龄健康权利保障有待进一步强化和细化。

科技创新是积极应对人口老龄化的第一动力和战略支撑，社区是健康风险防控的前端。《国家积极应对人口老龄化中长期规划》指出："积极推进健康中国建设，建立和完善包括健康教育、预防保健、疾病诊治、康复护理、长期照护、安宁疗护的综合、连续的老年服务体系。"[2] 从生命全周期和健康全过程来维护老龄健康权利，对于实施健康中国战略、积极应对人口老龄化，促进人口健康发展，具有十分重要的意义。在我国医疗卫生保健资源总量有限及其配置相对不均衡的情况下，提高老年服务科技化、信息化水平，加大老年健康科技支撑力度；将物联网、云计算、大数据、人工智能等新一代信息技术产品与传统的居家养老相结合，实现老年人、家庭、社区、专业化养老机构与健康养老资源的有效对接和优化配置，是满足老龄健康服务需求、进一步提高老龄健康服务效能的有效途径，也是切实维护老龄健康权利的可行性方案。

微观层面的健康管理及健康制度伦理建构主要包括老年人的健康自律和孝老爱亲的家风建设。自律是一种品德，是后天养成的良好行为习惯，健康自律的关键在于个人养成健康的生活习惯和行为方式。世界卫生组织研究发现，在对个人健康产生影响的诸多因素中，个人行为与生

---

① 参见《三部门发布第四次中国城乡老年人生活状况抽样调查成果》，养老网，https://www.yanglao.com.cn/article/55823.html。

② 《中共中央国务院印发国家积极应对人口老龄化中长期规划》，《人民日报》2019年11月22日第1版。

活方式因素占60%。① 每个人都是自身健康的第一责任人，增强自我主动健康的意识、不断提高自我健康管理能力对于个人健康特别是老龄健康至关重要。

家庭是社会的细胞，良好的家风是社会道德文明的窗口。孝老爱亲是中华民族的传统美德，作为家庭成员尤其是子女，要切实维护老年人的生命权、人身权、健康权等各项合法权益，营建养老孝老敬老的家庭氛围和社会道德环境。《老年人权益保障法》将每年农历九月初九定为老年节，这是老龄道德关怀法律化的具体体现。该法第十三条指出："老年人养老以居家为基础，家庭成员应当尊重、关心和照料老年人。"经济供养、生活照料以及精神慰藉是赡养人的基本义务。在当今物质生活条件不断改善的情况下，保障老年人的精神赡养权、促进老龄精神健康是老龄健康权利保障制度伦理建构的重点。

---

① 参见《健康中国行动（2019—2030）》，中国政府网，http：//www.gov.cn/xinwen/2019－07/15/content_5409694.htm。

第 六 章

发展论:动力机制、道德要求
及价值目标

　　健康发展是人的内在需要,实践是主体健康发展的动力机制。不论是个体的健康发展,还是人类整体的健康发展,都有各自的道德要求,都要遵循相应的道德规范。共生、互惠、公平至上分别是基于健康发展的人与自然关系的道德要求、人我关系之道德准则、健康资源分配的道德原则。从原始生活共同体到商品经济共同体,再到自由人联合体的历史变迁,反映了人类从生存到生活、从健康生活到健康发展的实践飞跃。实现人类解放是主体健康发展的价值目标,从"虚假的共同体"到"真正的共同体"的过渡是人类解放的根本途径。更好地保障世界各国人民的生命安全和健康福祉,为促进人的自由全面发展和人类解放创造一定的条件,是构建人类卫生健康共同体的根本价值指向。

第一节　主体健康发展的动力机制

　　主体健康发展不仅具有个体意义,也具有社会意义。健康发展作为人的基本需要,是在人的实践中产生并通过实践来实现的。个人作为社会主体和人作为类主体的能动实践,是人的内在需要不断产生和丰富的重要动力机制,人就是在满足各种不同需要的过程中获得自身的健康发展,并促进人类社会可持续发展,最终实现人类的解放。

一　健康发展:人的自然属性和社会属性的有机统一

　　广义的健康发展包括两个层面的含义。其一,是人的健康发展。世界卫生组织认为，健康是一个人在生理、心理以及社会适应性等方面处于良好状态。健康发展是指个人在身心健康的基础上，其家庭生活、日常工作以及社会交往等各个方面处于和谐状态，并促进社会文明进步的过程。健康发展还指一个国家或地区人口健康素养的提升，以及人类整体健康水平的提高。其二，是社会有机体的健康发展，主要体现为社会的经济结构、政治结构、文化结构等各个方面的协调发展和社会的可持续发展。

人的主体性的彰显与人的健康发展及人类解放是一致的，主体性是人在生活实践、生产实践以及交往实践中表现出来的自主性、能动性和创造性。人是一种实体性的存在，但这并不意味着人天生就是社会主体。只有当人以能动的实践作用于对象，形成改造和被改造的价值关系时，人的主体性才能得到彰显，人才能成为现实的实践主体。

实践是人作为类存在物的本质特征，劳动就是人类的实践形式，劳动不仅创造了人本身，而且使人的体力和智力不断获得发展。马克思认为:"劳动这种生命活动、这种生产活动本身对人类来说不过是满足一种需要即维持肉体生存的需要的一种手段。而生产生活就是类生活。这是产生生命的生活。一个种的整体特性、种的类特性就在于生命活动的性质，而自由的有意识的活动恰恰就是人的类特性。生活本身仅仅表现为生活的手段。"[1] "通过实践创造对象世界，改造无机界，人证明自己是有意识的类存在物，就是说是这样一种存在物，它把类看做自己的本质，或者说把自身看做类存在物。"[2] 劳动是人的存在方式，是人的类特性的本质体现，是人作为社会主体所特有的生命活动和生产活动。人类通过主体性的劳动实践，不仅把自在的世界变成我的世界，而且人本身也获得越来越全面的发展。

人的需要是在实践中产生和不断丰富，并通过实践得到满足的。如果说生存的需要是野蛮时代和蒙昧时代人类的基本需要，那么，健康生活则是人类进入文明时代以来面对工业革命导致的"三废"而发出的最强音。健康发展是人类进入现代文明社会即后现代社会以来的一种生命

---

[1] 《马克思恩格斯选集》第1卷，人民出版社2012年版，第56页。
[2] 《马克思恩格斯选集》第1卷，人民出版社2012年版，第56—57页。

伦理吁求，反映出随着社会生产力的不断提高，人们关于健康生活的价值观念和实践境界悄然变化。它是个体主体对如何实现自由全面发展的生命伦理反思，也是人作为"类"主体对人类解放这一终极价值目标的道德追寻。

健康生活和健康发展作为人的基本需要，体现了人的自然属性和社会属性的高度统一。在现实世界中，个人有许多需要。由生存到生活，再到健康生活、美好生活和健康发展，是人类在漫长的劳动实践过程中，通过改造自然界和人自身而不断提高生活品质的过程，是人类在由必然王国迈向自由王国的历史进程中对生命存在意义的道德体认及其实践的合一。马克思、恩格斯指出："全部人类历史的第一个前提无疑是有生命的个人的存在。"[①] "有生命的个人的存在"集中体现了人的自然属性。"人们为了能够'创造历史'，必须能够生活。但是为了生活，首先就需要吃喝住穿以及其他一些东西。"[②] 生活的需要以及为满足这些需要而进行的物质生产是人类生存的第一个前提，也是一切历史的基本条件。人的生存需要及其不断丰富推动社会生产力的发展，生产实践是满足人的需要的根本途径，也是推动人类健康生活和健康发展的重要动力机制，社会生产与人的内在需要的一致性反映了人的健康发展和社会有机体发展的辩证统一。

二 实践：主体健康发展和社会可持续发展的辩证统一

社会有机体的健康发展是一个动态的时空运动过程，具体体现为社会基本矛盾运动的相对平衡状态，即生产力和生产关系、经济基础和上层建筑处于良性互动中；人民的物质生活较为富足，健康风险防控机制较为完善，人口健康水平稳步提升。社会有机体的健康发展具有历史性、相对性，它是人类进入后现代社会以来才出现的一种社会运动样态。个人作为社会主体以及人作为"类"主体的能动实践是满足人的需要并推动社会有机体发展的重要动力机制，主体实践与社会基本矛盾运动产生

[①] 《马克思恩格斯文集》第 1 卷，人民出版社 2009 年版，第 519 页。
[②] 《马克思恩格斯文集》第 1 卷，人民出版社 2009 年版，第 531 页。

的合力①成为推动社会进步的强大动力。在不同的历史时期，健康的衡量标准不同，人们的健康意识、健康观念以及社会的健康制度建构各异；但对健康生活和健康发展的追求是极为重要的主体实践活动，它贯穿人类社会运动的始终。

"全部社会生活在本质上是实践的。凡是把理论引向神秘主义的神秘东西，都能在人的实践中以及对这种实践的理解中得到合理的解决。"②马克思通过考察资本主义生产，揭示了资本家压榨工人创造的剩余价值、摧残工人身体健康的事实，号召全世界无产者联合起来彻底摧毁资本主义私有制，建立无产阶级专政的国家。这是超越资本主义共同体③，走向自由人联合体的根本途径。在新时代，以高质量发展为首要任务的生产实践是全面建设社会主义现代化国家的现实途径，它彰显了人民群众创造历史的主体性、能动性。人民群众的生产实践不仅推动社会有机体发展，而且促进人本身的发展。人的健康发展是实现人的自由全面发展的重要基础，其实质是关于主体发展和社会有机体发展的统一性问题。在历史的时空坐标系里，个体的健康发展、人口健康水平的提升以及社会有机体的可持续发展本质上是一致的，它们通过主体的能动实践而形成一种合力，共同推动人类社会从低级形态向高级形态演进，为促进人的自由全面发展并最终实现人类解放奠定基础。

人口结构变迁是社会有机体运动的一种表现形式，随着银发浪潮从发达国家向发展中国家铺展开来，社会有机体的发展问题相应地转化为社会的健康老龄化和积极老龄化问题，这个问题实际上是人口结构老龄化背景下，个体的健康发展、人口健康水平的提升以及社会可持续发展的辩证统一问题。如何实现健康老龄化和积极老龄化，是中西方乃至全人类共同面临的社会问题，这一问题的有效解决对于进一步推动构建人类命运共同体将产生十分重要的社会影响，并为促进人类社会可持续发展和人类解放提供有效的动力支持。

---

① 《马克思恩格斯选集》第 4 卷，人民出版社 2012 年版，第 605 页。
② 《马克思恩格斯文集》第 1 卷，人民出版社 2009 年版，第 501 页。
③ 刘同舫：《马克思人类解放思想史》，人民出版社 2019 年版，第 153 页。

第二节　主体健康发展的道德要求

健康发展是作为社会主体的人的基本需要，是人的自由全面发展不可缺少的环节，也是社会运动的重要价值目标。共生是基于主体健康发展的人与自然关系之道德要求；互惠是人我关系之道德准则；公平是健康资源分配的重要道德原则。

一　共生：人与自然互动关系之道德要求

人是自然界的一部分，是自然界的存在物。人要健康生活并获得健康发展，首先要尊重自然、保护自然，与自然和谐共生，共生就是基于主体健康发展的人与自然关系之道德要求。

我国传统伦理文化蕴含丰富的生态伦理思想，体现了人与自然和谐共生的道德观。《周易》曰："夫大人者，与天地合其德，与日月合其明，与四时合其序，与鬼神合其凶，先天而天弗违，后天而奉天时。"意思是说，人为天地之大，要遵循"天时"即自然规律。《道德经》云："道大，天大，地大，人亦大。域中有四大，而人居其一焉。人法地，地法天，天法道，道法自然。"老子把天、地、人、道看作宇宙的四个基本要素，"人→地→天→道→自然"反映了人与自然相互作用、相互依存的辩证关系，自然是所有社会关系的原点，人则是互动关系中的实践主体。遵从自然之道，不仅是一种生存的法则，也是日常生活的基本道德要求。《庄子》载："天地与我并生，万物与我为一。"人和自然是一体化的客观存在，是"并生"即共生共存的关系。《礼记》曰："断一树，杀一兽，不以其时，非孝也。""孝"的本义是子女对父母的爱、敬、养，以血缘关系为基础的孝道是宗法社会德政一体化的人伦基石。把对父母尊长的孝道扩展到自然界，充分体现了古人尊重自然、爱护自然以及与自然融为一体的共生伦理观。《荀子》云："杀太早，非礼也。""礼"是宗法社会所有人伦准则与道德规范的总和。不遵循万物生长的规律而滥杀动物、滥伐林木等，不仅违反了自然之道，而且违背了礼制。由此可见，人与自然和谐共生的思想是中华民族极为宝贵的文化资源，是华夏文明经久不衰的道德养料。

确认世界的物质性,以及自然界对于人类生存和社会发展的基础意义,是唯物史观的一个基本前提。自然界是人的无机的身体,人又是自然界的一部分。① 自然界是人类赖以生存的物质基础,是人类共同的家园,人与自然是唇齿相依的生命共同体。然而,自工业革命以来,人类在开发、利用自然的同时,也对自然造成了各种破坏。从工业"三废"到电子垃圾,再到雾霾,从非典(SARS)到埃博拉病毒(EBOV)、中东呼吸综合征(MERS),再到新冠病毒(2019 - nCoV)的暴发等,自然界无时无刻不在警示人类:不要过分陶醉于人类对自然界的胜利,对于每一次这样的胜利,自然界都对人类进行报复。②

由前工业社会中人与自然的原生和谐,到工业社会中人与自然的相对分离,再到后工业社会中二者的辩证统一,是人与自然相互作用的历程。推动绿色发展,促进人与自然和谐共生③,是全面建设社会主义现代化国家的客观要求。要像对待生命一样对待生态环境,加快发展方式绿色转型,"两山理论"就是站在人与自然和谐共生的高度谋发展,是习近平生态文明思想的重要内容。"坚持和完善生态文明制度体系,促进人与自然和谐共生"④,是坚持和完善中国特色社会主义制度、推进国家治理体系和治理能力现代化的重要举措。尊重自然、顺应自然、保护自然,维护生态安全,实现人与自然和谐共生,是人类健康生活和健康发展的前提条件。

二　互惠:人我关系之道德准则

人我关系就是个人与他人及社会的相互关系,正确处理人我关系是社会人的重要标志。"人人为我,我为人人"听似老调重弹,却是历久弥新。培养善良的道德意愿和道德情感,进行正确的道德判断,并明确自身的道德责任,是提高公民的道德实践能力的重要基础,也是促进人我

---

① 参见《马克思恩格斯文集》第 1 卷,人民出版社 2009 年版,第 161 页。

② 参见《马克思恩格斯文集》第 9 卷,人民出版社 2009 年版,第 559—560 页。

③ 参见习近平《高举中国特色社会主义伟大旗帜　为全面建设社会主义现代化国家而团结奋斗——在中国共产党第二十次全国代表大会上的报告》,人民出版社 2022 年版,第 49—52 页。

④ 《中共中央关于坚持和完善中国特色社会主义制度　推进国家治理体系和治理能力现代化重大问题的决定》,人民出版社 2019 年版,第 31 页。

关系和谐发展的主体性道德机制。①

　　利益关系是一切社会关系的核心，"人们为之奋斗的一切，都同他们的利益有关"②，人我关系具体体现为人与人之间以及个人与社会之间的利益关系。"人人为我，我为人人"，就是以利益关系为核心、以主客体之间互惠互利为原则的社会道德实践。"我"既是道德实践的主体，也是道德实践的客体，是具体的社会历史活动中的主客统一体。利益是人们通过社会关系表现出来的不同需要及其满足状态，现实的需要是利益的基础。马克思、恩格斯认为："人们之间一开始就有一种物质的联系。这种联系是由需要和生产方式决定的，它和人本身有同样长久的历史；这种联系不断采取新的形式，因而就表现为'历史'，它不需要用任何政治的或宗教的呓语特意把人们联系在一起。"③ 人的需要及其满足既是主体实践的内在动因，也是生产力发展和社会文明进步的主体性动力机制。"已经得到满足的第一个需要本身、满足需要的活动和已经获得的为满足需要而用的工具又引起新的需要，而这种新的需要的产生是第一个历史活动。"④ 这就是说，人的需要是在人的劳动实践中产生的，生产工具的不断改进不仅促进了社会生产力的发展，而且激发并扩展了人的内在需要，人类就是在不断满足自身的需要而又不断产生新的需要的过程中向前发展的。

　　需要具有主体性，不同的主体有不同的需要。需要具有历史性，不同时代的人具有不同的需要。需要具有层次性，有个人的需要、集体的需要、社会的需要以及人类的需要。满足个体自身的需要就是实现个人利益；满足集体的需要和社会的需要就是实现集体利益和社会利益。人类的需要是最高的需要，满足人类的需要即实现人类的整体利益是主体实践的最高价值境界。"人人为我，我为人人"，就是在追求自身合法利益的前提下，帮助他人实现合法利益，并促进集体利益、社会利益以及人类利益的实现。当发生利益冲突时，坚持集体利益、社会利益乃至

---

① 参见《新时代公民道德建设实施纲要》，人民出版社 2019 年版，第 5 页。

② 《马克思恩格斯全集》第 1 卷，人民出版社 1995 年版，第 187 页。

③ 《马克思恩格斯文集》第 1 卷，人民出版社 2009 年版，第 533 页。

④ 《马克思恩格斯文集》第 1 卷，人民出版社 2009 年版，第 531—532 页。

人类整体利益至上,是马克思主义利益观的基本要求。当然,马克思主义利益观并不排斥个人利益;相反,满足合法的个人利益,是其重要主张。

在经历了"非典"和新冠病毒疫情之后,我们更加深刻地认识到:健康生活是人民最大的需要,是其他一切的前提。新冠疫情虽已过去,但突发性公共卫生事件不会就此终止。突发性公共卫生事件往往引发物资恐慌和抢购,更有甚者趁机发国难财。发国难财者推崇的是资本逻辑,为了争夺有限的资源而尔虞我诈。资本具有自然属性和社会属性双重性质,无限追求价值增殖是资本的自然属性,资本归谁所有和为谁所用是资本的社会属性。在经济学领域,资本的自然属性优先于社会属性;而在道德领域,资本的社会属性是占主导性的。在资本主义私有制下,资本家是人格化的资本,无限追求资本的价值增殖是其最高目的。新时代中国特色社会主义已经建成比较完善的社会主义市场经济体制,资本市场日渐完善。在社会主义市场经济条件下,资本依然要追求利润最大化,但资本运行不能无序,更不能野蛮。这是由社会主义的本质属性决定的,也是社会主义的资本特性与资本主义的资本特性的一个根本性区别。[1] 我们要深入把握资本规律,提高对资本运行的治理能力[2],在区分资本两重属性的基础上,突出强调资本为民所用、利为民所谋的社会属性及其经济伦理功效。资本运动的道德逻辑是国难当头时每一个有良知的中国人应坚守的底线逻辑,它决定了互惠是基于主体健康生活和健康发展的人我关系之道德准则。

三 公平:健康资源分配的道德原则

健康资源是极为重要的社会资源,健康资源的公平分配是满足人民日益增长的美好生活需要特别是健康生活需要和健康发展需要的重要制度机制。马克思在考察资本主义生产时指出:"所谓的分配关系,是同生产过程的历史地规定的特殊社会形式,以及人们在他们的人类生活的再

---

① 参见韩喜平、杨春辉《构建新发展格局中的资本健康发展》,《社会科学战线》2022年第10期。

② 参见《习近平谈治国理政》第4卷,外文出版社2022年版,第218页。

生产过程中相互所处的关系相适应的，并且是由这些形式和关系产生的。这些分配关系的历史性质就是生产关系的历史性质，分配关系不过表现生产关系的一个方面。"① 生产资料的所有制形式、人与人之间的相互关系以及产品的分配形式构成生产关系的三个方面，分配形式从根本上是由社会生产方式决定的。考察社会的分配形式，必须从具体历史时代的社会主要矛盾出发，从现实的社会发展状况和人民的需要出发，健康资源的分配也是如此。

进入新时代，我国社会主要矛盾转化为人民日益增长的美好生活需要和不平衡不充分的发展之间的矛盾。人民美好生活需要日益广泛，健康生活和健康发展成为人民美好生活需要的重要内容。然而，当前我国健康资源总量有限，难以充分满足人民日益增长的美好生活需要；同时，健康资源分配存在城乡之间、区域之间、阶层之间不同程度的失衡现象，这是制约人民健康生活和社会发展的一个瓶颈。按劳分配是社会主义的基本分配制度，公平和效率的矛盾是国民收入分配过程中的一对重要矛盾。当前，我国国民收入分配分为初次分配、再分配和第三次分配，初次分配坚持效率优先，再分配和第三次分配坚持公平至上。健康资源分配在很大程度上属于再分配，有时甚至是第三次分配，因而，公平至上是健康资源分配的首要原则。健康资源分配要加大对老年人、病残者等弱势群体的倾斜力度，这是社会资源公平分配的道德要求，体现了再分配的公平至上性，也是补齐民生短板、实现改革发展成果更多更公平惠及全体人民的有效举措。

习近平总书记强调，要始终把人民群众生命安全和身体健康放在第一位，这是我们党治国理政的一项重大任务。② 《中共中央关于坚持和完善中国特色社会主义制度 推进国家治理体系和治理能力现代化若干重大问题的决定》指出："强化提高人民健康水平的制度保障。坚持关注生命全周期、健康全过程，完善国民健康政策，让广大人民群众享有公平

---

① 《马克思恩格斯文集》第 7 卷，人民出版社 2009 年版，第 999—1000 页。

② 参见习近平《全面提高依法防控依法治理能力，健全国家公共卫生应急管理体系》，《求是》2020 年第 5 期。

可及、系统连续的健康服务。"①《中华人民共和国国民经济和社会发展第十四个五年规划和 2035 年远景目标纲要》提出"全面推进健康中国建设","把保障人民健康放在优先发展的战略位置,坚持预防为主的方针,深入实施健康中国行动,完善国民健康促进政策,织牢国家公共卫生防护网,为人民提供全方位全生命周期健康服务"②。把保障人民健康作为推进国家治理体系和治理能力现代化的重要举措,体现了党中央对人民健康的高度关切。从 1958 年血吸虫病的消灭,到 2003 年抗击"非典"的胜利,再到抗击新冠病毒感染的重大胜利,彰显了新时代中国特色社会主义坚持以人民为中心的发展思想,不断保障和改善民生、增进人民健康福祉的显著优势。③

就个体生命进程来看,老龄阶段是健康风险相对较高的阶段,老龄健康风险防控尤为重要。党的二十大报告提出"推进健康中国建设",把"实施积极应对人口老龄化国家战略"纳入其中,体现了健康对于老龄群体的重要性,以及健康老龄化在积极应对人口老龄化国家战略中的基础地位。潜伏性与突发性并存、特异性与可变性交叉、普遍性及负面协同效应明显,是老龄健康风险的三个特征。生命健康周期的不可逆性,应对突发性公共卫生事件的机制不健全,以及医疗保险制度尚不完善、社区健康管理和家庭照料的不周全,是老龄健康风险的主要来源。老龄健康风险防控可以从以下四个方面入手:一是进一步完善基于公共健康需求的社会医疗保险制度,健康资源分配向老龄弱势群体适度倾斜是其底线要求;二是不断完善健康风险防控机制,精准性、科学性是基本要求;三是建立健全基于差异性健康需求的商业医疗保险制度,层次性和效率优先是其主要特征;四是构建基于"互联网+"的智慧健康社区关怀网络,主动式体验、网格化联动管理是其要点。④

---

① 《中共中央关于坚持和完善中国特色社会主义制度　推进国家治理体系和治理能力现代化若干重大问题的决定》,人民出版社 2019 年版,第 27—28 页。

② 《中华人民共和国国民经济和社会发展第十四个五年规划和 2035 年远景目标纲要》,人民出版社 2021 年版,第 133 页。

③ 参见《中共中央关于坚持和完善中国特色社会主义制度　推进国家治理体系和治理能力现代化若干重大问题的决定》,人民出版社 2019 年版,第 4 页。

④ 参见刘喜珍《老龄健康风险的特征、来源及其伦理规制》,《医学与哲学》2019 年第 23 期。

第三节　主体健康发展的价值目标

人的健康发展本质上是主体性的社会实践过程，实现人类解放是主体健康发展的终极价值目标。从原始生活共同体到商品经济共同体，再到自由人的联合体的历史演进，主体实践始终是重要的推动力。马克思从资本主义私有制度下的阶级对立出发，提出废除私有制是从"虚假的共同体"走向"真正的共同体"的根本途径，为实现人的自由全面发展和人类解放指明了方向。人类命运共同体是全球化时代真正的共同体，构建人类卫生健康共同体是深度全球化背景下全球健康治理的战略选择。

一　共同体的演进与人的健康发展

社会共同体是指人们在共同生活和劳动的过程中形成的相对稳定的社会组织形式，如：家庭、氏族、部落、民族等。根据社会生产力发展状况和生产关系性质，可以将人类社会分为原始生活共同体、自然经济共同体、商品经济共同体、产品经济共同体四种类型。在不同的社会共同体中，人的主体性及其健康水平各有差异。

在原始生活共同体中，人类完全靠天吃饭，被动地服从并依赖外部自然界，人的主体性得不到发挥，谈不上健康生活和健康发展。

在自给自足的自然经济条件下，商品生产和商品交换十分有限。在这个阶段，人的主体性主要体现在顺应自然，并与之达成一种原生和谐的关系，这相对于原始共同体时期人类完全靠天吃饭有了一定的进步。在古老的东方，传统农业、畜牧业、手工业的发展为人们提供了越来越多的物质产品。在古希腊罗马，航海业的兴起、东西方贸易的扩大，加上对外殖民扩张，城邦契约经济日渐繁盛，为人们的日常生活提供了越来越多的产品和财富，也为人的体格强健及其实践能力和认识能力的不断提高提供了日益丰富的物质条件。以传统农耕经济为基础的宗法文明和基于契约经济的商业文明分别构成东西方传统文明的核心，它们是人的主体性实践的成果，反映了人类通过生产劳动脱离原始野蛮状态、逐步走向文明状态，并不断创造社会文明成果的实践过程。这一时期的社会生产力比原始共同体时期有了较大的提高,但整体上还处于比较低的水平,人的主体性并未得到充分的发挥。

资本主义社会属于发达的商品经济共同体,资本主义生产创造了前所未有的物质财富和发达的物质文明,人的主体性却在劳动异化中丧失了。资本主义生产不仅摧残了工人的身体健康,而且损害了其精神健康。马克思、恩格斯指出,"在已经形成的无产阶级身上,一切属于人的东西实际上已完全被剥夺","在无产阶级的生活条件中集中表现了现代社会的一切生活条件所达到的非人性的顶点"①。资本主义私有制践踏了工人的主体性,摧残了工人的身体健康;而它同时锻造了自己的掘墓人即无产阶级。马克思以资本批判为核心,揭示了资本主义生产实质上是剩余价值的生产;在资本主义雇佣劳动制度下,劳者不获、获者不劳,资本权力支配一切,工人只是资本主义生产的机器。所以,无产阶级必须废除资产阶级的所有制,"把资本变为公共的、属于社会全体成员的财产"②。这是无产阶级获得主体地位,并以劳动实践实现健康生活,进而走向自由全面发展的根本途径,这一进程将为人类解放奠定基础。

二 "真正的共同体"的形成与人类解放

唯物史观从人的发展状况出发,将社会划分为三种类型:以"人的依赖关系"③为基础的社会,这是原始生活共同体;"以物的依赖性为基础的人的独立性"④社会,这是商品经济共同体;基于"个人全面发展"⑤和"自由发展"⑥的社会,这是自由人的"联合体"⑦。从原始生活共同体到商品经济共同体,再到自由人"联合体"的演进,反映了人类在漫长的历史进程中,不断认识和改造自然、社会以及人自身,从必

---

① 《马克思恩格斯文集》第 1 卷,人民出版社 2009 年版,第 261—262 页。
② 《马克思恩格斯选集》第 1 卷,人民出版社 2012 年版,第 415 页。
③ 《马克思恩格斯全集》第 30 卷,人民出版社 1995 年版,第 107 页。
④ 《马克思恩格斯全集》第 30 卷,人民出版社 1995 年版,第 107 页。
⑤ 《马克思恩格斯全集》第 30 卷,人民出版社 1995 年版,第 107 页。
⑥ 《马克思恩格斯选集》第 1 卷,人民出版社 2012 年版,第 422 页。
⑦ 《马克思恩格斯选集》第 1 卷,人民出版社 2012 年版,第 422 页。

然王国迈向自由王国的实践飞跃，体现了人的发展、社会发展以及人类解放的高度一致。

马克思、恩格斯在《德意志意识形态》中指出："从前各个人联合而成的虚假的共同体，总是相对于各个人而独立的；由于这种共同体是一个阶级反对另一个阶级的联合，因此对于被统治的阶级来说，它不仅是完全虚幻的共同体，而且是新的桎梏。在真正的共同体的条件下，各个人在自己的联合中并通过这种联合获得自己的自由。"① "虚假的共同体"或"虚幻的共同体"是指以私有制为基础的国家。不论是奴隶制国家、封建制国家，还是资本主义国家，作为社会共同体，都是一个阶级反对另一个阶级的联合，是统治阶级对被统治阶级的专政形式。所以，对于被统治被剥削的阶级来说，它们都只是形式上的共同体，这种共同体的历史演变只不过是被统治阶级挣脱旧的镣铐、套上新的枷锁而已。"过去的一切运动都是少数人的，或者为少数人谋利益的运动。无产阶级的运动是绝大多数人的，为绝大多数人谋利益的独立的运动。"② 无产者是没有财产的，他们没有什么自己的东西必须加以保护；无产阶级要争得健康生活的权利、获得自由全面的发展，就"必须摧毁至今保护和保障私有财产的一切"③。马克思认为："在资本主义社会和共产主义社会之间，有一个从前者变为后者的革命转变时期。同这个时期相适应的也有一个政治上的过渡时期，这个时期的国家只能是无产阶级的革命专政。"④ 无产阶级为绝大多数人谋利益的价值指向及其革命的彻底性，为"真正的共同体"的诞生提供了重要基础。然而，如同资产阶级的存在只是暂时的一样，无产阶级的历史存在及利益追求也不是永恒的。"无产阶级只有在世界历史意义上才能存在，就像共产主义——它的事业——只有作为'世界历史性的'存在才有可能实现一样。而各个人的世界历史性的存在，也就是与世界历史直接相联系的各个人的存在。"⑤ 无产阶级的解放运动是世界社会主义运动的一个重要阶段，而不是终结。无产阶级上升

---

① 《马克思恩格斯文集》第 1 卷，人民出版社 2009 年版，第 571 页。
② 《马克思恩格斯选集》第 1 卷，人民出版社 2012 年版，第 411 页。
③ 《马克思恩格斯选集》第 1 卷，人民出版社 2012 年版，第 411 页。
④ 《马克思恩格斯文集》第 3 卷，人民出版社 2009 年版，第 445 页。
⑤ 《马克思恩格斯文集》第 1 卷，人民出版社 2009 年版，第 539 页。

为统治阶级,建立无产阶级专政的社会主义国家,并实现健康生活和美好生活,仅是无产阶级解放的第一步;每个人得到自由全面的发展,并实现人类解放,才是无产阶级的根本任务。

"只有在共同体中,个人才能获得全面发展其才能的手段,也就是说,只有在共同体中才可能有个人自由。"① 这里的"共同体"是指以生产力高度发达为基础的产品经济共同体即共产主义社会,它是"真正的共同体",与资本主义社会有着本质区别,"在资产阶级社会里,活的劳动只是增殖已经积累起来的劳动的一种手段。在共产主义社会里,已经积累起来的劳动只是扩大、丰富和提高工人的生活的一种手段"② 马克思在《哥达纲领批判》中指出:"在一个集体的、以生产资料公有为基础的社会中,生产者不交换自己的产品;用在产品上的劳动,在这里也不表现为这些产品的价值,不表现为这些产品所具有的某种物的属性,因为这时,同资本主义社会相反,个人的劳动不再经过迂回曲折的道路,而是直接作为总劳动的组成部分存在着。"③ 马克思在此阐述的是社会主义公有制度下按劳分配的特征,是他对未来理想社会的一种预见。社会主义是共产主义的初级阶段,按劳分配能够最大限度地激发劳动者的积极性;劳动作为谋生的手段,是人民实现健康生活和健康发展的根本方式,所以,社会主义是实现人的自由全面发展的奠基阶段。马克思在《论犹太人问题》中指出:"只有当现实的个人把抽象的公民复归于自身,并且作为个人,在自己的经验生活、自己的个体劳动、自己的个体关系中间,成为类存在物的时候,只有当人认识到自身'固有的力量'是社会力量,并把这种力量组织起来因而不再把社会力量以政治力量的形式同自身分离的时候,只有到了那个时候,人的解放才能完成。"④ 无产阶级的解放不仅是打碎资本主义私有制,使自己上升为统治阶级的政治解放,而且是在社会主义公有制基础上推动社会生产力较快发展的经济解放。无产阶级的解放是实现人的自由全面发展的前提,而不是人类解放

---

① 《马克思恩格斯文集》第 1 卷,人民出版社 2009 年版,第 571 页。
② 《马克思恩格斯选集》第 1 卷,人民出版社 2012 年版,第 415 页。
③ 《马克思恩格斯选集》第 3 卷,人民出版社 2012 年版,第 363 页。
④ 《马克思恩格斯全集》第 3 卷,人民出版社 2002 年版,第 189 页。

的终点。只有到了共产主义社会高级阶段，人的自由全面发展和人类解放才能真正实现。在共产主义社会高级阶段，社会成员共同占有生产资料；社会生产力高度发展，物质财富极大丰富，实行各尽所能、按需分配；社会成员具有高度的共产主义觉悟和道德品质。由此可见，共产主义社会不仅为人的健康生活和美好幸福生活创造了充分的条件，而且为促进人的自由全面发展提供了保障。

人类正是通过一代又一代的主体性实践，推动社会共同体从"虚假的共同体"走向"真正的共同体"。人本身也在创造社会财富的劳动实践中，身体、心理以及社会适应能力等各个方面不断获得发展，道德品格不断提升，进而达到自由全面发展的境界，正如马克思所指出的那样："共产主义是对私有财产即人的自我异化的积极的扬弃，因而是通过人并且为了人而对人的本质的真正占有；因此，它是人向自身、也就是向社会的即合乎人性的人的复归"，"它是人和自然之间、人和人之间的矛盾的真正解决，是存在和本质、对象化和自我确证、自由和必然、个体和类之间的斗争的真正解决。"① 共产主义社会是人类社会共同体发展的终极形态，是人类作为实践主体在健康生活和健康发展的基础上，实现自身真正解放的社会文明形态。

三 人类卫生健康共同体的价值指向

在全球化向纵深发展的今天，人类越来越成为你中有我、我中有你的命运共同体。健康生活和健康发展是全世界人民的共同愿望，维护全球公共卫生安全是各国人民的共同责任。从西班牙流感、黑死病到埃博拉病毒、中东呼吸综合征，再到新冠病毒，都是从一国蔓延到他国乃至全球，给各国人民造成了不可估量的损失。携手应对全球健康风险，构建应对重大突发公共卫生事件的全球健康治理联动机制，是推动构建人类命运共同体的客观要求，也是促进人类社会可持续发展的必然选择。人类命运共同体理念是立足唯物史观和当代世界和平与发展的主题提出来的，是马克思共同体思想在当代世界运动中的现实拓展。和平、发展、公平、正义、民主、自由是全人类共同价值，"促进世界和平与发展，推

---

① 《马克思恩格斯文集》第 1 卷，人民出版社 2009 年版，第 185 页。

动构建人类命运共同体"① 是新时代我国的外交政策。党的二十大报告指出:"中国积极参与全球治理体系改革和建设,践行共商共建共享的全球治理观,坚持真正的多边主义,推动国际关系民主化,推动全球治理朝着更加公正合理的方向发展。"② 这就为中国积极参与全球健康治理指明了重要方向。

　　病毒没有国界,疾病不分种族。面对突发的新冠病毒疫情,我国始终秉持人类命运共同体理念,及时同国际社会分享疫情信息和抗疫经验,对其他遭受新冠病毒侵袭的国家伸出援助之手。习近平主席在第73届世界卫生大会视频会议开幕式上致辞,呼吁各国团结合作战胜疫情,共同构建人类卫生健康共同体。③ 截至2022年12月,我国已向153个国家和15个国际组织提供数千亿件抗疫物资,向120多个国家和国际组织供应超过22亿剂新冠疫苗④,是向国际社会提供新冠疫苗数量最多的国家,充分展现了中国在全球健康治理中的大国责任担当。

　　人类的整体安全和健康是社会可持续发展的重要基础,人类命运共同体思想丰富了马克思主义社会发展理论,是21世纪马克思主义世界历史理论的重要组成部分。构建人类卫生健康共同体是人类命运共同体视域下各国共商共建共享的一种全球治理观及实践,是马克思共同体思想在深度全球化时代的拓新。促进各国互利共赢,更好地保障世界各国人民的生命安全和健康福祉,并推动人类社会可持续发展,是构建人类卫生健康共同体的根本价值指向。

---

　　① 习近平:《高举中国特色社会主义伟大旗帜　为全面建设社会主义现代化国家而团结奋斗——在中国共产党第二十次全国代表大会上的报告》,人民出版社2022年版,第60页。

　　② 习近平:《高举中国特色社会主义伟大旗帜　为全面建设社会主义现代化国家而团结奋斗——在中国共产党第二十次全国代表大会上的报告》,人民出版社2022年版,第60页。

　　③ 参见《习近平在第73届世界卫生大会视频会议开幕式上致辞》,《人民日报》2020年5月19日第1版。

　　④ 参见《"中国对全球抗疫合作的重要贡献有目共睹"》,《人民日报》2022年12月20日第3版。

第 七 章

协同论：基于全球正义的
老龄健康公平

随着银发浪潮在全球铺展开来，全球范围的老龄健康不公平现象逐步呈现，对人类健康生活带来了挑战，老龄健康公平的实现乃是一项全球联动的社会系统工程。所谓"协同论"，就是从"老"—"富"关系模式及其动态平衡出发，剖析银发浪潮背景下全球老龄健康不公平现象及原因，并以全球正义为价值关涉视域，提出推动全球健康治理、促进全球老龄健康公平的具体实践路径。

第一节 "老"—"富"关系模式
及其动态平衡

老龄社会是社会基本矛盾运动过程中人口结构变迁的产物，是一个国家或地区生产力发展到较高水平、人均预期寿命延长，且老龄人口占比达到一定规模的结果。"老"—"富"关系模式及其动态平衡，一方面反映出社会形态更替的客观规律性，另一方面彰显了社会治理过程中主体实践的能动性。

一 几种不同的"老"—"富"关系模式

根据联合国的标准，当一个国家或地区 60 岁及以上人口达到其总人口 10%，或 65 岁及以上人口占比达到 7% 时，便进入老龄社会。按照世界银行的统计数据，"富"的标准是年人均 GDP 达到 11156 美元（以

2005 年为例)。人口结构老龄化是 20 世纪 50 年代以来发达国家人口变迁的重要特征，工业革命推动社会生产力迅速发展是资本主义国家人口结构老龄化的根本原因。20 世纪 50 年代，以德国、英国、瑞典等为代表的部分发达资本主义国家先后进入老龄社会，当时这些国家都已完成现代化而进入后工业时代，属于典型的"先富后老"。2000 年年末，我国 65 岁及以上人口为 8821 万人，占全国总人口 7.0%，标志着我国进入老龄社会。2000 年我国国内生产总值为 100280.1 亿元，人均 GDP 为 7942 元，属于"未富先老"国家。从 2000 年到 2020 年，我国老龄人口数量及占比呈现出逐年增长的趋势，老龄化程度逐步加深，目前，我国处于初级老龄化向中度老龄化过渡的时期。2020 年我国全面建成小康社会，彻底摆脱绝对贫困。如何确定和看待当前中国社会"老"—"富"关系模式，事关我国老龄社会发展问题，是实施积极应对人口老龄化国家战略的重要理论前提。

有学者根据人口老龄化与经济发展水平协调指数（Aging and Economics Coordination Index，简称 AECI）之间的相关性，将"老"—"富"关系模式分为以下七种:"未富先老""富而过老""未富偏老""边富边老""未富不老""富而轻老""富而不老"。[①] 其中，"富而不老"→"富而轻老"→"富而过老"是发达国家老龄化的一般趋势，整体上体现为"先富后老"。"未富偏老"或"未富先老"转变为"边富边老"是发展中国家人口结构老龄化的一般进程，"边富边老"是当前以至今后较长一段时期我国老龄社会发展的基本态势。所以，按照联合国划分老龄社会的标准和世界银行关于"富"的划分标准，当前老龄型国家"老"—"富"关系大体上可以分为"先富后老"和"边富边老"两种模式。这两种模式是以人口年龄结构变化与社会生产力发展水平之间的动态关系为依据，对老龄型国家不同发展阶段进行的区分，在一定程度上反映出不同社会形态和不同社会制度下老龄型国家之间发展的不平衡性。当然，这种区分是相对的。不论是发达国家，还是发展中国家，老龄社会健康治理及发展路径选择都应该结合本国经济发展水平、居民年

[①] 参见顾严《中国还是"未富先老"吗?——基于"富"—"老"关系模式的判断》，《社会政策研究》2019 年第 1 期。

均收支情况、人均预期寿命等各项指标进行动态性综合分析，并结合"老"—"富"关系模式，作出适合本国国情的制度安排。

二 "边富边老"的中国老龄社会

中国特色社会主义进入新时代，我国社会生产力显著提高，人民生活不断改善。覆盖城乡居民的社会保障体系基本建立，人民健康和医疗卫生水平大幅度提高。随着 2020 年我国全面建成小康社会、区域性的整体贫困和绝对贫困彻底消除，以及进入高质量发展阶段，我国已由"未富先老"转变为"边富边老"，"富"的程度和"老"的进程都在加快，"边富边老"成为当前以至今后较长一段时期内中国社会"老"—"富"关系的常态化模式。

要实现中国老龄社会"老"—"富"关系的良性循环，首先要解决发展不平衡不充分的问题，这是推进社会公平正义的根本前提。其次，要在着力推动高质量发展的基础上，进一步缩小城乡之间、区域之间、阶层之间社会资源分配的差异性，让改革发展成果更多更公平惠及人民群众；并通过再分配和第三次分配，使社会财富和健康资源更多地向老龄弱势人群倾斜。最后，要实现人口的正常代际更替，使赡养比和抚养比保持动态平衡。这不仅有利于缓解人口结构老龄化的进程，也可以以新的劳动力资源创造更多的社会财富。

党的十九届五中全会正式提出"实施积极应对人口老龄化国家战略"；《中华人民共和国国民经济和社会发展第十四个五年规划和 2035 年远景目标纲要》把"实施积极应对人口老龄化国家战略"作为其中一项重要内容①；党的二十大报告再次提出"实施积极应对人口老龄化国家战略"，将其归入"推进健康中国建设"之中，这是增进民生福祉、提高人民生活品质的具体方略之一②。这一系列顶层制度设计明确了中国老龄社会发展的定位，反映出老龄社会健康治理在实施积极应对人口老龄化国

---

① 参见《中华人民共和国国民经济和社会发展第十四个五年规划和 2035 年远景目标纲要》，人民出版社 2021 年版，第 137 页。

② 参见习近平《高举中国特色社会主义伟大旗帜　为全面建设社会主义现代化国家而团结奋斗——在中国共产党第二十次全国代表大会上的报告》，人民出版社 2022 年版，第 46—49 页。

家战略中的核心地位,以及老龄社会治理和老龄社会发展对于新时代中国特色社会主义建设的重大意义。

第二节　银发浪潮背景下全球老龄健康不公平现象

健康公平是指所有社会成员不分经济收入、社会地位、教育文化水平、职业、地域以及年龄、性别等差异,平等地享有基本医疗资源,并达到基本相同的健康水平。老龄健康公平一方面是指老龄群体享有与其他群体同等的健康机会,并优先享有基本医疗资源与卫生保健服务,在此基础上充分发挥老龄阶段的健康潜能,达到尽可能高的健康水平;另一方面是指不同经济地位老年人平等享有健康机会,且主要健康指标具有相对的一致性。

发展程度不同的国家,影响老龄健康公平的因素各异,概括而言,主要包括两个方面的因素:一是物质条件,即经济收入、医疗保障、居住环境等;二是老年人自身各脏器功能和精神健康状态。物质条件对老龄健康机会公平具有十分重要的影响,而老年人自身的脏器功能及精神健康状态对健康结果公平具有直接影响。随着全球化向纵深发展和银发浪潮在全球铺展开来,老龄健康公平问题已经成为全球性的社会发展问题。由于当前各国生产力水平存在较大的差距,加上老年人自身身体机能各不相同,全球范围的老龄健康不公平现象客观存在。全球老龄健康不公平现象主要体现在以下三个方面:不同国家医疗资源分配的差异性;老龄人口死亡率的差异性;平均预期寿命、平均健康寿命的差异性。①

一　不同国家医疗资源分配的差异性

医疗资源是极为重要的健康资源,医疗资源的公平分配是社会财富公平分配的重要环节,是现代医疗保障制度建设的目标。无论在富裕国家内还是全球范围内进行健康不公平的比较,更具体的是社会条件与健

---

① 参见刘喜珍《中西老龄伦理比论》,中国社会科学出版社 2019 年版,第 164—168 页。

康结果之间因果关系的差异性研究。[①] 健康不公平在很多情况下是由社会资源特别是医疗资源分配不公平引发的，二者如影随形，这种负向相随性集中体现为富裕国家与贫穷国家由于医疗资源总量的较大差异性及分配的不均衡性而引发的健康结果不平等。

卫生总费用反映出医疗资源分配及其使用的具体情况，它占 GDP 比重在一定程度上反映出一个国家医疗卫生保健制度的完善程度及健康公平性。当前，发达国家、发展中国家以及落后国家的卫生总费用占 GDP 比重存在较大的差距，反映出不同国家医疗卫生制度完善程度的差异性和医疗资源分配的不均衡性，这是导致全球老龄健康不公平现象产生的主要原因之一。2020 年和 2021 年我国卫生总费用占 GDP 比重分别为 7.1%、6.5%；其中，2020 年政府卫生支出、社会卫生支出、个人卫生支出占卫生总费用比重分别为 30.4%、41.9%、27.7%，2021 年这三项指标分别为 27.4%、44.9%、27.7%。[②] 随着我国世界第二大经济实体地位的巩固，我国卫生总费用支出占 GDP 比重与发达国家之间的差距正在缩小。

二　老龄人口死亡率的差异性

老龄人口死亡率是衡量老龄人口健康水平和老龄健康公平性的一个重要参数。Milligan, K. 和 Wise, D. A. 的研究表明：1957 年至 2007 年 50 年间，比利时、加拿大、丹麦、法国、意大利、日本、荷兰、西班牙、瑞典、英国、美国、德国 12 个经合组织国家 60 岁人口死亡率平均下降一半以上，60 岁以上人口平均延寿 9.06 岁，延寿年数平均百分比为 15.11%。除丹麦、荷兰，其余十国在这 50 年间 60 岁人口死亡率均下降 50% 以上。[③] 除了日本，其余 11 国均为欧美国家。这表明，随着经济快速发展，西方部分发达国家老龄人口健康水平及健康公平性有了较大幅

---

①　参见 Howse, K. "Editorial: Health Inequalities and Social Justice", *Journal of Population Ageing*, No. 5, 2012, pp. 1 - 5。

②　参见《2021 年我国卫生健康事业发展统计公报》，规划发展与信息化司，http://www.nhc.gov.cn/guihuaxxs/s3586s/202207/51b55216c2154332a660157abf28b09d.shtml。

③　参见 Milligan, K. & Wise, D. A., "Health and Work at Older Ages: Using Mortality to Assess the Capacity to Work Across Countries", *Journal of Population Ageing*, No. 8, 2015, pp. 27 - 50。

度的提高。

1990 年和 2000 年我国两次人口普查有关死亡数据的分析显示:1990 年我国 60 岁及以上老龄人口粗死亡率为 41.67‰,其中男性老龄人口粗死亡率为 46.77‰,女性为 37.06‰,远远低于同期老龄男性。2000 年我国 60 岁及以上老龄人口粗死亡率、老龄男性与老龄女性的粗死亡率分别是 39.29‰、43.48‰、35.32‰,三个数据相比 1990 年下降幅度分别为 2.38‰、3.29‰、1.74‰。2010 年我国 60 岁及以上老龄人口粗死亡率约为 32.20‰,其中男性为 35.99‰,女性为 28.55‰。2010 年比 2000 年老龄人口粗死亡率下降 7.09‰,其中男性老龄人口粗死亡率下降 7.49‰,女性下降 6.77‰。对 1990 年、2000 年、2010 年三次全国人口普查中老龄人口死亡数据的分析表明,我国老龄人口粗死亡率和分性别粗死亡率均持续下降,且从 2000 年至 2010 年期间下降幅度尤为明显,反映出我国老龄人口整体健康状况得到一定程度的改善,健康公平性逐步增强。同时,1990 年、2000 年、2010 年三次人口普查数据显示,我国 60 岁及以上老龄人口中女性粗死亡率比同期男性分别低 9.71‰、8.16‰、7.44‰,表明我国老龄人口粗死亡率存在一定的性别差异,但有缓慢缩小的趋势;这也在一定程度上反映出我国女性人口的生存优势及其相对长寿的倾向。就此而言,我国老龄人口健康水平具有性别差异性。中华人民共和国成立以来,我国人均预期寿命呈现出逐年增长的趋势,《2021 年我国卫生健康事业发展统计公报》显示,我国居民人均预期寿命由 2020 年的 77.93 岁提高到 2021 年的 78.2 岁。与此同时,男女平均预期寿命的差距在加大,女性平均寿命高出男性的年岁在 1981 年、1990 年、2000 年、2005 年、2010 年、2015 年分别为 2.99 岁、3.63 岁、3.7 岁、4.42 岁、4.99 岁、5.79 岁。

从世界范围来看,部分发达国家尽管"已经在很大程度上消除了'旧式的'贫困,年轻阶段的死亡率大大下降,卫生系统通过全民医疗保险提供越来越有效的医疗干预"[①],人口预期寿命延长,老龄人口死亡率也有不同程度的下降,"但由巨大的健康差距所引发的健康不公平仍然持

---

① Howse,K.,"Editorial:Health Inequalities and Social Justice",*Journal of Population Ageing*,No. 5,2012,pp. 1 – 5.

续存在"①。因此，世界卫生组织呼吁：把低死亡率国家的健康不公平与世界上最穷和最富国家之间更大的健康不公平当作同样的事情来看待。②发达国家、发展中国家以及落后国家老龄人口死亡率存在较大的差距，根本原因在于经济发展水平不同，由此导致医疗保障水平、人民生活质量以及社会环境等各个方面的差异性。

三 平均预期寿命与平均健康预期寿命的差异性

21 世纪以来，各国生产力水平都有不同程度的提高，人民生活质量得到不同程度的改善，长寿而健康成为人类的共同追求。然而，发达国家、发展中国家以及落后国家人口平均预期寿命和平均健康预期寿命仍然存在较大的差距，在一些发展中国家和落后国家还在努力提高人口平均预期寿命的过程中，一些发达国家已将增加健康寿命作为人口发展战略目标之一。

不同国家人口平均预期寿命、平均健康预期寿命的不同，以及健康年、不健康年的差异，从根本上看是由不同国家之间经济发展水平的差异性决定的，它导致不同国家医疗保障制度建设和健康治理水平存在客观的差异性。平均预期寿命又称人均预期寿命或人均寿命，是一个国家或地区人口健康状况的时年投影。经济发展水平、医疗卫生保健的财政投入、社会环境以及生活习惯等因素都对人均寿命具有重要影响。有学者认为，寿命的不平等可能被认为是人类最本质的不平等。③《2021 世界卫生统计报告》（World Health Statistics 2021）显示：在 COVID – 19 大流行之前，全球人口健康状况已在逐步改善，平均预期寿命从 2000 年的66.8 岁提高到 2019 年的 73.3 岁，平均健康预期寿命从 2000 年的 58.3 岁提高到 2019 年的 63.7 岁。在 2019 年，男性预期寿命和健康预期寿命分

---

① Howse, K., "Editorial: Health Inequalities and Social Justice", *Journal of Population Ageing*, No. 5, 2012, pp. 1 – 5.

② 参见 Howse, K., "Editorial: Health Inequalities and Social Justice", *Journal of Population Ageing*, No. 5, 2012, pp. 1 – 5。

③ 参见 Edwards, R. & Tuljapurkar, S., "Inequality in Life Spans and a New Perspective on Mortality Convergence Across Industrialized Countries", *Population and Development Review*, No. 31, 2005, pp. 645 – 674。

别是 70.9 岁、62.5 岁,女性分别为 75.9 岁、64.9 岁。从 2019 年世卫组织各区域来看,非洲平均预期寿命和平均健康预期寿命均最低,分别为 64.5 岁、56.0 岁,尽管在过去 20 年里非洲这两项指标涨幅最大。美洲地区在 2000 年的平均寿命最高(74.1 岁),但在 2019 年跌至第三位(77.2 岁);与此同时,欧洲和西太平洋地区平均预期寿命加速增长,分别达到 78.2 岁和 77.7 岁;这两个地区的平均健康预期寿命也最高,分别为 68.3 岁、68.6 岁。① 据世卫组织区域调查,2019 年欧洲和西太平洋地区在预期寿命和健康预期寿命上男女差距均最大,这两个地区的平均预期寿命男女相差分别为 6.2 岁、6.1 岁,健康预期寿命男女相差分别为 3.4 岁、3.2 岁。相反,地中海东部和东南亚地区在预期寿命和健康预期寿命上男女差距都是最小的;其中这两个地区预期寿命男女分别相差 3.0 岁、3.2 岁,健康预期寿命男女分别相差 0.5 岁、0.8 岁。与 2000 年相比,2019 年非洲、东南亚和西太平洋地区在预期寿命和健康预期寿命上男女差距扩大了;而在美洲、欧洲和东地中海区域,这两个指标的男女差距正在缩小。在过去 20 年里,尽管低收入国家在预期寿命和健康预期寿命上都有显著增长,分别达到 65.1 岁、56.7 岁,但仍然落后于全球平均水平。自 2000 年以来,低收入国家的人口预期寿命和健康预期寿命增长最快,分别增长了 11 年多(增幅 21.0%)和近 10 年(增幅 20.8%)。然而,在 2015—2019 年期间,低收入国家人口预期寿命和健康预期寿命的增长步伐有所放缓。从 2000 年到 2019 年,高收入国家预期寿命和健康预期寿命分别增加了 3.2 年(增幅 4.2%)和 2.1 年(3.1%),分别达到 80.9 岁、69.8 岁。相比于中高收入、高收入国家,低收入、中低收入国家在出生时的预期寿命和健康预期寿命上获得更显著的增长,这主要反映出过去 20 年里在降低 5 岁以下儿童死亡率等方面所取得的重大进展。低收入国家从 2000 年的每 1000 例活产死亡 143.6 人降至 2019 年的 67.6 人,死亡率降低了 53%。② 对 60 岁人口预期寿命和健康预期寿命的考察表明,

---

① 参见 World Health Organization, *World Health Statistics 2021*: *Monitoring Health for the SDGs*, *Sustainable Development Goal*, Printed in Switzerland, p. 16。

② 参见 World Health Organization, *World Health Statistics 2021*: *Monitoring Health for the SDGs*, *Sustainable Development Goals*, Printed in Switzerland, p. 17。

在 2000—2019 年期间，收入梯度与这两个指标的改进具有关联性，中高收入、高收入国家比中低收入、低收入国家的人口预期寿命和健康预期寿命均更长。例如，低收入国家预期寿命和健康预期寿命分别增长了 2.2 年和 1.6 年，而中高收入国家预期寿命和健康预期寿命则分别增长了 2.7 年和 2.0 年。这与 21 世纪初以来在资源配置较高的环境中老年人死亡率下降幅度较大是一致的，主要原因是非传染性疾病（NCD）死亡率的迅速下降，部分原因在于世界上许多地方成功遏制了心血管疾病。[①]

《2021 世界卫生统计报告》还显示：全球不同区域人口健康预期寿命在一生时间中的占比呈现出较为明显的差异性，这与收入具有直接的关联性，即：收入越高的地区，人口健康预期寿命越长，且一生中健康时间占比越高，见图 8-1 "2019 年全球不同区域人口预期寿命中健康寿命的百分比"[②]。

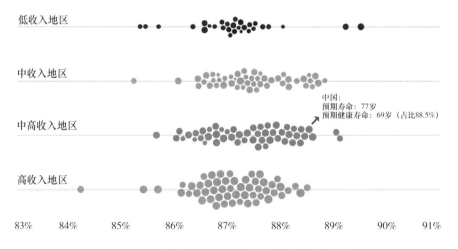

图 8-1 2019 年全球不同区域人口预期寿命中健康寿命的百分比

图 8-1 中，每个圆点代表一个国家，圆点越大，表明该国健康寿命越长，其占预期寿命的百分比也就越大。

---

① 参见 World Health Organization，*World Health Statistics 2021*：*Monitoring Health for the SDGs*，*Sustainable Development Goals*，Printed in Switzerland. pp. 17 - 18。

② 参见 World Health Organization，*World Health Statistics 2021*：*A Visual Summary*，https：// www. who. int/data/stories/world - health - statistics - 2021 - a - visual - summary。

平均预期寿命是一个综合性的健康指标,是衡量一个国家或地区人口健康水平的重要标尺,平均预期寿命的差异实际上反映了不同国家在经济发展水平、医疗保障水平以及卫生保健服务水平等方面的差距。人们对预期寿命差距的关注更多的不是它所体现的健康不公平,而是其与社会资源分配不公平之间的关系。① 寿命不平等在很大程度上是由其他社会不平等所致;同样地,寿命不平等加剧了金钱与权力分配的不平等,它使不公平的状况更加不公平。②

第三节　全球正义视域下的老龄健康公平

全球正义是当前价值哲学的一个热点。龚群认为,全球正义是一种基于世界主义的理想追求,以人道主义关怀和全球正义制度建构来满足人的生存权是其基本进路。③ 刘贞晔认为,世界主义是以跨越文明冲突、营造人类共同价值、建立新型国际关系为特征的思想主张。从国家间权力博弈到世界主义权利政治与合作、从民族主义国家到世界主义国家、从超国家共同体设想到人类命运共同体的建构,是全球正义的具体实践路径。④ 顾肃认为,世界主义的要义在于将普遍的价值评价标准应用于全世界所有的人,每一个人都应该得到平等的对待,而不论其出身、种族、国籍、性别、教育程度、宗教背景等,个人是道德评价的最终单元。⑤ 在全球化向纵深拓展和人口结构老龄化交织的背景下,全球正义和世界主义作为一体两面的价值追求,为促进全球老龄健康公平提供了重要的价值主张和实践空间。如果说全球正义是推动实现全球老龄健康公平的重要价值理念,那么,世界主义则为老龄健康公平的实现搭建了全球治理联动的实践平台。随着人口结构老龄化从发达国家向发展中国家铺展开

---

① 参见 Howse, K., "Editorial: Health Inequalities and Social Justice", *Journal of Population Ageing*, No. 5, 2012, pp. 1 – 5。

② 参见 Howse, K., "Editorial: Health Inequalities and Social Justice", *Journal of Population Ageing*, No. 5, 2012, pp. 1 – 5。

③ 参见龚群《全球正义的进路与人道主义关怀》,《世界哲学》2018 年第 2 期。

④ 参见刘贞晔《世界主义思想的基本内涵及其当代价值》,《国际政治研究》2018 年第 6 期。

⑤ 参见顾肃《评世界主义的全球正义观》,《学术界》2022 年第 11 期。

来，"先富后老"和"未富先老"作为"老"——"富"关系的两个极端，其差距正在缩小。"边富边老"成为以中国为代表的老龄型发展中国家的社会发展模式，"即富更老"则是当今老龄型发达国家的社会发展模式，基于全球正义的世界主义为这两种不同模式共鉴共进提供了价值支持和实践选择。

由于单边主义、狭隘的民族主义和国家主义以及霸权主义的驱动，当前世界利益格局变得十分复杂，同为老龄型社会的发达国家和发展中国家在生产力水平、人均国民收入、预期寿命等方面仍然存在较大的差距。全球正义为发展程度不同的国家特别是老龄型国家实现健康老龄化和积极老龄化，并推动构建人类命运共同体，提供了公共健康利益最大化的价值主张。发展程度不同的国家特别是老龄型国家从各自的社会经济发展状况出发，在实现"老"——"富"关系动态平衡的基础上，促进社会财富和健康资源的跨国流转及其全球合理配置，由此推进全球老龄健康公平，并增进世界各国人民的健康福祉，这就是全球正义之于老龄健康公平和人类社会可持续发展的现实意义。

一　深度全球化的价值基础

如果说 15 世纪人类第一次航海探险开启了全球化的进程，开始了以国家名义进行的公开殖民掠夺，那么，在全球化深度推进的今天，各国之间经贸往来、政治对话以及文化交流都达到了前所未有的程度，全球正义已成为深度全球化的重要价值基础，为解决不同国家之间发展的不平衡性提供了重要的价值引领。

（一）世界主义：全球正义的一个实践平台

发达国家和发展中国家以及落后国家之间是否存在共同的利益？关键是看不同国家之间有没有利益交汇点。马克思、恩格斯在《共产党宣言》中指出："资产阶级，由于开拓了世界市场，使一切国家的生产和消费都成为世界性的了。……过去那种地方的和民族的自给自足和闭关自守状态，被各民族的各方面的互相往来和各方面的互相依赖所代替了。"① 从自由竞争到垄断是资本主义发展的一般进程，在这一进程中，资产阶

---

① 《马克思恩格斯选集》第 1 卷，人民出版社 2012 年版，第 404 页。

级和无产阶级之间的利益冲突始终是占主导地位的，资产阶级内部也存在激烈的利益竞争。世界市场的开拓没有也不可能消除对立阶级之间的矛盾及利益冲突，但不断扩大的世界市场不仅消灭了传统的民族工业，打破了各地方、各民族的闭关自守状态，而且使世界越来越成为相互依赖的利益共同体。"历史向世界历史的转变，不是'自我意识'、世界精神或者某个形而上学幽灵的某种纯粹的抽象行动，而是完全物质的、可以通过经验证明的行动，每一个过着实际生活的、需要吃、喝、穿的个人都可以证明这种行动。"① 人类社会发展的历史就是一部世界历史，基于人的物质需要的利益交往是形成世界历史的根本前提。在自由资本主义初期，世界经济一体化初现端倪。虽然"工人没有祖国"②，但无产阶级有着"共同的不分民族的利益"③。由于各个不同劳动部门的工人彼此之间不够团结，由于各国工人阶级彼此之间缺乏亲密的联合，工人阶级的解放运动一开始并没有取得胜利。这是由于工人运动缺乏正确的、统一原则的指引，而全球正义的缺位是其重要原因之一。共同的利益、生产力的普遍发展和与此相联系的世界交往是无产阶级联合起来的重要条件，也是全球正义得以实现的物质基础。全球正义是各民族相互关系中最高的、共同的准则，是全世界无产者联合起来的价值链条。马克思、恩格斯在《德意志意识形态》中指出："无产阶级只有在世界历史意义上才能存在，就像共产主义——它的事业——只有'作为世界历史性的'存在才有可能实现一样。而各个人的世界历史性的存在，也就是与世界历史直接相联系的各个人的存在。"④ 马克思、恩格斯明确了无产阶级在世界历史运动过程中的社会主体性，阐明了共产主义作为人类解放运动终极目标的世界历史意义。无产阶级的联合是世界历史统一性的现实反映，是全世界无产者为实现共同利益而进行的斗争实践。马克思、恩格斯进一步指明了无产者在全世界的联合对于无产阶级解放的现实意义，它是实现人的自由全面发展以及人类解放的重要基础。彻底废除资本主

① 《马克思恩格斯选集》第 1 卷，人民出版社 2012 年版，第 169 页。
② 《马克思恩格斯选集》第 1 卷，人民出版社 2012 年版，第 419 页。
③ 《马克思恩格斯选集》第 1 卷，人民出版社 2012 年版，第 413 页。
④ 《马克思恩格斯选集》第 1 卷，人民出版社 2012 年版，第 166—167 页。

义私有制、使无产阶级上升为统治阶级，在生产力高度发达的基础上形成自由人的联合体，并最终实现人类的解放，这就是马克思、恩格斯关于无产阶级解放的实践理路。世界主义在一定意义上是马克思、恩格斯的世界历史理论在深度全球化背景下的现实延展，无产阶级解放的历史进程反映出基于世界主义的全球正义对于工人阶级的联合和人类解放的价值引领作用，体现了马克思主义的世界历史理论对于当代世界社会主义运动的重要意义。

在全球化向纵深拓展的今天，不同国家在生产力发展水平、道路选择以及具体的制度建设等方面存在较大的差异性，但各国之间经济发展的相互依存度越来越高，政治对话和文化交流也日益密切，相互尊重、多边合作、互利共赢成为绝大多数国家的选择。世界主义是全球正义理念得以生发的一个实践平台，它为发展程度不同国家实现利益共赢提供了一条价值通道。戴维·米勒（David Miler）认为，世界主义有弱势和强势之分，弱势的世界主义即"道德世界主义"强调：不论身份或国籍，每个人在全球性的道德关怀体系中，都应拥有平等的地位和平等获得关心的道德权利。强势的世界主义又称"制度世界主义"，主张通过全球制度体系的结构性变革，以真正实现世界主义。① 戴维·米勒集中表达了基于公共道德性和制度公正性的世界主义主张，体现了世界主义的伦理普适性及其蕴含的全球正义的价值取向。然而，这两种世界主义及其实践在现实的利益冲突面前都显得有些疲软。大卫·哈维（David Harvey）认为，"再分配和不断增长的社会不平等已经成为新自由主义化过程中的必然特征"②，他进一步揭示了世界主义的现实困境。涛慕斯·博格（Thomas Pogge）认为，法律世界主义和道德世界主义是世界主义的两种基本进路。"法律世界主义对一个实质性的全球秩序的政治理想拥有一个承诺，基于这种理想，所有人都拥有同等的法律权利和责任，也就是说，所有人都是一个世界共和国的公民。"③ "道德世界主义认为，所有人彼此之间

① 参见蒋小杰《全球正义视域下全球治理价值重塑论纲》，《湖南师范大学社会科学学报》2019 年第 2 期。

② ［美］大卫·哈维：《新自由主义简史》，王钦译，上海译文出版社 2010 年版，第 18 页。

③ 徐向东主编：《全球正义》，浙江大学出版社 2011 年版，第 314 页。

都具有某种道德关系：我们被要求最终获得彼此作为道德关切的最终单位的地位，这种要求约束着我们的行为，特别是约束着我们构建制度性企划的努力。"① 法律世界主义强调作为世界公民的法律权利和法律责任及其平等性；道德世界主义强调人们彼此之间的道德关怀，以及对个体的道德关怀对于制度建构的基础意义。显然，"世界共和国"的提法有待商榷，但法律世界主义和道德世界主义及其相互关联对于推动全球正义的实现，无疑是不可缺少的关涉视域。世界主义的实践路径和全球正义的价值引导以及各国的协同实践，是破解世界主义困境的现实选择。

芝加哥大学伦理学教授纳斯鲍姆（Martha C. Nussbaum）认为，作为世界公民，我们所有的人都应当努力保证每一个人的可行能力达到底线水准（threshold level）。在当今世界，有许多国际性问题是一个国家无法独自解决的，合作往往比单一的民族或国家的努力更有力量。世界主义和全球正义有助于解决国际争端、促进人类的和平安宁。不论是国家或民族，还是个人，只有摆脱国家利益和民族利益的狭隘性，才能上升到世界和人类的高度，由此理解所有民族国家是命运与共的统一体。英国政治学家赫尔德（David Held）认为，在一个命运共同体中，个人不仅是其直接政治团体的成员，而且是对其生活产生影响的更广泛区域和全球网络中的成员。这个相互迭交的世界主义政治体系将不仅在形式上而且在实质上反映并包容那些运行于国内和跨越国界的权力及权威的多样化形式。② 只有国家实体进行广泛的团结，尊重一般原则和规则，并接受其影响，才能使自己成功地应对全球化时代的挑战；也只有在一个全球法律共同体中，多样性与差异性才能并存，可依赖性和政治能力才能兼容发展。③ 为此，他提出以下三点主张。第一，世界主义的价值观在国际和全球政治领域重要方面的发展中起到了决定性作用，它在制定核心的公民原则和政治原则中将继续发挥重要作用。第二，全球化产生了跨越国

---

① 徐向东主编：《全球正义》，浙江大学出版社 2011 年版，第 314 页。

② 参见 David Held, *Cosmopolitanism：Ideals and Realities*, Cambridge：Polity Press, 2010, pp. 101 – 102。

③ 参见 David Held, *Cosmopolitanism：Ideals and Realities*, Cambridge：Polity Press, 2010, p. 102。

界和社会边界而相互联系、相互依赖的命运共同体世界，它在跨国深度联系及其过程中把人们的命运紧密联系在一起。第三，如果全球化导致的复杂和苛刻的政治问题不是通过市场或地缘政治可能性加以解决，而是通过审议、问责和民主的机制，那么，一个世界性法律秩序将被看作建立一个公平和包容性政治框架以解决这些国际性问题和全球化问题的方式。① 总之，赫尔德力求以世界主义来破解当今全球化进程中国家之间的利益冲突，力图建立一个相互依赖的命运共同体世界，这对于推进全球化和实现各国利益共赢具有一定的参考意义。

人类命运共同体理念及其实践是马克思共同体思想在当代世界社会主义运动中的现实拓展，反映了各国实现利益共赢和促进全球正义的时代呼声。和平与发展是当今世界的主题，推动建构人类命运共同体不仅是各国政治上的求同存异，更是经济上的合作共赢，是世界各国人民前途所在。② 积极发展全球伙伴关系，扩大同各国的利益交汇点，推进大国协调和合作；秉持正确义利观和真实亲诚理念加强同发展中国家团结合作；坚持对话协商、共建共享，推动建设一个持久和平、普遍安全的世界，这既是新时代中国特色社会主义的战略选择，也是一切谋求互利共赢的国家的必然要求。

（二）全球正义：破解不同国家之间发展不平衡性问题的价值引领

当今世界各国发展的不平衡性主要体现在发达国家、发展中国家以及落后国家之间生产力水平的巨大差异，由此导致世界财富占有极不均衡。老龄型国家之间发展的不平衡性更为突出，全球正义为解决当前全球发展不平衡问题提供了重要的价值引领。有学者认为，从目前人类社会经济发展水平和全球财富总量来看，当代人类完全有可能消除全球贫困现象。而事实上，全球财富集中在发达国家的少数人手中，财富分配不均衡直接导致全球健康资源分配不均衡，这是老龄健康不公平现象产生的主要原因之一。

---

① 参见 David Held, *Cosmopolitanism: Ideals and Realities*, Cambridge: Polity Press, 2010, pp. 102 – 103。

② 参见习近平《高举中国特色社会主义伟大旗帜　为全面建设社会主义现代化国家而团结奋斗——在中国共产党第二十次全国代表大会上的报告》，人民出版社 2022 年版，第 62 页。

如果以老龄化率≥7％、人均 GDP≥11156 美元为标准划分"老"—"富"关系，那么，1960—2010 年全球大部分经济体属于"未富未老"，"未富先老"和"又富又老"的占少数，"已富未老"的是极少数。① 抛开其他衍化模式，"未富先老"和"先富后老"是老龄型国家的两种极端化模式，经济发展水平的较大差异性和老龄化程度不同是这两种模式的最大区别。从当前全球经济发展状况来看，这两种模式在很大程度上反映出发达国家和发展中国家的国民经济发展水平及其差异性。老龄化是人口年龄结构变化的动态过程，是社会变迁的具体形式之一。社会的老龄化是当一个国家或地区的生产力水平得到较大提高、人口预期寿命延长以及老龄人口规模达到一定比例时而呈现出的一种人口变迁现象，是绝大部分国家都要经历的社会发展阶段，只是不同国家进入老龄社会的时间节点不同而已。当前，世界各国在社会资源占有量及其分配方式、人口预期寿命、医疗保障制度建设等方面存在较大的差距。如何进一步提高社会生产力、减少贫困人口尤其是老龄贫困人口，促进健康老龄化和积极老龄化，并不断推进老龄健康公平，是老龄型国家面临的共同问题。这不仅需要完善国家健康制度，也需要促进全球健康治理联动。全球正义是促进全球健康治理联动的重要价值基础，世界主义的宏观视域和全球正义的价值指引为解决老龄型国家之间发展的不平衡性和促进银发浪潮背景下全球老龄健康公平，提供了重要的价值视域。

随着全球化向纵深发展，利益主体多元化、利益追求多样化以及利益矛盾尖锐化的趋势越来越明显。求同存异、互利共赢是各国共同发展和人类社会可持续发展的唯一选择，全球正义是全球化背景下以世界主义为实践平台的一种价值理念，它为当今世界体系获得整体性发展提供了一条现实路径。美国社会学家伊曼纽尔·沃勒斯坦（Immanuel Wallerstein）认为："一个世界体系是一个社会体系，有着它的边界、结构、组成成员群体、合法的规则和一致性。它的生命是由冲突的力量用其牵制力聚合在一起的，而当每个群体不停地寻求为其利益重组它时，就会将

---

① 参见顾严《中国还是"未富先老"吗？——基于"富"—"老"关系模式的判断》，《社会政策研究》2019 年第 1 期。

其分裂瓦解。"[1] 他的观点反映了世界主义所坚持的世界体系的整体性，以及各国利益的相互依存性。全球正义是跨越国界和民族的普遍的、最高的社会正义，是构建全球伦理秩序的关键。[2] 博格（Thomas Pogge）提出了世界主义的三个元素：个人主义（individualism）、普世性（university）、普遍性（generality）。[3] 个人主义是指世界主义终极关怀的受众是个人，而不是家庭、族群或国家等共同体；普世性是指每个人在世界主义终极关怀体系中具有平等的地位；普遍性指个体的平等地位在全球范围的普遍适用及其有效性。他的主张对于实现全球正义具有一定的参考价值。全球正义是一种超越国家利益和民族利益的正义理念及其实践的统一，尊重和最大限度地保障各国人民的自由权、生存权以及健康权是全球正义在健康领域的具体要求。

当前，和平赤字、发展赤字、安全赤字、治理赤字加重，人类社会面临前所未有的挑战。[4] 反对一切形式的单边主义和霸权主义，以多边主义为出发点，践行共商共建共享的全球治理观，才能促进各国互利共赢。2021 年 1 月 25 日，习近平主席在北京以视频方式出席世界经济论坛"达沃斯议程"对话会，发表了"让多边主义的火炬照亮人类前行之路"的特别致辞，指出人类面临的所有全球性问题，都非一个国家单打独斗能够解决的。当前，公平问题日益突出，南北发展差距有待弥合；新冠肺炎疫情之下，各国经济复苏表现分化，南北发展差距面临扩大甚至固化风险；发展中国家普遍期望获得更多发展资源和空间，要求在全球经济治理中享有更多代表性和发言权。国际社会应为发展中国家发展提供必要的支持，保障其正当发展权，促进权利平等、机会平等、规则平等，让各国人民共享发展机遇及成果。解决好时代的课题，出路在于维护和践行多边主义，推动构建人类命运共同体。[5] 多边主义是深度全球化时代

---

① ［美］伊曼纽尔·沃勒斯坦：《现代世界体系》第一卷，郭方、刘新成、张文刚译，社会科学文献出版社 2013 年版，第 421 页。

② 参见邹海贵《全球正义：是否可能？何以可能？》，《吉首大学学报》2014 年第 1 期。

③ 参见 Thomas Pogge, "Cosmopolitanism and Sovereignty", *Ethics*, Vol. 103, 1992, pp. 48 – 75。

④ 参见习近平《高举中国特色社会主义伟大旗帜　为全面建设社会主义现代化国家而团结奋斗——在中国共产党第二十次全国代表大会上的报告》，人民出版社 2022 年版，第 60 页。

⑤ 参见习近平《让多边主义的火炬照亮人类前行之路——在世界经济论坛"达沃斯议程"对话会上的特别致辞》，《人民日报》2021 年 1 月 26 日第 2 版。

推动构建人类命运共同体的重要实践方略,是以全球正义原则来破解当今全球发展不平衡性、实现各国共同利益最大化,并促进多边互利共赢的战略选择。

当前,全球老龄健康不公平现象客观存在,主要体现在:不同国家健康资源总量及人均健康资源占有量存在较大差距;全球不同区域人均预期寿命和健康预期寿命存在差异性;发展程度不同国家主要健康指标存在差异性。如何实现健康资源的跨国流转和全球合理配置,使之向有需要的国家尤其是发展中国家和落后国家适当倾斜,是人类发展需要解决的重大问题,也是促进老龄健康公平的关键。世界主义为解决这一问题提供了重要的价值视域,以老龄健康公平为主要内容的全球正义是以世界主义为实践平台的人类发展价值目标之一。人口结构老龄化背景下全球正义的价值旨归就在于:进一步推动社会财富和健康资源的跨国流转及全球共享,在更大范围和更深层次上消除全球老龄贫困现象;建立和完善全球健康治理联动机制,进一步缩小发展程度不同国家之间人口健康水平的差异性,最大限度延长全球人口预期寿命和健康预期寿命;在不断推进健康老龄化和积极老龄化的基础上,推进全球老龄健康公平。

二 全球正义视域下健康共治的道德逻辑

当前,不同国家经济发展水平、人均可支配收入以及医疗卫生制度完善程度等方面均存在较大的差距,这是不同国家之间人民健康水平差异性的主要原因。实现优质医疗资源全球共享是促进老龄健康公平的有效途径,也是推进全球正义的客观要求。对"历史的非正义"的道德纠错、人道主义伦理关怀、深度全球化背景下各国互利共赢,构成了反思历史、立足现实、面向未来的全球健康治理道德逻辑。

(一) 对"历史的非正义"的道德纠错

"历史的非正义"是指第一、二次世界大战中强国对弱国的殖民统治、侵略或者其他形式的霸权行为,使弱小国家人民健康遭受侵害的事实及后续严重不良影响。第二次世界大战结束以来,世界格局发生了巨变,绝大多数国家社会经济状况和医疗卫生条件有了不同程度的改善。然而,"历史的非正义"对弱国造成的种种损害并未完全消失。以政治对抗、经济剥削、文化侵蚀为特征的旧殖民体系瓦解后,以霸权主义、单边主义、狭隘民族主义等为形式的新殖民主义暗流涌动，严重阻碍人类健康生活和人类卫生健康共同体的建构，对人类社会可持续发展构成了威胁。发达国家帮助发展中国家和落后国家改善医疗卫生条件，既是对"历史的非正义"的纠错和延后式补偿，又是对新殖民主义的有力抨击。

对"历史的非正义"的纠错反映了被压迫民族的一致要求，也是西方主张正义的民众和学者的呼声。芝加哥大学女性主义政治哲学家 I. M. 杨（Iris Marion Young）认为："分配问题在世界范围内可能比在单一社会尤其是相对富裕的西方福利国家中更为重要。资源占有的不平等、殖民主义的遗留以及当前国际贸易、金融和剥削性投资的破坏所导致的国家之间人民生活水平的巨大不平等，体现了一种严重的分配不公。"① "群体差异性是当今一些最暴力的冲突和压迫的根源。"② I. M. 杨认为，仅仅从分配方面理解正义是不全面的；但消除具有"控制性"（Domination）和"压迫性"（Oppression）的劳动分工与分配，对于解决全球贫困问题和促进全球正义的实现，是必不可少的。③ 随着全球化向纵深推进，政治对话、经济共赢、文化互鉴已成为当前国际政治经济新秩序的发展态势，基于世界主义的全球正义得到越来越多国家的认可和践行。

皮特·辛格（Peter Singer）坚持道德世界主义，他说："如果我们有能力阻止某些不好事情的发生，而不必因此牺牲具有同等道德价值的东西，那么从道德上讲，我们就应当去做。"④ 全球正义是从世界主义出发的价值观和实践方式，为富裕国家对落后国家实施健康援助提供了基本的理论支持和极大的实践空间，也为健康资源的跨国流转和全球共享确立了一个价值起点。由此，全球正义为促进全球老龄健康公平打通了一条时空"隧道"。

全球正义论者涛慕斯·博格（Thomas Pogge）认为，历史的非正义和

① Iris Marion Young, *Justice and the Politics of Difference*, Princeton University Press, 2011, pp. 257 – 258.

② Iris Marion Young, *Justice and the Politics of Difference*, Princeton University Press, 2011, p. 260.

③ 参见 Iris Marion Young, *Justice and the Politics of Difference*, Princeton University Press, 2011, pp. 257 – 260。

④ Peter Singer, *Famine, Affluence and Morality*, Oxford University Press, 2016, pp. 5 – 6.

现行的国际政治与经济秩序是导致贫困国家持续贫困的根本因素[①]；某些西方富裕国家把不公正的世界经济制度和教育制度强加于全球的穷人，对其造成了严重伤害，违反了不伤害的消极义务（negative duties），而这是一种最低限度的道德责任。[②] 所以，富裕国家应当承担变革当前世界经济制度的责任，以补偿全球穷人的损失。他还认为，富裕国家及其公民不伤害全球穷人的消极义务比援助穷人的积极义务要紧迫得多。对于博格所指的"义务"究竟是消极义务还是积极义务，学界存在较大的分歧；而他关于富裕国家及其公民有义务帮助全球穷人的主张，得到了很多学者的肯定。尼拉·查德霍克（Neera Chandhoke）认为，博格的全球正义理论侧重于西方发达国家及其公民对穷人的消极义务，而不能从积极的角度保障穷人的基本人权，限制了全球正义的发展前景。艾伦·帕滕（Alan Patten）认为：博格的消极义务要求过高，但与传统的提供援助的积极义务相比，只是形式不同而无本质区别，因为二者都是通过完善社会制度来解决贫困问题，积极的作为和消极的不作为都不可或缺。为了缓解争议，博格提出"中间义务"（intermediate duties），兼具纠错的积极义务和规避伤害的消极义务；无论积极义务或消极义务，消除全球贫困是最终目的。[③] 这无疑有利于促进健康资源的全球共享，并在一定程度上维护落后国家人民健康权利、改善其健康状况。

（二）基于人道主义的伦理关怀

人道主义是以人为中心的世界观和历史观，也是基于人与人之间相互关怀的伦理原则，维护人的尊严、基本权利以及关爱弱者是人道主义的重要体现。生存权和健康权是人之为人的基本权利，是人道主义伦理关怀的基点。马克思、恩格斯从历史唯物主义出发，指出：吃喝住穿是人类生存的第一个前提，生产满足这些需要的资料即生产物质生活本身是一切历史的基本条件。[④] "当人们还不能使自己的吃喝住穿在质和量方

---

① 参见［美］涛慕思·博格《康德、罗尔斯与全球正义》，刘莘、徐向东等译，上海译文出版社 2010 年版，第 526—527 页。

② 参见 Alison M. Jaggar, ed., *Thomas Pogge and His Critics*, Cambridge：Polity Press, 2010, p. 10（Introduction）。

③ 参见苏静《缓解全球贫困是一种消极义务吗？》，《理论月刊》2019 年第 3 期。

④ 参见《马克思恩格斯文集》第 1 卷，人民出版社 2009 年版，第 531 页。

面得到充分保证的时候，人们就根本不能获得解放。"① 从生存到生活，再到健康生活和美好生活，是人类在漫长的历史进程中对生命存在意义的价值追寻；是人类通过劳动实践推动社会生产力不断提高，并彰显人的主体性的过程，反映了社会有机体发展与人的发展的一致性。马克思深刻揭露了资本主义生产方式对工人的生存权和健康权的侵害："它对人，对活劳动的浪费，却大大超过任何别的生产方式，它不仅浪费血和肉，而且也浪费神经和大脑。……实际上正是劳动的这种直接社会性质造成工人的生命和健康的浪费。"② 马克思号召无产者联合起来为生存权和健康权而斗争，并通过暴力革命推翻资本主义私有制。人道主义在马克思的革命斗争理论及实践中，体现为对劳动者遭受残酷剥削的同情，对劳动者的生命权和健康权的尊重与捍卫。马克思主义的人道主义虽不是无产阶级解放的最高价值指南，却是广大无产者获得基本的生命权、生存权以及健康权的底线原则。

人道主义在现代国家治理和全球健康治理中具有重要意义，蕴含于诸多国际条约中，成为当前全球化背景下各国相互尊重、共同发展，并推动实现老龄健康公平的一条伦理红线。《世界人权宣言》第三条指出："人人享有生命、安全和人身自由。"第二十五条第一款指出："人人有权享受为维持他本人和家属的健康和福利所需的生活水准，包括食物、衣着、住房、医疗和必要的社会服务；在遭到失业、疾病、残废、守寡、衰老或在其他不能控制的情况下丧失谋生能力时，有权享受保障。"免于贫困和健康生活是基本的人权，国家治理和国际合作是保障基本人权的两条现实路径。《世界人权宣言》明确提出了老年人对于维持生存、健康生活、医疗服务等方面的权利要求，这些规定虽然没有强制性，却是人道主义的底线要求，体现了国际社会对弱势人群的道德关怀。"应然"的健康权利要转化为"实然"的健康权益，需要不断完善国家健康治理体系，并促进全球健康治理联动。

"使全世界人民获得可能的最高水平的健康"是《世界卫生组织宪章》提出的全球健康发展目标。该宪章倡议各成员国开展促进健康的

---

① 《马克思恩格斯文集》第 1 卷，人民出版社 2009 年版，第 527 页。

② 马克思：《资本论》第 3 卷，人民出版社 2004 年版，第 103—104 页。

合作，包括增加营养，改善卫生设施，促进传染病、地方病及其他疾病的消除工作，以及制定卫生事务国际公约等。《世界卫生组织宪章》于1948年生效，对于促进各国卫生领域的合作、提高世界各国人民的健康水平发挥了重要作用。《经济、社会及文化权利国际公约》于1966年正式实施，第十二条提出"人人享有能达到的最高体质和心理健康的标准"，将心理健康纳入健康范围，丰富了健康的内涵。"人人"是泛指主体，包括老年人。该公约就如何保证公民的工作权、生存权、健康权、教育权等基本人权，规定了公约缔约各国的国家责任，以及国家之间权、责互动的一些基本原则，如：所有国家的人民在不损害基于互利原则的国际经济合作和国际法的前提下，有权利根据自己的目的和需求来自由处置他们的天然财富和资源；各缔约国将采取适当的步骤确保各国人民的生存权和健康权，并实行基于自愿同意的国际合作。维护公民的生存权和健康权、促进人民健康生活和社会可持续发展，既是当代国家健康治理的立足点，也是深度全球化时代全球健康治理的重要内容；它既是人道主义伦理关怀的价值起点，也是促进全球正义的阶段性目标。

《维也纳国际老龄行动计划》设立"老龄问题的人道主义方面和发展方面"专章，指出：老龄人口数量增加及占比上升是世界人口变化的重要趋势，需要各国在经济、社会、环境以及人口增长、资源分配等各方面保持适当平衡，以满足居民基本需要。人道主义问题涉及年长者的特殊需要，其中主要包括营养与保健、住房与环境、家庭与社会福利以及收入保障等。老龄政策的制定和执行是每个主权国家的职能，促进年长者的活动、安全及福利是世界上发达地区和发展中地区在新的国际经济秩序范围内实现整体协调发展不可缺少的部分；各国政府、各非政府组织以及有关人士均应对老年脆弱人群如老龄妇女和老龄贫困者承担特别的责任。如果说维护公民的生命权和健康权是人道主义伦理关怀的底线，那么，公民在健康生活的基础上实现美好生活，并获得全面发展，则是其价值目标。《维也纳国际老龄行动计划》进一步指出："发展的目标是在全体居民充分参与发展过程并公平分配所得利益的基础上，改善全体居民的生活。发展过程必须提高人的尊严，使不同年龄组的人平等分享社会资源、权利并且平等分担责任。"① "不同年龄组的人"指所有人，老年人是不可缺少的组成部分。这一条强调社会资源分配的平等性、享有权利和承担责任的对等性，以及人的发展和社会可持续发展的一致性。《维也纳国际老龄行动计划》堪称老龄问题国际合作的范本，尊严与平等、关怀与发展、权利与责任及其辩证统一是贯穿其中的人道主义范畴和价值追寻。此外，《亚洲及太平洋地区老龄问题澳门行动计划》提请各国政府意识到部分老年人因贫穷、低收入、少数民族、无家可归、残疾以及长期病魔缠身等陷入困境，需要直接获得人道主义救助。② 《澳门行动计划》从老年人的社会地位、老人与家庭、健康与营养，住房、交通与建筑环境以及收入保障、社会服务等方面，分析了老龄化问题的几个关键领域③，对于保障老龄健康权利具有普遍意义。树立正确的老年价值观，充分发挥家庭对老年人健康的支持作用，以及政府主导下制定和实施促进老龄健康的具体政策等，是《维也纳国际老龄行动计划》《澳门行动计划》等一系列国际性规约的共同之处；以人道主义伦理关怀为出发点，有效开展区域合作和国际合作，改善老龄弱势群体的健康状况，是贯穿始终的行动目标。

《2020 年人类发展报告》指出："在危险的全球变化中，缺乏对人权的承认使歧视和不公正的现象长期存在。"④ 不同群体间资源分配不均，可能会加剧全球变化脆弱性方面的不平等，使弱势人群的处境更加艰难。⑤ 关爱弱者是人道主义以人为本理念的具体要求，生存权、健康权是弱势群体最基本的权利。《新时代的中国国际发展合作》白皮书阐明了携手应对全球人道主义挑战的六个方面，其中，自然灾害、突发公共卫生

---

① 全国老龄工作委员会办公室编：《国外涉老政策概览》，华龄出版社 2010 年版，第 236 页。

② 参见全国老龄工作委员会办公室编《国外涉老政策概览》，华龄出版社 2010 年版，第 295 页。

③ 参见全国老龄工作委员会办公室编《国外涉老政策概览》，华龄出版社 2010 年版，第 294、301 页。

④ The United Nations Development Programme，*Human Development Report* 2020，［EB－OL］，http：//hdr. undp. org/en/ 2020－report. p. 65.

⑤ 参见 The United Nations Development Programme，*Human Development Report* 2020，［EB－OL］，http：//hdr. undp. org/en/ 2020－report. p. 65。

事件、饥荒、移民和难民危机等是产生各类弱势人群的主要原因，而老年人首当其冲，因而，老年人是人道主义伦理关怀的重点对象。老龄社会伦理关怀是多方面的，包括满足老年人基本生活需求的经济支持、鼓励老年人政治参与和社区融入的社会关怀，以及慰藉心灵的精神关爱，因人因地因时而异。

（三）推进深度全球化背景下各国互利共赢

15世纪中后期，葡萄牙、西班牙等海上强国通过航海探险开启了全球化的航程，从此，资本主义借助世界市场获得了空前的发展。马克思、恩格斯指出："随着资产阶级的发展，随着贸易自由的实现和世界市场的建立，随着工业生产以及与之相适应的生活条件的趋于一致，各国人民之间的民族分隔和对立日益消失。"[①]马克思、恩格斯从历史唯物主义出发，认为全球化在推动资本主义发展的过程中，使国家、民族以至个人的历史走向世界历史。当今时代，全球化不断向纵深推进，互利共赢和共同发展是深度全球化的基本态势，也是发达国家对发展中国家和落后国家提供医疗卫生援助并促进各国人民健康生活的客观需要。

在当今深度全球化背景下，健康风险全球化趋势日益加剧，全球资本流动呈现出多向化的特点，不仅有发达国家对发展中国家和落后国家的医疗卫生资本流转及健康援助，也有发展中国家对发达国家和落后国家的资本流动及健康援助。改革开放40多年以来，中国不断拓宽国际合作领域，帮助其他发展中国家和落后国家减贫脱困、改善民生，目的在于促进缩小南北发展差距、消除发展赤字，建设相互尊重、公平正义、合作共赢的新型国际关系。2016年以来，我国在亚洲、非洲、美洲等地区近50个国家开展了粮食救援、灾后重建、难民救助、妇幼卫生等领域的项目合作，惠及约2000万发展中国家的民众。以世卫组织为重要协调机构，推动构建全球联动的医疗保健协同发展机制，是促进优质医疗资源全球共享的可行性路径。习近平主席指出："人类命运休戚与共，各国人民应该秉持'天下一家'理念，共同推动构建人类命运共同体。"[②]人

---

① 《马克思恩格斯选集》第1卷，人民出版社2012年版，第419页。
② 习近平：《在纪念中国人民抗日战争暨世界反法西斯战争胜利75周年座谈会上的讲话》，人民出版社2020年版，第13页。

类命运共同体理念为银发浪潮背景下全球健康治理提供了重要的价值导向，推动构建人类命运共同体和人类卫生健康共同体为深度全球化背景下各国互利共赢、为提高世界各国人民健康水平创建了一个具有操作性的实践平台。中国高举人类命运共同体旗帜，秉持共商共建共享的全球治理观，积极参与全球健康治理，为推动构建人类命运共同体和人类卫生健康共同体贡献了中国智慧、中国方案。在庆祝中国共产党成立 100 周年大会上，习近平总书记指出："中国共产党将继续同一切爱好和平的国家和人民一道，弘扬和平、发展、公平、正义、民主、自由的全人类共同价值，坚持合作、开放、互利共赢，推动历史车轮向着光明的目标前进。"[①] 和平、发展、公平、正义、民主、自由是全人类共同价值[②]，是超越文明隔阂和各国之间利益冲突、共同应对各种全球性挑战的价值遵循；也为推进银发浪潮背景下各国互利共赢，并促进全球老龄健康公平，提供了极为重要的国际视野和价值指引。

三 健康风险全球化和银发浪潮交织背景下全球健康治理路径

随着世界经济一体化进程不断加快，健康风险全球化的趋势也越来越明显。所谓健康风险全球化，是指由于疾病、瘟疫、气候变化、自然灾害、战争等各种原因，人类健康遭受损害的可能性，以及事实上的健康损害在全球蔓延的趋势。从西班牙流感、黑死病，到埃博拉病毒、中东呼吸综合征，再到新冠病毒疫情的全球暴发，反映了健康风险全球化的趋势及其危害，也表明全球健康治理越来越重要。在当今深度全球化时代，国家治理和全球治理之间具有高度的依存性和互渗性。基层治理、国家治理、全球治理是社会治理的三个层次，个人利益、国家利益、多边利益、人类利益是不同层次社会治理的出发点，而社区关怀、政府善治、全球共治分别是其实践路径。有学者认为，人类整体论和共同利益

---

① 习近平：《在庆祝中国共产党成立 100 周年大会上的讲话》，人民出版社 2021 年版，第16 页。

② 参见习近平《高举中国特色社会主义伟大旗帜 为全面建设社会主义现代化国家而团结奋斗——在中国共产党第二十次全国代表大会上的报告》，人民出版社 2022 年版，第 63 页。

论是全球治理的两个立论点①，人类健康水平的不断提升和社会的可持续发展是全球健康治理的重要价值目标。

人类健康是社会文明进步的基础，人民安全是国家安全的基石②，进一步完善全球健康治理机制是促进人类健康的现实需要。所谓全球健康治理，是指深度全球化时代人类作为一个大家庭共同实现健康生活，并促进人类社会可持续发展的健康意识、健康制度及其实践的有机统一。老龄健康公平是健康风险全球化和银发浪潮交织背景下，各国积极应对人口老龄化、推进全球健康治理的过程，是以全球正义为价值根基的健康伦理实践。老龄价值观的重塑、健康支持环境的创建、全球健康责任共担，是健康风险全球化和银发浪潮叠交背景下全球健康治理的基本路径。

（一）　重塑老龄价值观

老龄阶段有没有发展的可能性和必要性？这是事关每一个人的生命价值和社会发展的重大问题，其实质是如何看待老年人的生命存在意义和如何统筹老龄社会国家治理，其理论基础是老龄价值观的塑造。提高人们对老龄问题的理性认知、充分挖掘老年人力资源的价值③，以"老龄资源论"取代"老龄包袱论"、"老龄发展论"取代"老龄脱离论"，是老龄价值观念的时代转变和重塑，而不是对老龄霸权的简单复归。从"老龄霸权论"到"老龄包袱论"，再到"老龄资源论"和"老龄发展论"的嬗变，反映出社会形态演变和生产力发展对于老年价值观的决定性影响。"老龄资源论"和"老龄发展论"是基于老龄主体论、老龄权利论而提出的老龄价值论，反映了新时代老龄健康权利的平等性、优先性、发展性。④它一方面是对宗法制度下"老龄霸权"的超越，是对工业化时代老龄歧视现象的批判；另一方面则是现代国家治理视域下关于人的主

---

① 参见蔡拓《全球治理与国家治理：当代中国两大战略考量》，《中国社会科学》2016 年第 6 期。

② 参见习近平《构建起强大的公共卫生体系　为维护人民健康提供有力保障》，《求是》2020 年第 18 期。

③ 参见李连友、李磊《构建积极老龄化政策体系　释放中国老年人口红利》，《中国行政管理》2020 年第 8 期。

④ 参见刘喜珍《新时代老龄健康权利的平等性、优先性、发展性》，《伦理学研究》2020 年第 4 期。

体性的价值观念重塑，体现了后工业时代老龄群体的主体性和老龄社会的发展性，以及个体生命运动、社会有机体发展、人类社会形态演进三者的辩证统一。

从人口年龄结构和社会年龄分层来看，经济地位相对弱化、政治地位边缘化使老年人成为社会弱势人群。探讨老龄健康公平，不仅要从微观上关注老龄个体的健康，也要关注老龄群体健康，更要从宏观上关注生命全周期、健康全过程，完善国民健康政策，由此不断促进老龄健康公平。党的十八大报告和十九大报告都提出积极应对人口老龄化，构建养老孝老敬老政策体系和社会环境。"十四五"规划明确提出"实施积极应对人口老龄化国家战略"①；党的二十大报告再次强调"实施积极应对人口老龄化国家战略"，把它作为增进民生福祉、改善人民生活品质的具体方略之一②，因为它事关新时代中国特色社会主义发展的全局，是推进国家治理体系和治理能力现代化的重要组成部分。如果说健康中国建设是横向性的、多方位的健康治理体系优化向量，那么，积极老龄化则是纵向性的个体生命进阶与社会人口结构老龄化交织演进的矢量，它们分别构成国家健康治理的两轴，其合力就是老龄社会国家健康治理体系和健康治理能力现代化进程的不断推进，以及在此基础上老龄健康公平的逐步实现。老龄社会发展问题贯穿中国特色社会主义建设的全过程，是社会主义初级阶段的重大民生问题，老龄价值观念的重塑是思想前提；对老龄社会健康治理进行全方位统筹，不断推进中国特色社会主义健康制度公正建构是关键；确保老龄群体的健康权益最大化是具体目标。

（二）创建全球老龄健康支持环境

广义的健康包含个人的健康、一个国家或地区的人口健康、人类整体健康、全球健康，这四个层面相互依存、层层递进。"如果全球健康是为了改善全世界的健康状况，降低差异性，保护社会免受与国界无关的全球性威胁，那么，学术机构就应该跨越地理的、文化的、经济的、性

---

① 《中华人民共和国国民经济和社会发展第十四个五年规划和2035年远景目标纲要》，人民出版社2021年版，第137页。

② 参见习近平《高举中国特色社会主义伟大旗帜　为全面建设社会主义现代化国家而团结奋斗——在中国共产党第二十次全国代表大会上的报告》，人民出版社2022年版，第46—49页。

别的以及语言的界限,去达成全球健康的范畴的共识,并开展合作教育和合作研究项目。"① 全球健康是以各国人民获得公平可及的基本医疗卫生保障为基础,通过全球健康治理联动来提高人类整体健康水平的健康促进活动及其取得的健康成效。从1986年至2016年,联合国世界卫生组织共主持召开9次全球健康促进大会,历次大会宣言都代表了世界健康发展领域的最新进展,表达了人类的健康共识。② 历届健康促进大会的主题各有侧重,而促进全球健康是不变的宗旨。

创建全球健康支持环境,关键在于确立健康公共政策优先的价值导向。在健康促进政策乃至所有社会发展政策中,健康公共政策具有优先地位,这已成为各国的共识。1986年在渥太华举行首届全球健康促进大会,发布《渥太华宪章》,提出"健康促进"的概念及五个具体策略,包括制定健康公共政策、创造支持性环境、强化社区行动、发展个人技能、调整卫生服务方向,从个人、社区、国家三个不同层面提出了健康促进的具体对策,为推进"人人享有卫生保健"的全球战略打下了坚实基础。1988年《阿德莱德宣言》以"健康的公共政策"为主题,将维护妇女健康,确保世界各国人民获得适当数量的健康食品和营养食品,到2000年各国明显减少烟草和酒类制品的生产、销售及消费,以及创造健康的支持性环境,作为健康公共政策行动的四个优先领域。该宣言把人的健康和健康效益放在社会发展的首要位置,反映了健康效益对于经济效益的优先性,为21世纪健康促进政策的制度优先安排提供了理论支持和行动指导。进入21世纪以来,各国基本医疗卫生条件得到不同程度的改善,但基于医疗资源分配不均衡和寿命差异性的全球健康不公平现象越来越明显,引起国际社会广泛关注。2000年第五届全球健康促进大会以"促进健康、缩小公平差距"为主题,2009年第七届全球健康促进大会以"缩小健康促进实施中的差距"为主题,2013年《赫尔辛基宣言》确定了"健康融入万策——有效的健康治理与公平"的主题,表明人类在经

---

① Macfarlane S. B., Jacobs M., Kaaya E. E., "In the Name of Global Health: Trends in Academic Institutions", *Journal of Public Health Policy*, No. 29, 2008, pp. 383–401.

② 参见王虎峰《全球健康促进30年的共识与经验——基于全球健康促进大会宣言的文本分析》,《中国行政管理》2019年第12期。

历了经济的快速发展之后，面对经济发展、社会发展与人的健康发展之间的矛盾所作出的深刻反思。将健康融入所有政策，体现了健康公共政策的优先性，彰显了人民健康对于各国经济发展和人类社会可持续发展的重要性。平等性、可持续性以及向妇女、儿童、老年人、贫困人口等弱势人群适度倾斜，是制定和实施健康公共政策的重要原则。2016 年第九届全球健康促进大会强调：健康对可持续发展是不可或缺的，健康作为一项普遍权利，是所有国家共享的社会目标和政治优先策略。上述主张凸显了全球健康的观念，反映了全球健康治理随着全球经济发展和各国人民健康需求的变化而不断变革的趋势；同时，体现了各国人民要求平等获得健康机会、共享优质健康资源，并不断推进全球健康公平的强烈愿望。

健康不只是医疗卫生领域的问题，而是全方位的工作，创造健康支持环境十分重要。人的健康、环境洁净和人类发展是不可分割的，发展必须包含人的生命质量和健康水平的提高以及生态环境的可持续发展。创造健康支持环境，就是从全球健康的大健康观出发，促进医疗卫生保障制度建设、环境保护、人口健康水平提升和社会可持续发展协同并进。1991 年第三届全球健康促进大会以"有利于健康的支持环境"为主题，针对政治决策、经济发展常常受短期计划和经济利益驱使而很少考虑人民健康和环境恶化的情况，警示一种新的生态破坏正在出现。无论是"非典"、埃博拉病毒，还是新冠病毒感染，最近几十年来重大突发疫情的跨地区、跨洲际乃至全球蔓延，都向人类拉响了警报。在新冠病毒感染患者及死亡病例中，老年人占相当一部分。由此可见，以多边主义为视角、以全球正义为价值导向，以老龄健康权利优先为行动指南，创建和优化全球老龄健康支持环境迫在眉睫。在推进全球健康治理联动的基础上，使优质医疗卫生资源更多地向老龄弱势人群倾斜，是全球健康治理的必然选择。

（三）强化全球健康责任共担

全球健康是跨越国界和地域限制、跨越种族差异和民族隔阂的人类健康，是基于人与自然和谐共生的整体生态健康。1991 年全球健康促进大会发布《松兹瓦尔宣言》，提出了"全球责任"的主张，号召国际社会在健康可持续发展的基础上，建立一种健康和生态相结合的新机制；强调世界卫生组织（WHO）和联合国环境规划署（UNEP）以及各国有责任进一步共同努力，限制贸易和市场竞争中对人类健康和环境有害的产品及物质。从 2005 年《曼谷宪章》提出"全球化世界中的健康促进"的主张，到 2016 年《上海宣言》关于"2030 年可持续发展中的健康促进"倡议，表明以全球健康责任共担为核心的全球健康治理联动机制在应对全球公共卫生危机中发挥了越来越重要的作用。健康治理由国内向国际延展，全球健康治理话语权不断强化，充分显示了全球健康责任共担在全球健康治理联动中的重要性。

所谓全球健康责任，是指在应对跨洲际、跨国界的重大传染病、突发性公共卫生事件等健康风险的过程中，各个国家所应担负的道德义务和法律责任。全球健康责任主体是主权国家和各国人民，核心是人民的健康权利保障。增进各国人民的健康福祉、促进人类社会可持续发展，是全球健康责任共担的出发点和落脚点。进入 21 世纪以来，"One Health"即"全健康"的理念越来越深入人心，它包括人类健康、动物健康以及自然生态环境的洁净、美丽。全球健康（Globe Health）当属"全健康"的范畴，而侧重于人类的健康。全球健康既是一种跨地区协作的健康战略，也是贯穿人的生命全过程全周期的健康实践。为各国人民健康生活提供条件，不断提升人类整体健康水平，是全球健康治理的价值旨归。随着全球化向纵深推进，健康风险全球化趋势进一步加剧，共同但有差别的责任不仅适用于应对全球气候变化，也适用于全球健康责任共担。《全球正义指数报告》指出："2017 年，瑞典、芬兰、中国、新西兰和英国是公共卫生领域促进全球正义的前五名国家。中国是世界上唯一的发展中国家。"[①] 全球健康是全球正义在卫生健康领域的延伸，它的实现不仅有赖于各国主动承担相应的国际健康责任，而且需要各国共商共建全球健康治理联动机制，携手应对全球公共卫生危机，由此才能共享全球健康成果。

现代社会是风险社会，突发性公共卫生事件是人类面临的重大健康风险，对各国人民的生命安全和身体健康以及人类社会可持续发展产生

---

① Yanfeng Gu, Xuan Qin, Zhongyuan Wang, Chunman Zhang, Sujian Guo, Global Justice Index Report, *Chinese Political Science Review*, No. 5, 2020, pp. 253 – 331.

了极大的危害。从非典到埃博拉病毒、中东呼吸综合征，再到新冠病毒疫情，突发公共卫生事件已成为危害人类健康的最大敌人。人类是命运共同体，团结合作是战胜疫情最有力的武器。2020 年 3 月 21 日，习近平主席在给法国总统马克龙的致电中首次提出"人类卫生健康共同体"的理念。2020 年 5 月 18 日至 19 日，第 73 届世界卫生大会视频会议举行，习近平主席在开幕式上发表题为《团结合作战胜疫情　共同构建人类卫生健康共同体》的致辞，强调坚持以民为本、生命至上，科学调配医疗力量和重要物资；呼吁国际社会加大对世卫组织的政治支持和经济投入，尤其是要加大对非洲国家的支持，调动全球资源，打赢新冠肺炎疫情防控阻击战。① 人类卫生健康共同体，就是保护以各国人民的生命安全、身体健康和促进人类社会可持续发展为价值导向，以人民的健康利益最大化为核心、以健康资源全球共享为具体路径的全球健康治理联动机制及其实践模式。构建人类卫生健康共同体，是当今深度全球化背景下人类共同应对健康风险、共创全球健康的必然选择。全球健康治理是多边共治共享的健康促进活动，需要各国政府和世界卫生组织、世界银行、红十字国际委员会等国际组织、双边机构以及其他非政府组织等多方协同努力。②

后疫情时代与银发浪潮相叠交织，全球健康治理难度加大。促进老龄健康公平，不仅是老龄型国家健康治理的基本目标，也是全球健康治理的重要环节。坚持以人民为中心，提升全球发展的公平性、有效性、包容性，努力不让任何一个国家掉队③，是中国始终坚持的国际交往之道。2022 年 4 月 21 日，习近平主席在博鳌亚洲论坛 2022 年年会开幕式上发表主旨演讲指出：人民生命安全和身体健康是人类发展进步的前提，各国要相互支持，完善全球公共卫生治理，共同守护人类生命健康。④ 在

---

① 参见《习近平在第 73 届世界卫生大会视频会议开幕式上致辞》，《人民日报》2020 年 5 月 19 日第 1 版。

② 参见尹慧、高迪《全球健康领域的国际合作者分析——以在中国开展卫生合作的机构为例》，《中国卫生政策》2015 年第 1 期。

③ 参见《习近平出席二十国集团领导人第十六次峰会第一阶段会议并发表重要讲话》，《人民日报》2021 年 10 月 31 日第 1 版。

④ 参见《习近平在博鳌亚洲论坛 2022 年年会开幕式上发表主旨演讲》，《人民日报》2022 年 4 月 22 日第 1 版。

抗击新冠病毒疫情的战役中，中国积极开展抗疫国际合作。截至 2022 年 12 月，我国先后向 153 个国家和 15 个国际组织提供数千亿件抗疫物资，向 120 多个国家和国际组织供应超过 22 亿剂新冠疫苗①，以实际行动展现了中国在全球健康治理中的大国责任担当。人类卫生健康共同体、人类命运共同体、人类社会共同体分别从不同角度阐述了人类命运休戚与共的大趋势。强化全球健康责任共担，以共商共建共享的全球治理观推动构建人类命运共同体，促进各国人民健康水平不断提升，是全球健康治理的重要任务。这对于解决全球发展不平衡问题，对于积极应对人口老龄化和促进全球老龄健康公平，具有十分重要的意义。

在全世界逐步消除老龄贫困现象、促进全球老龄健康公平，是全球健康治理的一个突破口。贫困发生率和收入分配不平等同时维持在一个较高水平，是目前很多南亚国家和撒哈拉以南非洲国家在减贫中面临的难题。② 虽然这些国家人口结构尚未老龄化，但整体贫困下的老龄贫困是不可忽视的现象。全球贫困是由具体国家的贫困、地区贫困以及特定人群的贫困共同形成的人口生活质量相对较低的社会现象，它直接影响健康资源配置和人民健康水平的提升。贫困现象及其对落后国家和发展中国家人民健康的影响，是当前各国经济发展中的一个突出问题。"在全世界消除一切形式的贫困"是"2030 年可持续发展目标"之一，是实现全球正义并由此推进老龄健康公平的重要前提。通过全球健康治理联动，以增强内生造血功能和加大国际援助等方式帮助落后国家、部分发展中国家优先解决区域性极端贫困和老龄贫困问题，是提高各国人民生活质量、保障老龄健康权利的有效路径。我国于 2020 年消除了绝对贫困和区域性整体贫困，对世界减贫的贡献率超过 70%，成为促进全球老龄健康公平的重要力量。

---

① 参见《"中国对全球抗疫合作的重要贡献有目共睹"》，《人民日报》2022 年 12 月 20 日第 3 版。

② 参见李小云、季岚岚《国际减贫视角下的中国扶贫——贫困治理的相关经验》，《国外社会科学》2020 年第 6 期。

参考文献

一 马克思主义经典著作和党的重要文献

《马克思恩格斯选集》第1—4卷，人民出版社2012年版。

《马克思恩格斯文集》第1—10卷，人民出版社2009年版。

《马克思恩格斯全集》第3卷，人民出版社2002年版。

《马克思恩格斯全集》第21卷，人民出版社2003年版。

《马克思恩格斯全集》第30卷，人民出版社1995年版。

《马克思恩格斯全集》第31卷，人民出版社1972年版。

《马克思恩格斯全集》第32卷，人民出版社1998年版。

《马克思恩格斯全集》第42卷，人民出版社1979年版。

《马克思恩格斯全集》第47卷，人民出版社1979年版。

《资本论》第1卷，人民出版社2004年版。

《资本论》第3卷，人民出版社2004年版。

《列宁全集》第16卷，人民出版社2017年版。

《习近平谈治国理政》第1卷，外文出版社2014年版。

《习近平谈治国理政》第2卷，外文出版社2017年版。

《习近平谈治国理政》第4卷，外文出版社2022年版。

习近平：《决胜全面建成小康社会　夺取新时代中国特色社会主义伟大胜利——在中国共产党第十九次全国代表大会上的报告》，人民出版社2017年版。

习近平：《在纪念马克思诞辰200周年大会上的讲话》，人民出版社2018年版。

习近平：《齐心开创共建"一带一路"美好未来——在第二届"一带一路"国际合作高峰论坛开幕式上的主旨演讲》，人民出版社 2019 年版。

习近平：《在庆祝中国共产党成立 100 周年大会上的讲话》，人民出版社 2021 年版。

习近平：《高举中国特色社会主义伟大旗帜　为全面建设社会主义现代化国家而团结奋斗——在中国共产党第二十次全国代表大会上的报告》，人民出版社 2022 年版。

《习近平关于社会主义经济建设论述摘编》，中央文献出版社 2017 年版。

《习近平关于青少年和共青团工作论述摘编》，中央文献出版社 2017 年版。

《中共中央关于坚持和完善中国特色社会主义制度　推进国家治理体系和治理能力现代化若干重大问题的决定》，人民出版社 2019 年版。

《中华人民共和国国民经济和社会发展第十四个五年规划和 2035 年远景目标纲要》，人民出版社 2021 年版。

二　中文著作

《辞海》（第六版缩印本），上海辞书出版社 2010 年版。

《新时代公民道德建设实施纲要》，人民出版社 2019 年版。

陈勃：《老年人与传媒——互动关系的现状分析及前景预测》，江西人民出版社 2008 年版。

国家卫生健康委员会编：《2019 中国卫生健康统计年鉴》，中国协和医科大学出版社 2019 年版。

国家卫生健康委员会编：《2021 中国卫生健康统计年鉴》，中国协和医科大学出版社 2021 年版。

景天魁等：《时空社会学：拓展和创新》，北京师范大学出版社 2017 年版。

蓝淑慧、鲁道夫·特劳普 - 梅茨、丁纯主编：《老年人护理与护理保险——中国、德国和日本的模式及案例》，上海社会科学院出版社 2010 年版。

林志强：《健康权研究》，中国法制出版社 2010 年版。

刘同舫：《马克思人类解放思想史》，人民出版社 2019 年版。

刘喜珍：《中西老龄伦理比论》，中国社会科学出版社 2019 年版。

全国老龄工作委员会办公室编:《国外涉老政策概览》,华龄出版社 2010
　　年版。

佟新:《人口社会学》(第四版),北京大学出版社 2017 年版。

王绪瑾、宁威主编:《健康保险产品创新》,中国财政经济出版社 2018
　　年版。

吴帆:《冲突与融合:中国老年歧视的现状、根源与公共政策构建》,南
　　开大学出版社 2015 年版。

徐向东主编:《全球正义》,浙江大学出版社 2011 年版。

杨善华:《老年社会学》,北京大学出版社 2018 年版。

朱勇主编:《中国智能养老产业发展报告 (2018)》,社会科学文献出版社
　　2018 年版。

三　中文译著

[英] A. J. M. 米尔恩:《人的权利与人的多样性——人权哲学》,张志
　　铭、夏勇译,中国大百科全书出版社 1995 年版。

[英] 拜瑟韦:《年龄歧视》,王永梅等译,湖南教育出版社 2016 年版。

[美] 吉布森、[美] 辛格尔顿编著:《老龄休闲:理论与实践》(上),
　　丁志宏等译,湖南教育出版社 2016 年版。

[德] 康德:《法的形而上学原理——权利的科学》,沈叔平译,商务印书
　　馆 1991 年版。

[英] 洛克:《政府论》(下篇),叶启芳、瞿菊农译,商务印书馆 1964
　　年版。

[加拿大] L. W. 萨姆纳:《权利的道德基础》,李茂森译,中国人民大学
　　出版社 2011 年版。

[美] 玛格丽特·米德:《代沟》,曾胡译,光明日报出版社 1988 年版。

[美] 涛慕思·博格:《康德、罗尔斯与全球正义》,刘莘、徐向东等译,
　　上海译文出版社 2010 年版。

[古希腊] 亚里士多德:《政治学》,吴寿彭译,商务印书馆 1965 年版。

[美] 伊曼纽尔·沃勒斯坦:《现代世界体系》第一卷,郭方、刘新成、
　　张文刚译,社会科学文献出版社 2013 年版。

[美] 约翰·罗尔斯:《正义论》,何怀宏、何包钢、廖申白译,中国社会

科学出版社 1988 年版。

四 论文

习近平：《全面提高依法防控依法治理能力，健全国家公共卫生应急管理体系》，《求是》2020 年第 5 期。

习近平：《构建起强大的公共卫生体系　为维护人民健康提供有力保障》，《求是》2020 年第 18 期。

胡锦涛：《坚定不移沿着中国特色社会主义道路前进　为全面建成小康社会而奋斗》，《人民日报》2012 年 11 月 18 日第 3 版。

习近平：《携手推进"一带一路"建设——在"一带一路"国际合作高峰论坛开幕式上的演讲》，《人民日报》2017 年 5 月 15 日第 3 版。

习近平：《让多边主义的火炬照亮人类前行之路——在世界经济论坛"达沃斯议程"对话会上的特别致辞》，《人民日报》2021 年 1 月 26 日第 2 版。

《习近平出席亚洲文明对话大会开幕式并发表主旨演讲》，《人民日报》（海外版）2019 年 5 月 16 日第 2 版。

《习近平在第 73 届世界卫生大会视频会议开幕式上致辞》，《人民日报》2020 年 5 月 19 日第 1 版。

《习近平出席二十国集团领导人第十六次峰会第一阶段会议并发表重要讲话》，《人民日报》2021 年 10 月 31 日第 1 版。

《习近平在博鳌亚洲论坛 2022 年年会开幕式上发表主旨演讲》，《人民日报》2022 年 4 月 22 日第 1 版。

《中共中央国务院印发国家积极应对人口老龄化中长期规划》，《人民日报》2019 年 11 月 22 日第 1 版。

《中共中央国务院关于新时代加快完善社会主义市场经济体制的意见》，《人民日报》2020 年 5 月 19 日第 1 版。

白晨、顾昕：《高龄化、健康不平等与社会养老保障绩效研究——基于长期多维健康贫困指数的度量与分解》，《社会保障研究》2019 年第 2 期。

蔡拓：《全球治理与国家治理：当代中国两大战略考量》，《中国社会科学》2016 年第 6 期。

党俊武：《树立老龄经济新思维》，《老龄科学研究》2020 年第 1 期。

杜鹏：《积极应对人口老龄化的中国道路》，《人口研究》2022 年第 6 期。

范宇新、陈鹤、郭帅：《疾病扩张、疾病压缩和动态平衡假说：国际经验及思考》，《医学与哲学》2019 年第 2 期。

方彬彬：《看见老年人：纪录片与老人形象建构》，《中国电视记录》2013 年第 10 期。

付子堂、庞新燕：《宪法中健康条款的规范构造与协同适用》，《学术交流》2022 年第 8 期。

龚群：《全球正义的进路与人道主义关怀》，《世界哲学》2018 年第 2 期。

顾肃：《评世界主义的全球正义观》，《学术界》2022 年第 11 期。

顾严：《中国还是"未富先老"吗？——基于"富"—"老"关系模式的判断》，《社会政策研究》2019 年第 1 期。

韩喜平、杨春辉：《构建新发展格局中的资本健康发展》，《社会科学战线》2022 年第 10 期。

郝晓宁、胡鞍钢：《中国人口老龄化：健康不安全及应对政策》，《中国人口·资源与环境》2010 年第 3 期。

何兴强、史卫：《健康风险与城镇居民家庭消费》，《经济研究》2014 年第 5 期。

胡湛、彭希哲：《应对中国人口老龄化的治理选择》，《中国社会科学》2018 年第 12 期。

江宇、梁颖贤：《媒体如何推进积极老龄化——基于涉老新闻报道的内容分析》，《传媒》2022 年第 20 期。

蒋小杰：《全球正义视域下全球治理价值重塑论纲》，《湖南师范大学社会科学学报》2019 年第 2 期。

焦洪昌：《论作为基本权利的健康权》，《中国政法大学学报》2010 年第 1 期。

李广德：《健康作为权利的法理展开》，《法制与社会发展》2019 年第 3 期。

李连友、李磊：《构建积极老龄化政策体系 释放中国老年人口红利》，《中国行政管理》2020 年第 8 期。

李小云、季岚岚：《国际减贫视角下的中国扶贫——贫困治理的相关经验》，《国外社会科学》2020 年第 6 期。

刘喜珍：《老龄健康风险的特征、来源及其伦理规制》，《医学与哲学》2019 年第 23 期。

刘喜珍：《老龄健康公平研究》，《伦理学研究》2018 年第 3 期。

刘炫麟：《公民健康权利与义务立法研究——兼评〈基本医疗卫生与健康促进法（草案）〉第 2 章》，《法学杂志》2018 年第 5 期。

刘贞晔：《世界主义思想的基本内涵及其当代价值》，《国际政治研究》2018 年第 6 期。

刘作翔：《权利平等的观念、制度与实现》，《中国社会科学》2015 年第 7 期。

鲁品越：《"供给侧结构性改革"在思想和实践上的新贡献》，《马克思主义研究》2020 年第 2 期。

乔晓春、胡英：《中国老年人健康寿命及其省级差异》，《人口与发展》2017 年第 5 期。

苏剑：《人口老龄化如何影响经济增长——基于总供给与总需求的分析视角》，《北京工商大学学报》（社会科学版）2021 年第 5 期。

苏静：《缓解全球贫困是一种消极义务吗?》，《理论月刊》2019 年第 3 期。

汪奥娜、张铮：《关注虐老，遏制"关起门来"的恶行》，《半月谈》2018 年第 12 期。

王斌：《健康中国背景下国民健康意识特征及影响因素》，《深圳社会科学》2022 年第 5 期。

王虎峰：《全球健康促进 30 年的共识与经验——基于全球健康促进大会宣言的文本分析》，《中国行政管理》2019 年第 12 期。

魏敏、李书昊：《新时代中国经济高质量发展水平的测度研究》，《数量经济技术经济研究》2018 年第 11 期。

谢亚宏、周輖、彭敏、谢佳宁、颜欢：《中国疫苗持续助力全球抗疫合作》，《人民日报》2022 年 6 月 10 日第 3 版。

许中缘、黄娉慧：《论生命健康权的宪法性与民法化》，《长江论坛》2018 年第 1 期。

薛新东、葛凯啸：《社会经济地位对我国老年人健康状况的影响——基于中国老年人健康影响因素调查的实证分析》,《人口与发展》2017 年第 2 期。

尹慧、高迪:《全球健康领域的国际合作者分析——以在中国开展卫生合作的机构为例》,《中国卫生政策》2015 年第 1 期。

《"中国对全球抗疫合作的重要贡献有目共睹"》,《人民日报》2022 年 12 月 20 日第 3 版。

仲亚琴、高月霞、王健:《不同社会经济地位老年人的健康公平研究》,《中国卫生经济》2013 年第 12 期。

周学馨:《国家治理现代化进程中的中国老龄社会治理制度创新研究》,《华中科技大学学报》(社会科学版)2022 年第 3 期。

祝嘉悦:《人口老龄化、消费需求与第三产业就业》,《财经问题研究》2022 年第 12 期。

邹海贵:《全球正义:是否可能?何以可能?》,《吉首大学学报》2014 年第 1 期。

五　外文文献

(一)　著作

Alison M. Jaggar, ed. *Thomas Pogge and His Critics*, Cambridge: Polity Press, 2010.

David Held, *Cosmopolitanism: Ideals and realities*, Cambridge: Polity Press, 2010.

Iris Marion Young, *Justice and the Politics of Difference*, Princeton University Press, 2011.

James D. Robinson, Tom Skill, Jeanine W. Turner, "Media Usage Patterns and Potrayals of Seniors", in Jon F. Nussbaum, Justine Coupland, eds., *Handbook of communication and aging research (Second Edition)*, Lawrence Erlbaum Associates, Inc., 2008.

Peter Singer, *Famine, Affluence and Morality*, Oxford University Press, 2016.

Tokuko Munesue, "The Right to Health in Japan: Its Implications and Challenges", in Brigit Toebes, Rhonda Ferguson, Milan M. Markovic, Obiajulu Nnamuchi, eds. *The Right to Health: A Multi-country Study of Law, Policy and Practice.* T. M. C. Asser Press of Springer, 2014.

World Health Organization, *World Health Statistics* 2021: *Monitoring Health for the SDGs*, *Sustainable Development Goals*. Printed in Switzerland.

（二）论文

Aart Hendriks, "The Right to Health in National and International Jurisprudence", *European Journal of Health Law*, No. 5, 1998.

Edwards, R. and Tuljapurkar, S., "Inequality in Life Spans and a New Perspective on Mortality Convergence Across Industrialized Countries", *Population and Development Review*, No. 31, 2005.

Eleanor D. Kinney, "The International Human Right to Health: What does This Mean for Our Nation and World?", *Indiana Law Review*, Vol. 34, 2001.

Fries J. F., "Aging, Natural Death, and the Compression of Morbidity", *The New England Journal of Medicine*, No. 3, 1980.

Gerbner, G., Gross, L., Signorielli, N., Morgan, M., "Aging With Television: Images on Television Drama and Conceptions of Social Reality", *Journal of Communication*, Winter 1980.

Howse, K., "Editorial: Health Inequalities and Social Justice", *Journal of Population Ageing*, No. 5, 2012.

Macfarlane S. B., Jacobs M., Kaaya E. E., "In the Name of Global Health: Trends in Academic Institutions", *Journal of Public Health Policy*, No. 29, 2008.

McDonald T., "Elemental Considerations of 'Long Life' as Success or Failure", *Journal of Religion, Spirituality & Aging*, Vol. 24, No. 1 – 2, 2012.

Milligan, K. and Wise, D. A., "Health and Work at Older Ages: Using Mortality to Assess the Capacity to Work Across Countries", *Journal of Population Ageing*, No. 8, 2015,

Navanethem Pillay, "Right to Health and the Universal Declaration of Human Rights", *The Lancet*, Vol. 372, 2008.

Olshansky S. J., Rudberg M. A., Cames B. A., et al., "Trading off Longer Life for Worsening Health: The Expansion of Morbidity Hypothesis", *Journal of Aging Health*, Vol. 3, No. 2, 1991: Abstract.

Pitirim A. Sorokin and Robert K. Merton, "Social Time: A Methodological and Functional Analysis", *The American Journal of Sociology*, Vol. 42, No. 5, 1937.

Roscam Abbing, H. D. C., "Patients' Right to Quality of Healthcare: How Satisfactory are the European Union's Regulatory Policies?", *European Journal of Health Law*, No. 19, 2012.

Thomas Pogge, "Cosmopolitanism and Sovereignty", *Ethics*, Vol. 103, 1992.

Thomas Pogge, "The International Significance of Human Rights", *The Journal of Ethics*, No. 4, 2000.

Vaupel J. W., "Biodemography of Human Ageing", *Nature*, Vol. 464, No. 7288, 2010.

Yanfeng Gu, Xuan Qin, Zhongyuan Wang, Chunman Zhang, "Sujian Guo: Global Justice Index Report", *Chinese Political Science Review*, No. 5, 2020.

后　记

　　《老龄健康公平问题研究》是继《老龄伦理研究》《中西老龄伦理比论》之后，我的第三部老龄社会伦理问题研究专著，三部著作跨时三十年，我走过了青春岁月，中年时光，而今至知天命之年。

　　1991 年至 1994 年，我在中南工业大学读研，师从曾钊新教授。1994年元月，我以《论劳动后阶段的道德延伸》为题，通过硕士学位论文答辩。这是一篇命题式作文，"劳动后阶段"指退休后阶段，"道德延伸"是继续道德社会化的过程。那时，我国还没有进入老龄社会，而我是一个二十多岁的青年。面对这样的一个题目，我感觉离我太远。那么，导师为什么要选这个题目呢？场合道德、时年道德是曾老师提出的两个重要范畴，当时影响很大，《中国青年报》等媒体进行了专门报道。这个题目与时年道德具有很大的关联性，属于时年道德研究系列之一。《论劳动后阶段的道德延伸》在《求索》杂志 1995 年第 1 期发表。在我后来申请读博的推荐信中，曾老师对我的毕业论文进行了充分肯定，认为我是一个将来可以成为学者的人，给了我很大的鼓励，我信心倍增。

　　2004 年我来到中国人民大学哲学院读博，在焦国成教授的指导下，我对老龄伦理问题展开了进一步的研究。2000 年，我国进入老龄社会，老龄问题研究逐渐成为热门。当时，很多学者是从社会学、人口学视角来研究老龄问题，而从伦理学角度研究老龄问题的成果极少。究竟是以"老龄问题的伦理研究"命题，还是直接以"老龄伦理研究"为题，这是博士论文开题时讨论的焦点。这涉及老龄问题的学科归属，以及伦理学如何研究老龄社会问题。老龄问题包含的内容极为丰富，是一个开放性的问题，可以从多学科进行研究，而老龄伦理显然属于伦理学范畴。2007 年 6 月，我以"老龄伦理研究"为题，顺利通过博士学位论文答辩。

其中一位匿名评审专家给论文评了 92 分，认为"老龄伦理研究选题意义重大，作者对现实问题高度关切，显示出强烈的社会责任感"。毕业后，我对博士论文进行了扩充和完善，并获得北京市社科基金项目立项。《老龄伦理研究》于 2009 年由中国社会科学出版社出版。焦老师在序言中写道：人生有童年、青年、壮年和老年，而不同的年龄会有不同年龄所面临的问题。社会亦如此。老龄社会的来临使老龄问题变得异常突出，目前超过 1.4 亿的老龄人口对于中国社会有着异乎寻常的意义，从社会伦理视角研究老龄问题更具有理论意义和实践价值。《老龄伦理研究》立足于中国老龄社会基本国情，以老龄阶段必然会经历的主要事件为线索，系统地研究了老龄伦理问题，为应对人口老龄化提供了有益的社会伦理参考，在社会伦理学研究领域具有一定的开拓性意义。社会伦理学属于交叉学科，按照现在的学科分类，此书可以归入应用伦理学研究专著。焦教师的评价既是对我自硕士到博士阶段老龄伦理研究成果的一个总结，更是一种鞭策。老龄伦理、老龄问题、老龄社会治理等经常回响在我的脑海里，关注老龄伦理和老龄问题已经成为我的一种习惯。

人口结构老龄化从发达国家向发展中国家逐渐铺展开来，是 20 世纪后期以来世界人口变迁和社会发展的一个重要趋势。在前期研究基础之上，我开始进行中西老龄伦理的比较研究。2009 年，"中西文化比较视野中的老龄伦理"获得教育部人文社会科学研究规划基金项目立项。我在《求索》《伦理学研究》等刊物相继发表"老龄伦理提出的根据与主要内容及基本特征""论代际公正的制度伦理建构"等论文。"中西老龄伦理比论"获得 2014 年度国家社科基金后期资助项目立项。几经打磨，《中西老龄伦理比论》于 2019 年由中国社会科学出版社出版。该书探讨了中西方家族本位与个人本位的价值观念差异、宗法伦理与契约伦理的伦理属差异，以及"未富先老"与"先富后老"的国情差异，围绕老龄利益伦理、老龄制度伦理、老龄关怀伦理、老龄健康伦理以及善终伦理进行中西比较研究，为全球化视镜下中西老龄伦理的相容互鉴及优化发展提供了若干伦理原则及具体实践路径。

习近平总书记指出，人民健康是民族昌盛和国家富强的重要标志。健康是生命之本，是人生最大的财富，对于老年人来说，健康就是最大的资本。作为一名思想政治理论课教师，一名人文社科研究者，我不能像科技人员那样搞发明创造，对社会发展产生立竿见影的作用，但我以一颗诚挚之心尊重和关爱老龄人群，希望他们健康、幸福。这种情感源自我对父母的爱和感恩，我父亲生前担任农场生产队的队长、党支书，他教导子女要堂堂正正做人、踏踏实实做事，要我们好好读书。大姐是小学教师，我研究生毕业后在大学教书，弟弟大学毕业后进入银行工作，当地人很羡慕，这离不开父母的言传身教。父亲为人忠厚耿直，兢兢业业，两袖清风，2013年不幸因病去世。对父亲的思念，对母亲的祝福，对父母亲的感恩，伴随着我对老龄社会伦理问题的研究历程。发表于《道德与文明》2004年第4期的"老龄道德资源初探"、《伦理学研究》2022年第4期的"新时代老龄健康权利的平等性、优先性、发展性"等论文，就是以父母亲为"原型"的社会伦理叙事和学术探索。

2018年，"老龄健康公平问题研究"获得国家社会科学基金一般项目立项。老龄社会治理是中国式现代化的重要组成部分，促进老龄健康公平是老龄社会治理的一个重要目标。在健康风险全球化和银发浪潮交织背景下，老龄健康公平问题不仅是中西方共同面临的重大民生问题，也是人类社会可持续发展需要解决的重要问题。"老龄健康公平问题研究"于2022年6月结项，2022年年底书稿付梓中国社会科学出版社。《老龄健康公平问题研究》立足唯物史观，解析老龄社会的伦理性质，挖掘马克思健康权利思想及其当代价值；以"资源论""危机论""公正论""优先论"四大理论为核心内容，阐述基于国家治理现代化的老龄健康公平制度建构；以"发展论""共享论"为基点，分析银发浪潮背景下全球健康治理的价值基础、路径选择及终极目标。

伦理学不是书斋里的学问，而是对现实问题的道德思考，是走进生活、体察民生的一种社会伦理实践。党的二十大报告指出"中国式现代化是人口规模巨大的现代化"，明确提出"实施积极应对人口老龄化国家战略"。我国是目前世界上人口最多的国家，也是老龄人口最多的国家。第七次全国人口普查数据显示：截至2020年11月1日零时，我国60岁及以上人口为26402万人，占18.7%；其中65岁及以上人口为19064万人，占13.5%。按照联合国人口划分标准，目前我国正在向中度老龄化社会过渡，老龄人口规模大、老龄化进程快、老龄化程度进一步加剧，是我国人口老龄化的基本特征。实施积极应对人口老龄化国家战略，是推进国家治理体系和治理能力现代化的客观要求，反映出党中央对老龄民生的高度关切。

在石景山区委宣传部和北方工业大学党委宣传部的安排下，2023 年 4 月 17 日、6 月 14 日、6 月 27 日，我分别来到北京市石景山区八宝山街道老山西里社区、三山园社区、五里坨街道石府路第二社区，以"中国式现代化进程中老龄社会治理探索"为题，宣讲党的二十大精神和习近平新时代中国特色社会主义思想。在场的听众很多是老年人，有首钢退休工人、朝阳医院退休医生、高校退休教师，还有军属等，他们最关心的是养老金待遇和健康问题。"婆婆妈妈"的事引起了大家的共鸣。我妈妈今年 86 岁，家住湖南益阳农村，每月有 3000 多元退休金，现在还有每月 100 元的高龄津贴，医药费大部分走医保报销。这得益于父母 40 多岁时响应号召，带头自愿缴纳养老金，一直交到 60 岁，所以才有退休金，而且每年都涨一点。每次回家乡看望母亲，她都高兴地说，现在政策好呢，退休金花不完，要多活几年，多享享共产党的福！婆婆今年 84 岁，在河北邢台，也有退休金，过着安逸的生活。进入新时代，党中央、国务院颁布了一系列积极应对人口老龄化的政策与措施，对于增进民生福祉、提升人民生活品质，起到了极为重要的推动作用。

2023 年 7 月 26 日